편집부 통신

어린 시절 누구나 한 번쯤 밝고 둥근 달을 보며 소원을 빈 경험이 있을 겁니다. 희고 커다란 보름달을 보면 꼭 김이 모락모락 나는 둥근 호빵이 생각나기도 합니다. 그래서 저절로 마음이 포근해지기도 하죠. 우리가 보름달에 소원을 빈 역사는 오래됐습니다. 예로부터 우리나라에서는 한 해의 첫 보름이자 가장 큰 보름달이 뜨는 음력 1월 15일 정월대보름에 오곡밥과 부럼, 나물 등을 먹으며 건강과 풍요를 기원하곤 했었는데요. 달의 움직임을 기준으로 음력을 사용했던 과거에는 새해가 된 후 처음으로 맞이하는 보름달을 특별하게 여겼기 때문입니다. 요새는 대보름을 맞이하는 전통축제에서 주로 볼 수 있지만, 달집태우기나 쥐불놀이, 달맞이 같은 민속놀이를 삼삼오오 모여 즐기기도 했는데요. 각각의 놀이마다 지닌 의미는 조금씩 다르지만 모두 한 해가 평안하기를 기원하는 마음이 깃들어 있었습니다. 티 없이 둥근 보름달처럼 앞으로 보내게 될 한 해의 시간도 무탈하고 풍족하게 채워졌으면 하는 바램이었죠. 2023년 새해가 시작된 만큼 독자 여러분들도 이번 대보름에는 이루고 싶은 소망을 담아 소원을 빌어보는 것은 어떨까요? 간절히 바라면 이루어진다는 말처럼 우리 모두 좋은 결실을 맺는 한 해가 되기를 바라겠습니다.

발행일 | 2023년 1월 25일(매월 발행)   발행인 | 박영일   책임편집 | 이해욱   편집/기획 | 김준일, 김은영, 이세경, 남민우, 김유진, 박영진
편저 | 시사상식연구소   표지디자인 | 김지수   내지디자인 | 장성복, 채현주, 곽은슬, 윤준호   마케팅홍보 | 오혁종   동영상강의 | 조한
인쇄 | 미성아트   발행처 | (주)시대고시기획   등록번호 | 제10-1521호   창간호 | 2006년 12월 28일   대표전화 | 1600-3600
주소 | 서울시 마포구 큰우물로 75[도화동 538번지 성지B/D] 9F   홈페이지 | www.sdedu.co.kr

취업으로 이끄는 새로운 기술!

SOFT SKILLS

하드스킬(Hard Skills)이란 우리가 이력서와 자기소개서에 기재하는 업무역량. 이를테면 외국어능력, 기술자격 같은 정량적인 능력을 의미한다. 이러한 전문기술은 그간 취업시장에서 알맞은 지원자를 우선 걸러내는 전통적 도구로 여겨져 왔다. 그러나 전문기술만 있다고 직장생활을 잘하는 것은 아닌 법! 이제 기존의 하드스킬보다 '소프트스킬(Soft Skills)'에 더 기업들이 주목하는 시대다.

하드스킬 vs 소프트스킬

하드스킬(Hard Skills)	
의미	특정 업무수행에 필요한 기술적 지식
습득	주로 교육이나 훈련을 통해 습득
판단	특정 업무에 적합한지를 판단
측정	정량적 측정이 가능
평가	이력서, 자기소개서, 포트폴리오 평가

소프트스킬(Soft Skills)	
의미	업무효율성을 극대화하는 무형적 지식
습득	전반적인 인생 경험을 통해 습득
판단	업무환경에 적응할 수 있는지 판단
측정	정성적 측정이 가능
평가	행동 및 상황을 바탕에 둔 면접 평가

하드스킬은 인재 채용 시 기업이 기본적으로 주안점을 두는 직무역량이다. 기업이 하드스킬을 보는 가장 큰 이유는 지원자가 해당 업무를 수행할 능력을 갖추었는지를 평가하기 위함이다. 실제 업무에 필요한 기술들로 우리가 흔히 '스펙'이라고 부르는 것들이 여기에 해당한다.

소프트스킬은 실제 업무수행과는 관계없어 보이지만 업무의 능률을 올릴 수 있도록 도움을 주는 능력을 말한다. 소프트스킬은 교육과 훈련으로는 쉽게 단련할 수 없으며, 지원자가 살아온 삶의 단면을 보여주는 척도로서 하드스킬처럼 수치화하기 어려운 능력을 말한다.

▶ 인공지능(AI)이 발전하고 사무자동화가 진행되는 현 상황에서 기업들은 지원자의 단순한 직무능력인 하드스킬보다 조직동화능력을 보여주는 소프트스킬에 주목하고 있다. 하드스킬은 AI가 대체할 수 있지만, 소프트스킬은 대개 인간의 영역이기 때문이다.

대표적 소프트스킬 5가지

의사소통
Communication

상대방의 의견을 잘 듣고 나의 의견을 글·말로써 정확히 전달하는 능력
- 단순히 듣고 말하는 능력이 아닌, 공감능력과 사교성 등을 포함
- 채용 면접에서 면접관과 다른 지원자의 말을 경청하는 모습을 통해 어필 가능

리더십
Leadership

조직구성원이 조직에 동화되도록 하며, 업무향상을 돕는 능력
- 조직의 목표와 비전을 제시할 수 있어야 함
- 지휘·통제라는 거창한 능력만이 아닌, 조직원들 스스로 동기부여가 가능하도록 돕는 능력

팀워크
Teamwork

조직원들과 협업하여 공동의 목표를 달성하는 능력
- 의사소통과도 연계되는 능력이며 조직원과의 소통이 무엇보다 중시되는 능력
- 최근에는 단독 업무로 여겨지는 개발 직무·직군에서도 팀워크 역량의 중요성이 강조됨

유연성
Flexibility

변화하는 상황에 적절하게 대응할 수 있는 능력
- 새로운 것을 시도하는 창의성과 의지, 임기응변과 융통성 등의 능력을 포함
- 갑작스런 환경변화를 맞아 적응한 경험은 없었는지 생각하고 취업 지원 시 활용할 것

문제해결
Problem solving

문제상황을 논리적 판단과 창조적 사고를 통해 해결하는 능력
- 면접에서 문제해결에 대한 질문 또는 상황을 맞을 경우, 먼저 침착하게 문제상황을 파악해야 함
- 면접을 앞두고서는 해당 직무에서 문제해결능력을 보여줄 수 있는 상황들을 수집하고 답변을 준비할 것

기업의 소프트스킬 평가 방법

기업의 입장에서는 정량적 측정이 어려운 소프트스킬을 검증할 매뉴얼을 만들기 쉽지 않다. 현재까지 기업들은 소프트스킬을 평가하기 위해 다음의 두 가지 방법을 주로 사용하며, 해당 지원자가 담당 직무를 넘어 회사에 적합한 인재인지 알아보고 있다.

❶ 구조화된 경험기반 심층면접

BEI(Behavioral Events Interview)라고 한다. 지원자의 과거 경험과 사례를 단계적으로 검증하는 면접이다. 경험 여부를 묻는 평이한 수준의 '주질문'과 경험에서 지원자의 생각과 행동, 역량을 묻는 '심층질문'으로 진행된다.

❷ 평판 조회

과거에 진행했던 프로젝트, 직무에 함께 임했던 동료, 상사의 솔직한 평가 등을 통해 지원자의 역량을 검증하는 방법이다.

소프트스킬로 취업을 찢다!

02 월

SUN	MON	TUE	WED
			1 대 4·16재단 대학생 기자단 모집 마감
5 대 한국대학교육협의회 미디어 서포터즈 모집 마감 대 대한민국청소년기자단 대학생 기자 모집 마감 자 TOEIC 제481회 실시	**6** 대 KT그룹 공식 대학생 마케팅 서포터즈 모집 마감 대 한국가스기술공사 대학생 서포터즈 모집 마감 채 국립중앙의료원 필기 실시	**7** 대 꼼지락발전소 선거홍보관 서포터즈 모집 마감	**8** 대 청년글로벌기획단 4기 모집 마감 대 삼성엔지니어링 대학생 멘토 모집 마감
12 자 전산세무·전산회계 1, 2급 실시 자 세무회계·기업회계 1, 2, 3급 실시	**13** 공 주니어 북튜버 콘테스트 접수 시작	**14** 대 코드스테이츠 그로스 마케팅 부트캠프 모집 마감	**15**
19 대 한국잡지교육원 취재기자·미디어 에디터 교육생 모집 마감 자 TOEIC 제482회 실시	**20** 채 국토연구원 연구직·행정직 필기 실시	**21**	**22**
26 공 겨울을 담은 사진영상 공모전 접수 마감 자 TOEIC 제483회 실시	**27**	**28** 공 신문의 날 표어 공모전 접수 마감 공 KYSFF 청소년 스마트폰 봄 영화제 접수 마감	

공모전·대외활동·자격증 접수/모집 일정

❖ 일정은 향후 조율될 수 있습니다. 참고 뒤 상세일정은 관련 누리집에서 직접 확인해주세요.

THU	FRI	SAT
2 쳐 한국영상자료원 필기 **실시** 쳐 울산정보산업진흥원 필기 **실시**	**3** 대 대한상공회의소 서포터즈 VIP 모집 마감 대 시립서울청소년센터 온이음 기획단 모집 마감 쳐 이천문화재단 필기 **실시**	**4** 쳐 서울시복지재단·서울디지털 재단 필기 **실시** 쳐 자동차손해배상진흥원·한국 의료기기안전정보원 필기 **실시**
9	**10** 대 대학생 진로멘토단 꿈나르샤 모집 마감 공 DNA NFT 아이디어 공모전 접수 마감	**11** 쳐 대한적십자사 필기 **실시** 자 한국사능력검정시험 **실시**
16	**17** 대 국방부 온라인 서포터즈 M프렌즈 모집 마감	**18** 대 꼼지락발전소 빈칸클럽 1기 모집 마감 자 FAT·TAT 1, 2급 **실시** 자 KBS 한국어능력시험 **실시**
23	**24**	**25**

대외활동 Focus **3일 마감**

2023 대한상공회의소 서포터즈 V.I.P 모집

대한상공회의소 서포터즈

대한상공회의소에서 주요사업 홍보에 도움을 줄 서포터즈를 모집한다. SNS와 오프라인에서 활동하게 되며, 홍보컨텐츠를 제작하여 게재하는 역할을 담당한다. 선발규모는 전국단위 100명이다.

채용 Focus **11일 실시**

대한적십자사

대한적십자사

대한적십자사에서 공통·전산 사무직 인원 70명을 채용할 계획이다. 공통의 경우 전국권역, 전산직은 강원 권역에서 근무하게 된다. 11일에 NCS 직업기초능력평가로 필기시험을 치른다.

공모전 Focus **10일 마감**

DNA NFT 아이디어 공모전

DNA NFT 아이디어 공모전

유전자분석 전문기업인 메디클라우드에서 DNA NFT플랫폼 개발과 관련된 아이디어를 공모한다. DNA NFT의 상용화와 활용분야에 대한 동영상이나 기획PT를 접수한다.

자격증 Focus **11일 실시**

국사편찬위원회
한국사능력검정시험

한국사능력검정시험

국사편찬위원회가 주관하는 한국사능력검정시험이 11일 실시된다. 한국사에 대한 관심을 고취하고 역사지식을 함양하기 위한 시험이다. 취업과 임용시험을 목표로 하는 수험생이 가산점을 취득할 수 있는 시험이다.

Vol | 192

FEBRUARY

HOT ISSUE

2023.02.

HOT ISSUE

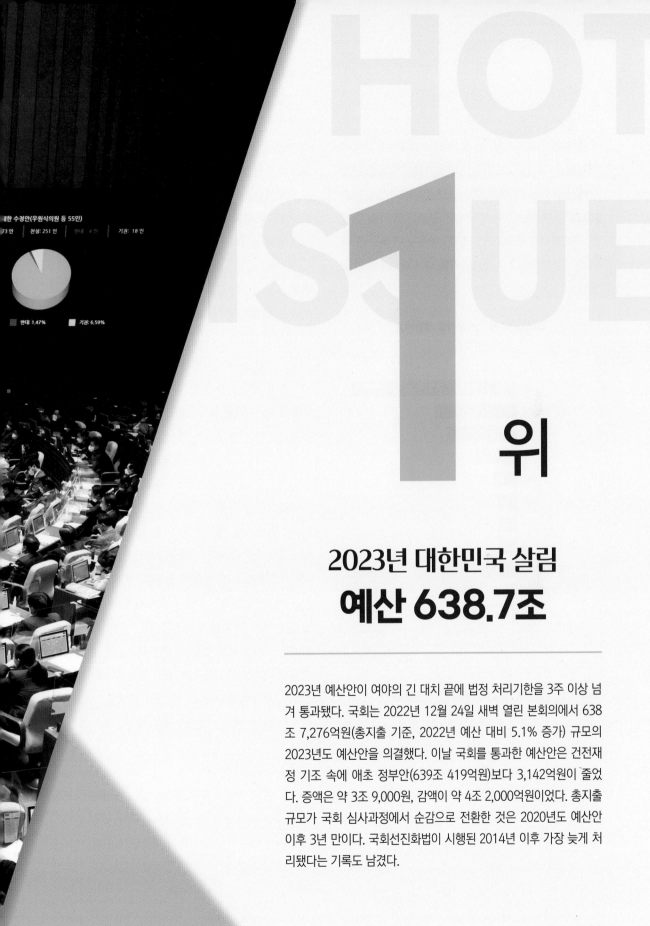

수정안(우원식의원 등 55인)

| 73 인 | 찬성: 251 인 | 반대: 4 인 | 기권: 18 인 |

반대: 1.47%   기권: 6.59%

1위

2023년 대한민국 살림
예산 638.7조

2023년 예산안이 여야의 긴 대치 끝에 법정 처리기한을 3주 이상 넘겨 통과됐다. 국회는 2022년 12월 24일 새벽 열린 본회의에서 638조 7,276억원(총지출 기준, 2022년 예산 대비 5.1% 증가) 규모의 2023년도 예산안을 의결했다. 이날 국회를 통과한 예산안은 건전재정 기조 속에 애초 정부안(639조 419억원)보다 3,142억원이 줄었다. 증액은 약 3조 9,000억원, 감액이 약 4조 2,000억원이었다. 총지출 규모가 국회 심사과정에서 순감으로 전환한 것은 2020년도 예산안 이후 3년 만이다. 국회선진화법이 시행된 2014년 이후 가장 늦게 처리됐다는 기록도 남겼다.

2023년도 예산안이 헌법에 명시된 기한(12월 2일)을 22일 넘긴 12월 24일에 처리됐다. 이는 법정 처리시한이 지나면 정부가 제출한 예산안 원안이 본회의에 자동부의되도록 한 2014년 이래로 가장 늦게 처리된 기록이다. 2차례 추경을 제외한 2022년도 본예산(607조 7,000억원)보다 5.1% 증가한 638조 7,276억원이다. 또한 국가채무 규모는 총지출 순감과 외국환평형기금채권(외평채) 발행규모 축소에 따라 정부안(1,134조 8,000억원)보다 4,000억원 감소했다.

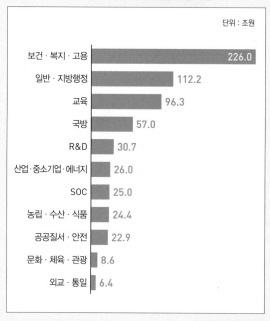

2023년도 예산안 분야별 재원배분

단위 : 조원

보건 · 복지 · 고용	226.0
일반 · 지방행정	112.2
교육	96.3
국방	57.0
R&D	30.7
산업·중소기업·에너지	26.0
SOC	25.0
농림 · 수산 · 식품	24.4
공공질서 · 안전	22.9
문화 · 체육 · 관광	8.6
외교 · 통일	6.4

자료 / 기획재정부

서민지원, 미래투자, 지역경제 활성화에 역점

법정 처리시한을 2주 넘기고도 대통령실 용산 이전 및 행정안전부 경찰국 신설, 지역화폐 및 임대 주택 등 쟁점예산을 두고 팽팽한 대치를 이어갔던 여야는 22일 극적으로 합의안을 도출할 수 있었다. 늘어난 예산은 ▲ 서민 · 취약계층 지원 ▲ 미래 · 안보 투자 ▲ 지역경제 활성화 분야에 주로 편성됐다.

세부적으로 보면 고물가 · 고금리 등에 따른 서민 생계부담 완화 및 어르신 · 장애인 · 소상공인 등 취약계층에 대한 맞춤형 지원을 위해 약 1조 7,000억원이 증액됐다. 9조 7,000억원 규모의 고등 · 평생교육지원특별회계가 신설됐고, 반도체산업 투자(1,000억원), 3축체계 관련 전력 증강(1,000억원), 10 · 29 이태원참사 관련 안전투자(213억원) 등도 예산에 반영됐다.

특히 '10 · 29 참사' 재발방지와 사고예방을 위해 인파사고 위험도 분석 · 경보기술 개발 및 위치정보 기반 재난문자를 발송하는 '현장인파관리시스템' 구축 예산, 119구급대 · 권역 DMAT(재난의료지원팀)의 신속한 현장출동을 위한 노후 구급차 및 재난의료지원차량 교체 예산 등도 반영됐다. 여야 간 쟁점사안이었던 지역사랑상품권 예산 3,525억원과 공공 전세임대주택 예산 6,630억원도 포함됐다.

윤석열정부가 선포한 '마약과의 전쟁'을 위한 마약수사 및 피해지원 예산은 71억원, 스토킹 · 보이스피싱 · 전세사기 등 4대 민생침해범죄 근절 예산도 80억원, 공공형 노인 일자리 총 60만 8,000개를 확충하는 데는 922억원, 발달장애인 지원 및 장애인 취업 지원에는 55억원 증액했다. 전 · 월세 보증금 대환대출 공급확대를 위한 예산은 140억원, 취약차주 한시 특례보증 예산은 280억원, 재생에너지 지원 예산도 정부안보다 500억원씩 각각 증액했으며, 쌀값 안정을 위한 전략작물 직불사업 예산도 401억원 늘었다.

여야가 협상 마지막까지 쟁점이었던 법인세 최고세율 인상과 시행령 관련 예산에 대해서는 "법인세는 현행 과세표준 구간별로 각 1%포인트(p)씩 세율을 인하"하기로 했다. 또 "행정안전부 경찰국과 법무부

인사정보관리단 운영경비를 50% 감액하며, 정부조직법 개정 시 대안을 마련해서 합의·반영하기로 했다"고 밝혔다.

추경호 부총리 겸 기획재정부(기재부) 장관은 본회의 표결에 앞서 "2023년도 예산안은 고물가·고금리·고환율과 경기침체가 우려되는 복합 위기상황에서 재정건전성을 강화하면서도 민생안정과 경제활력을 지원하기 위한 내용을 담았다"고 설명했다. 또한 "어려운 재정 여건하에서도 역대 최대규모인 24조원의 지출구조조정을 실행해 서민, 사회적 약자 보호와 역동적 경제 뒷받침, 국민안전 보장 등 세 가지 방향에 중점 투자했다"고 부연했다.

2023년도 예산안 주요 증액내용

민생경제 취약계층 지원 +1.7조원
서민 생계부담 경감 주거, 교통, 에너지, 식료품, 의료 등
보육·양육 서비스 질 제고 보육료, 보육교사, 교육비 경감
취약계층 맞춤형 지원 노인, 장애인, 소상공인, 최저신용자, 위기가구, 자립청소년

미래대비 및 안보·안전 투자 강화 +0.7조원
고등·평생 교육 투자 강화 대학 자율·혁신 촉구, 지방대학 집중 육성, 교육·연구 여건 개선, 학문 균형발전 등
반도체산업 초격차 확보 지원 인프라, 인력 양성
이태원참사 재발방지를 위한 안전 투자 강화 재난예방, 현장대응, 응급·심리 치료 등
마약 등 민생범죄 예방·대응 강화 마약, 스토킹 등
국방·보호 첨단무기 도입, 장병특식, 보훈수당 등

지역경제 활성화 +1.5조원
태풍 피해지역 지원 기업피해 복구, 산업환경 개선 등
농산어촌 지원 강화 전략작물 직불, 국산원유 지원 등
기타 지역현황 대응 SOC, 산업인프라, 기타 등

자료 / 기획재정부

복합 위기상황에서 24조원 지출 구조조정

12개 분야별로 보건·복지·고용 부문은 정부안보다 6,000억원 줄었다. 기재부 관계자는 "유럽연합(EU)이 코로나19 백신 유효기간을 연장하며 백신 구매비가 삭감"된 것이 가장 큰 이유라고 말했다. 환경 및 사회간접자본(SOC)은 2,000억원, 경함모 관련 예산이 전체 삭감된 국방 부문도 1,000억원 감액됐다.

반면 정부가 전액 삭감하려 했던 지역화폐(지역사랑상품권) 예산이 3,525억원으로 책정되는 등 일반·지방행정 부문 예산은 5,000억원 증액했다. 산업·중소기업·에너지 부문 예산도 정부안보다 3,000억원 늘었다. 기재부가 예산안 편성과정에서 전액 감액한 용인·평택 반도체 특화 단지의 전력·용수 등 기반 시설설치 지원 예산이 1,000억원 부활하는 등 기업 지원 예산이 늘어났기 때문이다.

기재부는 여야 합의내용을 토대로 다시 추계한 세수 감소 규모도 공개했다. 기재부가 12월 28일 장혜영 의원실에 제출한 자료를 보면 기재부가 여야 합의에 따라 세입예산을 다시 추계한 결과 법인세 개편으로 세수는 누적법(기준연도 대비 증감 계산) 기준 2023년부터 2027년까지 5년간 13조 7,000억원이 줄어든다. 2022년 대비 2023년에 4,000억원 줄고 2024년부터 매년 약 3조 3,000억원씩 세수가 감소한다.

종합부동산세(종부세) 개편에 따른 세수 감소규모는 6조 3,000억원이다. 2023년에 9,000억원 감소하고 2024년부터 매년 약 1조 3,000억원 안팎으로 줄어든다. 당초 정부안과 비교해 법인세 감면폭은 3조 5,000억원, 종부세 감면폭은 3조원 각각 적다. 법인세의 경우 정부는 당초 법인세 최고세율 구간조정 및 중소 · 중견기업 특례세율 10%를 적용한 감소규모는 17조 2,000억원으로 추산했다.

이를 반영하면 2023년 정부 총수입은 625조 7,000억원으로 정부 원안보다 3,000억원 줄어든다. 기재부 관계자는 "국세수입은 큰 변동이 없지만 세외수입이 국회 심의과정에서 일부 줄어들었다"고 설명했다. 2023년 정부 총수입에서 총지출을 뺀 통합재정수지는 13조 1,000억원 적자, 통합재정수지에서 국민연금 등 사회보장성 기금 수지를 제외한 관리재정수지는 58조 2,000억원 적자로 정부안과 같다. 2023년 국내총생산(GDP) 대비 국가채무 비율도 49.8%로 정부 원안에서 달라지지 않았다.

예산삭감 vs 발목잡기 … 시작부터 파열음

정부가 639조원 규모의 예산안을 제출하자 국회는 9월 정기국회에서 심의를 시작했다. 그러나 여야는 심사과정에서 이른바 '윤석열표 예산'으로 불린 대통령실 용산 이전, 경찰국 신설 예산과 '이재명표 예산'으로 불린 지역화폐, 임대주택 예산을 두고 팽팽하게 맞섰다.

특히 대통령실 용산 이전 및 행정안전부 경찰국 신설 등 윤석열 대통령의 공약을 이행하기 위한 예산을 두고 거친 파열음을 냈다. 더불어민주당이 소위 '윤석열표 예산'에 대대적인 칼질에 나선 가운데 국민의힘은 이를 '거야(巨野)의 횡포'로 규정하고 상임위 곳곳에서 충돌했다. 기획재정위원회에서는 금융

투자소득세 도입유예 등 세법개정 문제를 두고도 평행선을 달렸다. 여야 대치양상은 예산결산특별위원회(예결위)로까지 이어졌다.

쟁점예산을 둘러싼 이견이 워낙 컸던 탓에 예결위 법정 활동기한인 11월 30일까지 증액심사는커녕 감액심사도 마치지 못했다. 이에 민주당은 정부 동의가 필요한 증액부분은 빼고 삭감만 반영된 '수정 예산안'을 자체적으로 마련해 단독으로 처리할 가능성까지 시사했다.

결국 예산안 법정 처리시한(12월 2일)을 이틀 넘긴 12월 4일 여야는 양당 정책위의장과 예결위 간사가 참여하는 '2+2 협의체'를 가동해 쟁점타결을 시도했다. 예산안의 감액 · 증액 사안과 쟁점 예산 부수법안을 중점적으로 논의하기 위한 방안이었다. 그러나 여기서도 접점을 찾지 못했고, 결국 여야는 기존 협의체에 국민의힘 주호영 · 민주당 박홍근 원내대표까지 합류한 '3+3 협의체'에서 타결을 시도했다.

여야, 예산안 · 세법 일괄 합의 발표 기자회견

이 과정에서 김진표 국회의장은 쟁점 중 하나였던 법인세 최고세율 인하와 관련해 정부 안대로 25%에서 22%로 인하하되 시행시기를 2년 늦추는 중재안을 내놨다. 그러나 여야는 정기국회 회기인 9일에도

합의에 실패함으로써 2014년 **국회선진화법*** 도입 이후 정기국회 회기 내에 내년도 예산안을 처리하지 못한 첫 사례라는 오점을 남겼다. 11일 야당이 단독으로 10·29 참사의 책임을 묻고자 이상민 행정안전부 장관 해임건의안을 처리한 것도 예산안 협상의 냉각기가 더 길어진 배경의 하나였다.

또 다시 김 의장이 중재안을 내놨지만 민주당은 '민생을 위한 대승적 결단'이라며 중재안을 수용한 반면, 국민의힘은 법인세 인하폭이 턱없이 작고 경찰국 등 기구에 '위법'이라는 낙인이 찍힌다는 점을 들어 사실상 거부하면서 원점으로 돌아갔다.

결국 21일 김의장이 여야에 '최후통첩'을 했다. '23일에 본회의를 열어 여야가 합의를 이루면 그 합의안을, 합의를 보지 못하면 본회의에 부의된 정부안 또는 민주당의 수정안을 표결처리하겠다'고 못 박은 것이다. 이에 여야는 김 의장이 세 번째 제시한 시한을 하루 앞둔 22일 분주하게 움직여 마침내 22일 오후 비공개회동에서 서로의 요구를 조금씩 절충하며 타협점을 찾았고, 충돌과 대치 속에 이어지던 예산안 협상도 막을 내렸다.

대통령실 불만, 밀실회동도 문제

2023년 예산안이 오랜 진통 끝에 통과했지만 대통령실은 이를 마지못해 받아들이는 분위기다. 대통령실은 여야 원내대표의 협상타결 소식이 전해진 오후 5시 무렵부터 2시간이 넘도록 합의안을 살펴보며 입장발표 여부를 고심했으나, 결국 내지 않기로 방침을 정했다. 이 때문에 국회 합의는 존중하지만, 세부 내용에는 동의하지 않는다는 뜻을 에둘러 표시한 게 아니냐는 해석이 나왔다.

대통령실의 한 관계자는 "법인세는 과세표준 구간별 1%p 인하안을 (우리가) 애초에 못 받아서 지금까지 협상이 이어졌던 것인데 이걸 다시 받아준 것 아니냐"고 지적했다. 또한 경찰국과 인사정보관리단 운영경비를 각각 50% 감액하기로 합의한 데 대해서도 "정상적으로 기능해야 하는 조직의 예산을 반토막냈다"며 불만족스러워하는 목소리가 나왔다. 특히 경찰국과 인사정보관리단은 민정수석실을 폐지하며 대통령실 권한을 이양한 새 정부의 정체성을 보여주는 상징적인 조직이라는 점에서 불만이 적지 않은 걸로 알려졌다.

한편 22일 새해 예산안과 예산 부수 법안을 한꺼번에 합의하고, 이들 법안을 24일 본회의에서 일괄 처리하면서 본회의에서는 '깜깜이' 법안심사가 반복됐다는 지적이 터져 나왔다. 특히 교섭단체 간 협상에서 배제된 정의당은 "국회의 정상적인 의사결정을 건너뛰었다", "도깨비처럼 등장한 (예산) 수정안"이라며 거세게 반발했다. 당 안팎의 의견이 충분히 반영되지 못했고, 밀실협의인 만큼 법안이 여야 흥정의 대상으로 전락했다는 이유에서다. 실제로 법인세율 1%p 인하와 관련된 법인세법 개정안은 정의당과 민주당에서 반대표가 37표나 나왔다. 기권표도 일부 민주당 의원들이 가세하며 34표나 됐다. 시대

2위

묶었던 지역 풀고, 규제 없애고
부동산규제 전방위 완화

정부가 부동산규제 시계를 5년 전으로 되돌렸다. 다주택자에 대한 세금과 주택담보대출비율(LTV) 규제완화에 이어 청약·전매제한·실거주 의무 등 부동산 전 분야에 걸친 규제를 문재인정부 이전 수준으로 완화했다. 부동산시장의 급격한 침체가 실물경제 전반에 악영향을 미칠 수 있다는 우려가 커지자 대대적인 연착륙 방안을 내놓은 것이다. 수도권을 중심으로 피해가 확산하고 있는 전세사기에도 적극대응하기로 했다. 국토교통부는 1월 3일 청와대 영빈관에서 윤석열 대통령에게 주택시장 연착륙을 위한 이 같은 규제완화방안을 보고했다.

규제지역, 세제·대출까지 5년 전으로 되돌려

국토교통부(국토부)의 부동산규제 완화방안에는 먼저 규제지역을 대폭 해제한다는 내용을 담았다. 정부는 2022년 규제지역을 세 차례 해제해 서울 전역과 경기 과천, 성남(수정·분당), 하남, 광명만 남겨뒀는데, 이번에 서울 강남 3구(서초·강남·송파)와 용산구만 빼고 나머지 지역을 모두 풀기로 했다.

윤석열정부의 규제지역해제는 2022년 6월과 9월, 11월에 이어 네 번째다. 6개월이 채 안 되는 기간에 전국에 퍼져 있던 규제지역이 서울 4곳으로 줄었다. 규제지역이 본격적으로 활용된 건 2017년 문재인정부 당시 8·2 대책을 통해서다. 이때 서울 전역이 투기과열지구로 묶였고 강남 3구 등은 투기지역으로 지정됐다. 집값이 계속 뛰자 규제지역을 투기지역·투기과열지구·조정대상지역으로 2중·3중 중첩해 지정하는 방식으로 규제를 강화했다.

부동산 규제지역 현황

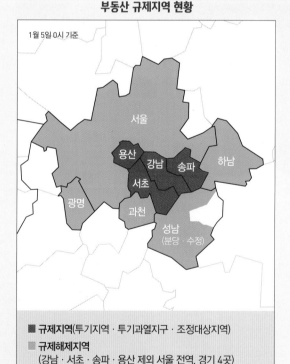

1월 5일 0시 기준

서울
용산 강남 송파
서초
광명 과천 하남
성남
(분당·수정)

■ 규제지역(투기지역·투기과열지구·조정대상지역)
■ 규제해제지역
(강남·서초·송파·용산 제외 서울 전역, 경기 4곳)

자료 / 국토교통부

이번에 수도권이 규제지역에서 대거 해제되면서 대출, 세제, 청약, 거래 등 집을 사고파는 모든 과정에 대한 규제도 풀리게 됐다. 무주택자에만 50%로 제한되던 LTV가 70%로 상향되고, 집을 살 때 자금조달계획을 의무적으로 신고하지 않아도 된다. 양도세·취득세 같은 주택세제 중과규제도 거의 적용받지 않고, 2주택자도 주택담보대출을 받을 수 있게 된다. 최장 10년이던 청약 재당첨 제한도 사라진다.

규제지역해제와 함께 **분양가상한제*** 대상지역도 대폭 축소했다. 분양가상한제 역시 분양가가 높게 책정된 신규아파트단지가 주변 부동산가격 상승을 부추긴다는 이유로 문재인정부가 확대한 제도다. 2019년 12·16 대책에서 민간택지 분양가상한제 대상지는 서울 18개구 309개동과 과천·하남·광명 13개동으로 늘었다. 해제지역은 5~10년의 전매제한과 2~3년의 실거주 의무에서 풀려나게 된다. 결과적으로 이번 대상지역해제로 규제지역은 강남 3구와 용산구 73개동만 남았다.

분양가상한제

건설사가 아파트를 짓고 최초분양할 때 정부가 나서 매매가를 일정 이상 넘지 못하도록 제한하는 제도다. 제도 초기에는 공공주택에 실시했으나 투기과열지구의 민간주택에까지 확장시켰다. 분양가상한의 기준은 '감정평가된 아파트 부지의 금액+정부가 정한 기본형 건축비+가산비용'으로 결정된다.

특히 눈에 띄는 점은 규제지역과 분양가상한제 대상지역에 대해서도 전매제한을 완화하고, 실거주 의무를 아예 없앤다는 것이다. 기존에는 수도권의 분양가상한제 아파트에 당첨되면 최장 10년(비수도권은 4년) 동안은 되팔 수 없었는데, 전매제한기간이 2023년 2분기 내로 최장 3년으로 줄어든다. 정부는 전매제한·실거주 의무가 남았더라도 소급적용해 완화된 규정을 적용하기로 했다.

중도금 대출과 청약 관련 규제도 풀어

이뿐만 아니라 국토부는 최대 12억원까지만 가능했던 중도금 대출규제를 풀고, 이를 소급적용하기로 했다. 1인당 5억원으로 제한한 인당 중도금 대출한도도 폐지한다. 이에 따라 2023년 3월부터는 분양가와 관계없이 모든 주택에서 중도금 대출을 받을 수 있게 된다. 당초 9억원 이하로 제한했던 중도금 대출을 2022년 11월 말 12억원 이하로 완화했는데, 2023년에는 아예 이 규정을 없애겠다는 것이다.

특별공급(특공)의 분양가상한 기준도 사라진다. 현재 투기과열지구에서는 분양가가 9억원을 넘는 경우 다자녀 등 특공대상물량에서 배제하고 있다. 국토부는 2023년 2월 중 '주택공급에 관한 규칙'을 개정해 분양가 제한을 없앤다는 방침이어서 앞으로 서울에서 전용면적 85m² 중형도 특공물량으로 분양받을 수 있게 된다.

국토부와 환경부의 업무보고 받는 윤석열 대통령

또 주택공급규칙을 개정해 일명 '줍줍'으로 불리는 무순위청약에 유주택자도 신청할 수 있게 된다. 아울러 청약당첨된 1주택자에게 부과되는 기존주택 처분의무도 폐기한다. 현재 투기과열지구·조정대상지역 등 규제지역과 수도권·광역시 분양 아파트의 경우 추첨제 1순위 물량의 25%는 1주택자도 당첨이 가능하나 기존주택을 처분해야 한다는 조건이 붙는다. 국토부는 당초 6개월 내 팔아야 하는 것을 최근 2년으로 완화했으나 이 또한 아예 규제를 없애기로 했다.

정부, "지나친 규제 정상화하려는 것"

원희룡 국토부 장관은 "과거 비정상적인 시기에 도입된 규제를 정상화하는 차원"이라며 "부동산시장 전반의 거래가 동결되는 등 지나친 시장의 공포에 대해선 명확한 신호를 줄 필요가 있다"고 강조했다. 급격한 규제해제가 추후 집값을 자극할 수 있다는 우려에 대해선 "총부채원리금상환비율(DSR)이 계속 작동하고 있기 때문에 투기목적으로 주택을 매입하는 데 대해선 안전장치가 있다"고 밝혔다.

원 장관은 1월 4일 기자단 간담회에서도 정부의 규제완화 강도가 단기간 내 달라진 것 아니냐는 지적에 "정책목표와 대상이 빠르게 움직이면 우리도 빨리 움직여야 한다"고 반박하고, 규제완화가 곧 "빚을 내 집을 사라는 의미가 아니"라고도 말했다. 원 장관과 발맞춰 대통령실에서는 규제완화와 관련해 "부당한 세제왜곡을 바로잡고 국민에게 공정한 부동산시장이 형성되도록 하는 것"이라고 밝혔다.

전문가들은 이번 조치로 주택시장에 다소 숨통이 트일 것으로 내다봤으나, 당장 시장 분위기를 반전시키기는 어렵다는 평가도 많다. 한편 시민사회단체는 정부의 규제완화에 대해 비판의 목소리를 높였다. 참여연대는 "무분별한 규제완화로 서민과 취약계층을 위한 주거복지를 축소하고 투기세력에게만 호재로 작용할 것"이라고 우려했고, 경제정의실천시민연합은 분양가상한제 대상지역이 축소돼 집값상승위험이 높아졌다고 비판했다. 시대

HOT
ISSUE

3위

북한 무인기에 5시간 뚫린 영공
9·19 합의 존폐 갈림길

2022년 12월 26일 북한의 무인기 5대가 우리 영공을 침범해 서울, 강화, 파주 상공을 5시간 넘게 휘저었지만, 우리 군은 격추에 실패했을 뿐만 아니라 무인기 1대가 비행금지구역에 진입한 것조차 파악하지 못한 것으로 밝혀져 논란이 되고 있다. 당초 군 당국은 비행금지구역은 뚫리지 않았다고 극구 부인했으나, 조사결과 무인기 침범 당일 서울 상공을 감시하던 레이더망에 무인기 항적이 일부 잡혔음에도 작전요원들이 이를 무인기라고 판단하지 못한 것으로 뒤늦게 밝혀졌다. 이에 방공대응 실패는 물론이고 정보평가까지 총체적 난국이었다는 비판이 제기됐다.

북한 무인기 용산일대 상공까지 침투

합동참모본부(합참)에 따르면 12월 26일 오전 10시 25분께부터 경기도 일대에서 북한 무인기 5대가 식별됐다. 먼저 포착된 1대는 김포와 파주 사이 한강 중립수역을 통해 우리 영공을 침범했고 또 다른 무인기 1대는 한강을 따라 서울로 들어온 뒤 1시간가량 서울 상공을 비행했는데, 이 과정에서 한강 이북에 해당하는 용산 근처 비행금지구역(P-73)에 진입했다는 것이 1월 5일 뒤늦게 확인됐다. 이 지역은 용산 대통령실과 국방부 청사를 중심으로 하는 대통령경호 상공영역에 서초·동작·중구 일부를 포함한다. 대통령경호를 위해 설정된 서울 중심부 핵심지역까지 들어온 것이다. 나머지 4대는 강화도 서쪽으로 진입해 강화도 지역에서 활동하는 항적을 보였는데, 우리 군 탐지자산에 순차적으로 포착됐다가 소실된 뒤 항적이 나타나지 않은 것으로 전해졌다.

우리 군은 공군전투기, 공격헬기, 경공격기 등으로 대응에 나섰으며 교동도 서쪽 해안에서 레이더에 무인기가 포착되자 헬기의 20mm 기관포로 100여 발 사격을 가했으나 격추에는 실패했다. 군은 북한 무인기들의 정확한 복귀시간을 추가로 분석한 결과 오전부터 총 5시간여 동안 작전이 진행된 것으로 파악했다.

이처럼 북한 무인기가 대낮에 대통령실 일대 상공까지 넘어온 정황이 포착되면서 우리 군의 대공방어망에 허점이 노출된 것 아니냐는 지적이 강하게 제기됐다. 수도권 핵심시설에는 육군 수도방위사령부(수방사)가 2019년에 도입한 드론테러 방어용 레이더 'SSR'이 배치돼 드론·무인기를 탐지하고 주파수를 무력화하는 시스템이 있지만, 처음 맞은 이번 실전에서 제성능을 발휘하지 못한 것이다. 최고 수준의 방공망을 유지해야 할 서울 한복판마저 뚫렸다는 비

판과 함께 군이 무인기 대응절차를 제대로 지켜 정상적으로 작전을 수행했는지 등에 대한 의문도 제기됐다. 여기에 무인기 대응 대비태세를 발령하기까지 1시간 30분 이상 소요됐다는 사실이 사후점검에서 드러나 서울 방어임무를 맡은 수방사와 최초 탐지부대 간 상황전파 및 공조가 제대로 이뤄지지 않은 부분도 논란이 됐다.

군, 북한 무인기 '대통령 경호구역' 침범 시인

북 무인기 침범 관련 주요 일지

① **2022년 12월 26일**(10시 25분~13시 40분) 1군단 국지방공레이더로 무인기 1대 식별, 서울 북부지역까지 남하 후 북상, 포착상실, 군 헬기 및 공군기 출동, 격추 실패

② **26일**(12시 57분~15시 20분) 공군작전사령부, 무인기 4대 추가 식별 및 추적, 강화도 및 서해상 일대 남하 후 포착상실, 군 헬기 기관포 사격, 격추 실패

27일 '무인기가 용산 근처를 비행했을 가능성이 있다' 최초 보도, 합참 "용산 상공을 비행한 항적은 없었다" 부인

29일 야당 의원, P-73 침범 가능성 제기, 합참, "침범하지 않았다" 공개 반박

③ **2023년 1월 5일** 합참 관계자, 서울 진입 적 소형무인기 1대 추정항적이 비행금지구역의 북쪽 끝 일부 지난 것으로 밝힘. 비행금지구역 침범 지점 및 침범 거리는 '국가안보' 이유로 비공개

※ 2017년 6월 강원도 인제 추락 북한 무인기 – 폭 2.86m, 길이 1.85m (이번 무인기와 비슷)

자료 / **합동참모본부**

군 당국, "비행금지구역 항적 인지 못해"

북한 무인기가 서울 핵심구역까지는 진입하지 않았다고 자신하던 군이 약 일주일 만에 입장을 바꾼 것에 대해 일각에서 사실을 은폐한 것이 아니냐는 주장이 일자 군 당국은 정보공유가 미흡한 부분이 있

었던 것은 맞지만 은폐의혹은 사실이 아니라며 선을 그었다. 1월 6일 국방부 관계자는 "군은 1월 1일까지는 북쪽 일부를 지나간 미상항적을 인지하지 못했다"고 말했다. 야당 등에서 1월 1일보다 일찍 P-73 침범 가능성을 제기했던 부분과 관련해 군에서는 항적을 식별조차 못했던 만큼 이를 은폐하거나 왜곡한 것은 아니라는 해명으로 풀이된다.

또 대통령실 이전으로 P-73 구역이 축소돼 이번 사태가 생긴 것 아니냐는 지적에 군은 그렇게 보지 않는다고 밝혔다. 청와대 시절 P-73은 청와대를 중심으로 반경 3.7km의 A구역과 4.6km의 B구역 등 총 8.3km 반경에 설정됐다가 용산 대통령실 이전과 함께 대통령실 인근을 중심으로 하는 3.7km 반경으로 변경됐고 B구역은 없어졌다.

합참 관계자는 "B구역은 '버퍼존(완충지대)'이며, 그게 없으면 더 강력해지고 작전요원에게 작전적 자유를 부여해줬다고 이해할 수 있다"고 말하며 방공망 자체를 옮기거나 축소한 것은 아니라고 강조했다. 또 북한 무인기가 대통령실을 촬영했을 가능성은 없다는 기존의 입장을 되풀이하면서 "만약 촬영했더라도 유의미한 정보는 없었을 것"이라고 말했다.

북한 연쇄도발에 9·19 군사합의 존폐 갈림길

북한이 소형무인기 5대를 **군사분계선(MDL)*** 이남으로 침투시킨 것은 2018년 체결된 9·19 남북군사합의를 위반한 것이다. 9·19 합의는 문재인정부 때 발표된 평양공동선언의 부속합의서로 정식 명칭은 '판문점선언 군사분야 이행합의서'다. 접적지역에서의 군사적 우발충돌 방지가 목적이며 MDL을 기준으로 비행금지구역, 포병사격 및 연대급 이상 야외 기동훈련 금지구역, 완충수역 등을 설정했다. 하지만 이미 북한은 2022년 10월부터 9·19 합의에 따른 동·서해상 북방한계선(NLL) 북방 해상완충구역 안으로 포병사격을 가해 합의를 위반한 바 있다.

윤석열 대통령은 1월 4일 국가안보실, 국방부, 합동참모본부, 국방과학연구소로부터 무인기 대응전략을 보고받는 자리에서 북한의 잇따른 도발로 사실상 무의미해진 9·19 합의에 대해 효력정지를 검토할 수 있다고 밝혔다. 그간 정부는 9·19 합의가 북한에 의해 무력화하는 상황에서도 남북이 함께 준수해야 한다는 기본 입장을 견지하면서 신중한 태도를 취했으나 무인기 영공침범이라는 강도 높은 도발에 직면하면서 대응수위를 높인 것으로 풀이된다.

한편 김정은 북한 국무위원장이 새해 첫날부터 남측을 '명백한 적'으로 규정하며 전술핵 다량생산을 지시하는 등 위협수위를 높이자 주요 외신과 전문가들은 한반도의 긴장이 고조될 것이라고 전망했다. 임을출 경남대 극동문제연구소 교수는 1일 AFP통신에 김정은의 이번 발언에 미국과 남한이 군사훈련 강화로 대응할 공산이 크며 그럴 경우 남북한 사이의 긴장이 2023년에는 '전례 없는 수준'에 이를 것이라고 예상했다. AP통신은 "더 많은 핵무기와 새로운 무기시스템을 생산하겠다는 김정은의 이번 발언은 장기화 국면에 들어선 북미 긴장상황에서 앞으로의 협상력을 키우려는 것일 수도 있다고 본다"고 지적했다. 시대

4위

'기득권 타파' 내건 대통령 신년사 …
3대개혁과 경제·수출에 방점

윤석열 대통령이 새해 벽두부터 3대 개혁과제 이행을 약속하면서 '기득권 타파'의 기치를 들었다. 집권 2년 차를 맞이한 2023년 1월 1일 윤 대통령은 취임 후 첫 신년사를 통해 노동·교육·연금 개혁을 흔들림 없이 추진하겠다는 국정기조를 재확인하는 동시에 변화와 혁신을 시도하는 과정에서 '기득권 세력'과 타협하지 않겠다는 점을 분명히 했다.

윤석열 대통령

기득권 타파하고 노동·교육·연금 3대개혁 추진

윤 대통령은 이날 오전 10시 용산 대통령실 브리핑룸에서 발표한 신년사 말미에 "기득권의 집착은 집요하고 기득권과의 타협은 쉽고 편한 길이지만, 우리는 결코 작은 바다에 만족한 적이 없다"고 말했다. 그러면서 "2023년 새해, 자유가 살아 숨 쉬고 기회가 활짝 열리는 더 큰 바다를 향해 나아가자"며 기득권과의 싸움을 예고했다. 여기서 '기득권'은 윤 대통령이 과거 대선출마 선언 때와 대선후보 수락 시 반복해 언급했던 '이권 카르텔'과 유사한 의미라는 것

이 대통령실 관계자들의 설명이다. 윤 대통령이 3대 개혁과제의 지향점을 열거하기에 앞서 "기득권 유지와 지대 추구에 매몰된 나라에는 미래가 없다"고 선언한 것도 그런 맥락이라는 것이다.

노동개혁의 관점에서 기득권은 대기업 중심의 대형 노동조합 등을 가리키는 것으로 해석된다. 윤 대통령은 "귀족 강성노조와 타협해 **연공서열 시스템***에 매몰되는 기업에 대한 정부지원은 차별화돼야 한다"고 밝혔다. 윤 대통령은 법과 원칙에 따른 불법행위 엄단을 골자로 하는 이른바 '노사 법치주의'를 내세우며 "불필요한 쟁의와 갈등을 예방하고 진정으로 노동의 가치를 존중할 수 있는 길"이라고 설명했다. 윤 대통령은 또 고등교육에 대한 권한을 지역으로 과감히 넘기고 현지 산업과 연계하는 방안을 교육개혁의 핵심과제 중 하나로 언급했다.

연공서열제

가장 고전적인 임금제도 중 하나로 근속연수에 따라 임금·직급이 상승하는 것이다. 노동자에게 안정적인 직업을 보장해주고 비용을 들여 교육한 사원이 다른 기업으로 빠져나가지 못하게 하는 등의 장점이 있지만, 적극적으로 일하지 않아도 큰 하자가 없으면 승진과 임금상승이 저절로 이루어지므로 생산성과 효율성이 떨어지는 단점이 있다. 이에 연공제를 기초로 하되 개인의 성과를 바탕으로 연간 임금과 직급을 결정하는 연봉제를 시행하는 기업이 늘고 있다.

바이오, 방산, 원자력, 탄소중립 … 일관성 모호

윤 대통령은 신년사에서 '경제'를 11회, '수출'을 6회, '미래'는 10회, '개혁'과 '세계'는 각 8회 언급했다. 특히 2023년에도 극심한 경기한파가 이어질 것으로 예상되는 가운데 적극적인 수출진흥을 통해 경제활로를 찾겠다는 뜻을 밝혔다. 윤 대통령은 "모든 외교의 중심을 경제에 놓고, 수출전략을 직접 챙길 것"이라며 "인프라 건설, 원전, 방산 분야를 새로운 수출동력으로 육성할 것"이라고 했다. 이어 "IT(정보기

술)와 바이오산업뿐 아니라 방산과 원자력, 탄소중립과 엔터테인먼트까지 '스타트업 코리아'의 시대를 열겠다"고 덧붙였다.

윤석열 대통령의 영상 새해인사를 듣는 국민의힘

신년사에서 대북정책을 언급하지 않은 점도 눈에 띈다. 최근 북한 무인기 도발에 맞서 "압도적으로 우월한 전쟁준비"라는 강 대 강 메시지를 낸 윤 대통령은 안보메시지를 신년사에서 거의 들어냈다. 하지만 대통령실 관계자는 "자유, 인권, 법치 등 보편적 가치의 연대를 중심에 둔 대외전략을 거듭 강조하는 우회적인 방식으로 선명한 대북메시지를 낸 것"이라고 설명했다.

경제단체들은 노동·교육·연금 개혁과 수출 증진을 강조한 윤 대통령의 신년사에 대해 환영한다는 입장을 밝혔다. 대한상공회의소는 대통령 신년사 관련 논평에서 "경기침체 우려 속에서 경제를 최우선으로 하는 금리와 수출전략을 마련하고 노동·교육·연금 개혁의지를 보여준 점에 적극 공감한다"고 밝혔다. 전국경제인연합회도 "대통령이 신년사에서 수출 증진, 미래전략기술 개발, 노동·교육·연금 등 3대개혁을 강조한 점은 경제난 극복과 재도약을 위해 매우 시의적절하다"며 환영했다.

한국경제 1%대 저성장 전망 … "위기관리·구조개혁해야"

2022년 고물가, 고금리, 고환율의 복합위기로 신음한 한국경제가 2023년에는 더욱 어려운 상황에 놓일 전망이다. 세계경기 위축으로 한국경제 핵심 동력인 수출이 흔들리고, 내수도 침체의 길로 들어서는 상황에서 서민고통을 가중하는 고물가 상황은 쉽게 진정되지 않고 일자리 증가폭도 크게 줄어들 것으로 보인다.

수출부진, 적자규모 역대 최대

기획재정부(기재부)와 한국은행(한은) 등 주요 기관들은 2023년 실질 국내총생산(GDP) 성장률이 잠재성장률*을 밑도는 1%대에 그칠 것으로 예상했다. 2023년 성장률 전망치를 기재부는 1.6%, 한은은 1.7%, 한국개발연구원(KDI)과 경제협력개발기구(OECD)는 1.8%로 제시했다. 우리나라의 경제성장률이 2%에 미치지 못했을 때는 코로나19가 덮친 2020년(-0.8%), 글로벌 금융위기 직후인 2009년(0.8%), 국제통화기금(IMF) 외환위기 때인 1998년(-5.1%) 등 대형위기를 맞았을 때를 제외하고는 찾아보기 어렵다.

잠재성장률(Potential Growth Rate)은 한 나라의 경제가 보유하고 있는 노동, 자본, 자원 등을 최대로 활용했을 때 물가상승을 일으키지 않으면서도 최대로 이룰 수 있는 경제성장률 전망치. 요약하면 한 나라의 최대 성장능력을 말한다. 반면 실질성장률은 한 나라의 경제가 실제로 생산한 모든 최종 생산물의 시장가치로 실질국민소득이라고도 할 수 있다.

2023년 가장 큰 걱정거리는 부진한 수출이다. 우리나라 수출부진은 이미 2022년부터 시작됐다. 2022년도 무역적자는 472억달러(약 60조원)로 2008년 이후 14년 만에 연간 적자를 기록했을 뿐 아니라 적자규모도 외환위기 때를 넘어 역대 최대를 찍었다. 월간으로 보면 수출은 2022년 12월까지 3개월 연속 감소했다. 특히 주력품목인 반도체 등의 수출이 큰 폭으로 흔들렸다.

수출감소는 생산활동의 위축으로 이어진다. 생산동향을 보여주는 가장 최근 통계인 2022년 11월 산업활동동향을 보면 전(全)산업 생산(계절조정·농림어업 제외)이 전월보다 0.1% 늘었지만, 반도체 생산은 11.0% 급감했다. 그러나 2023년 세계경기 침체가 예고된 상황이라 수출부진과 이에 따른 생산부진 흐름은 2023년에도 계속 이어질 가능성이 크다.

국내외 산적한 위험요소 관리 필요

소비, 투자, 고용 등 내수전망도 어둡다. 코로나19 확산 이후 살아나는 듯했던 소비는 2022년 11월 기준 3개월 연속 전월 대비 감소한 데다가 2023년에도 5% 안팎의 고물가가 당분간 지속되고 고금리 상황도 이어지기 때문이다. 이에 가계가 소비를 늘리기 쉽지 않고, 경기하강 국면에서 기업이 투자를 확대하는 것도 어려울 것이라는 분석이 나왔다.

고용은 2022년 큰 호조를 보였던 것에 대한 기저효과 등으로 둔화가 불가피하다. 정부는 취업자 증가폭을 10만명으로 전망했고 한은과 KDI는 각각 9만명, 8만명을 예상했는데 이는 2022년의 80만명 안팎에서 크게 줄어든 수치다. 결국 2023년에는 수출과 내수가 함께 하락하면서 경제가 혹한기에 들어설 것으로 보인다.

반면 물가는 2022년 한 해 5.1% 올라 외환위기 당시인 1998년(7.5%) 이후 가장 높은 상승률을 기록했고, 2023년 초부터 전기·가스 요금과 시내버스·지하철 요금 인상 등이 줄줄이 예정돼 있다. 물가가 떨어지지 않으면 금리상승 등 긴축국면도 길어져 현재 사상 최대 규모로 불어난 가계부채는 물론 코로나19로 타격을 받은 소규모 자영업자 등 취약계층의 가계가 흔들리고 부동산시장의 충격이 커질 가능성이 높다.

정부는 이처럼 산적한 위험요인을 철저하게 관리하면서 취약계층 지원, 수출산업 육성, 규제 혁파 등을 적극 추진해 위기에 버금가는 경기부진을 극복한다는 계획이다. 윤석열 대통령은 1월 1일 발표한 신년사에서 "2023년 세계경제는 어느 때보다 경기침체의 가능성이 크다"며 복합위기 돌파를 위한 수출의 중요성을 강조했다. 경제 부처 장관들도 산적한 우리 경제의 위험요소들을 철저히 관리하고 취약계층 지원에 주력해 '위기를 극복하는 해'로 삼겠다고 다짐했다.

6위

김만배 '언론계 로비' 드러나나 … 억대 돈거래 파문

이른바 '대장동*팀'에서 로비스트 역할을 담당한 화천대유자산관리 대주주 김만배(57) 씨가 법조계뿐만 아니라 언론계에서도 광범위하게 금전을 매개로 '인맥'을 추구한 정황이 드러났다. 이에 대장동 개발 사업의 추진과정과 대장동팀이 배당받은 2,000억원 여의 개발수익이 대선 국면과 맞물려 논란이 될 때 여론전을 위한 '방패'를 준비한 것이 아니었느냐는 해석이 나온다.

대장동 사건

우선주를 보유한 성남도시개발공사와 금융기관이 사전에 확정된 고정이익을 먼저 배분받고, 추가로 발생하는 이익은 보통주를 보유한 민간사업자들이 가져가는 방식으로 설계된 대장동 사업과 관련해 이재명 더불어민주당 대표가 해당 사업에 관여됐다는 의혹을 받는 사건이다. 당시 민간사업자들은 추가이익을 통해 총 4,040억원의 막대한 배당이익을 챙긴 것으로 밝혀졌으며, 검찰은 이 과정에서 민간사업자들이 선거자금 명목으로 이 대표 측에 '뒷돈'을 건넨 것으로 보고 수사를 진행하고 있다.

검찰, 김씨-중견 언론인 돈거래 추적

1월 9일 법조계에 따르면 김씨가 100% 지분을 보유한 화천대유는 언론사 출신 인사들을 고문 등으로 영입하고 고문료 또는 급여를 지급했다. 앞서 김씨가 박영수 전 특검, 권순일 전 대법관 등 고위 법조인 여러 명과 맺은 화천대유 고문계약과 닮은 꼴

이다. 화천대유에서 인사실무를 맡았던 한 직원은 2021년 검찰조사에서 "모두 김만배 회장과 기자 시절 선후배 관계로 친분 때문에 그(김씨)가 고문으로 채용하라고 지시했다"고 밝힌 바 있다.

사건을 수사 중인 서울중앙지검 반부패수사1부(엄희준 부장검사)는 김씨가 은닉을 지시한 대장동 배당금 275억원의 흐름을 추적하던 중 그가 언론인들과 돈거래를 한 정황을 파악해 범죄혐의점이 있는지 살펴보고 있다. 또한 언론계 출신 인사들이 고문 계약을 제대로 수행했는지도 의심하고 있다. 검찰은 김씨가 극단적 선택을 시도한 지 23일 만인 1월 6일 소환조사를 재개했고, 9일에도 서울중앙지검 청사로 불러 조사를 진행했다.

화천대유자산관리 대주주 김만배 씨

김씨와 현직 기사 사이에서 오간 금전거래가 '언론계 로비' 목적이었다는 의심도 불거졌다. 한겨레신문 부국장을 지낸 A씨는 2019~2020년 김씨에게서 수표로 9억원을 받았다. A씨는 아파트 분양금 명목으로 이 돈을 받았으며, 이중 2억원을 갚았고 나머지 원금과 이자도 갚겠다는 뜻을 김씨 측에 전달했다는 입장이다. 한겨레신문은 6일 이 사실을 인정하면서 사과문을 게재한 데 이어 9일 편집국장 보직사퇴 및 경영진 조기퇴진을 결정했다.

국내 중앙 일간지 중앙일보의 간부 B씨는 김씨에게 1억 9,000만원을 받았고, 2020년 또 다른 중앙 일간지인 한국일보의 간부 C씨는 1억원을 받은 것으로 전해졌다. 이들은 차용증을 쓴 정상적인 거래라고 해명했지만 검찰은 해당 대여약정서 등이 허위로 작성됐을 가능성 등을 살펴보고 있다.

김만배 언론계 로비 인맥 파악현황(1월 11일 기준)

구분	인물	내용
화천대유 관련	❶ 화천대유 고문	전 중앙지 논설위원, 총 3,500만원 수령
	❷ 화천대유 홍보실장	전 경제지 선임기자, 총 9,000만원 수령
	❸ 화천대유 고문	전 민영 뉴스통신사 부국장, 총 2,400만원 수령
	❹ 화천대유 고문	전 장관 정책보좌관·기자, 총 1억 5,600만원 수령
	❺ 화천대유 고문	전 경제지 이코노미스트, 사직 후 급여 미수령
천화동인 1호 관련	❻ 천화동인1호 고문	전 중앙지 기자, 총 4,000만원 수령
기타 금전거래	❼ 한겨레 부국장	아파트 분양금 명목 총 9억원 수령
	❽ 중앙일보 간부	정상거래 주장, 총 1억 9,000만원 수령
	❾ 한국일보 간부	정상거래 주장, 총 1억원 수령

※ 김만배와 기자 시절 선·후배 관계로 파악된 주요 인물

자료 / 법조계 종합

2017~2019년 언론사 2곳 인수 시도도

김씨는 머니투데이 법조팀장으로 재직하던 2017년~2018년에 민영 뉴스통신사 한 곳과 2019년 법조계 전문지 인수를 시도했던 것으로도 파악됐다. 그러나 이후 인수대금을 두고 사측과 의견차이를 좁히지 못해 마음을 접은 것으로 알려졌다. 김씨는 이 과정에서 남욱 변호사 등을 비롯한 '대장동팀'에 언론사 임원 자리를 제안하기도 했다.

법조계에선 김씨가 2019년 대장동 개발수익이 시작되면 사업 추진과정과 배당금 규모 등과 관련해 향후 논란이 불거질 수 있다고 보고 이를 관리하기 위해 언론사 인수를 추진했을 것이라는 분석이 나온다. 대장동 개발사업에 대한 우호적인 여론을 조성하는 기사를 내보내거나 또 다른 사업을 추진·운영하는데 언론사의 영향력을 이용하려고 했을 수 있다는 것이다. 향후 수사상황에 따라 언론인에 대한 수사가 더 확대될 가능성도 제기됐다.

HOT ISSUE **7위**

전국 공공요금 인상 도미노 … 새해 체감물가 폭등

반년 넘게 5% 이상의 고물가가 이어지는 가운데 정부가 2023년 1분기 전기요금을 가구당 4,000원 가량 인상하면서 물가 고공행진이 당분간 지속될 것으로 예상된다. 이뿐만 아니라 2023년 전국 택시·버스·지하철 요금과 상하수도 요금, 쓰레기 종량제 봉투가격 등 공공요금 도미노 인상 또한 예정돼 있다. 전기료에 이어 국민생활과 밀접한 지방 공공요금까지 줄줄이 오르면서 체감물가가 높아져 국민생활 어려움이 커질 것으로 보인다.

2023년 1분기에만 4인가구 기준 4,000원 인상

산업통상자원부는 2023년 1분기에만 무려 전기요금을 kWh(킬로와트시)당 13.1원 올리는 요금조정안을 발표했다. 2022년을 통틀어 인상된 전기요금이 19.3원임을 고려하면 역대급 인상폭이다. 이에 따라 2023년 1월부터 전기요금은 4인가구 기준으로 4,022원 오르게 된다. 이러한 인상안은 2023년 물가에 주요한 상승요인으로 작용하면서 상당 기간 고

물가가 이어질 것으로 예상된다. 여기에 2분기에는 더 큰 폭으로 인상할 가능성도 있다. 2022년 전기요금 인상분의 2.7배에 달하는 51.6원을 2023년 상반기에 반영해야만 한국전력공사의 흑자전환이 가능하기 때문이다.

다만 전기요금이 대폭 인상된 점을 고려해 2023년 1분기 가스요금은 동결하기로 했다. 그러나 국제 원자재가격 상승 등으로 인해 한국가스공사의 미수금이 누적되면서 2분기부터는 상당폭의 인상이 불가피할 것으로 보인다. 2022년 가스요금은 주택용을 기준으로 총 5.47원 인상됐는데, 정부는 2023년 요금을 이보다 1.5배에서 1.9배가량 인상하는 방안을 검토하고 있다.

17개 시도 대부분 공공요금 인상 전망

다른 공공요금도 인상이 줄줄이 예고됐다. 전국 17개 대부분 시도는 택시, 지하철, 버스 등 대중교통 요금 인상을 이미 결정했거나 유력하게 검토하고 있다. 서울은 2023년 택시 기본요금을 2월 1일 오전 4시부터 3,800원에서 4,800원으로 인상한다. 이어 지하철과 시내버스, 마을버스 요금도 이르면 4월부터 300원씩 올리는 방안을 추진한다.

인구가 가장 많은 경기도는 2023년 택시요금을 인상한다. 인상폭은 서울에 준하는 수준이 될 가능성

이 크다. 대구와 울산도 택시 기본요금을 3,300원에서 4,000원으로 올리기로 했고, 대전도 3,300원인 택시 기본요금을 인상할 계획이다. 경남, 경북, 전남, 전북, 충북, 제주는 2023년 중 인상 여부를 검토할 예정이다. 인천은 시내버스와 광역버스 요금 인상을 검토 중이다. 근 10년째 버스요금을 동결해온 부산처럼 아직 인상계획이 확정되지는 않았으나 상당한 인상압박을 받는 시도도 많다. 경남, 울산도 인상요인이 많아 버스요금을 올리는 방안을 검토하고 있다. 이런 시도들의 경우 서울이 선제적으로 요금을 올린 것을 고려해 인상으로 최종 가닥을 잡을 가능성이 크다.

조례에 담긴 중기계획에 따라 상하수도요금을 올리는 시도도 많다. 서울은 2023년 1월부터 가정용을 비롯한 상수도요금을 올릴 계획이고 인천, 울산, 대전, 세종 등도 상수도나 하수도요금이 인상될 예정이다. 경기, 전남, 강원, 충북 등은 도내 일부 지자체에서 상하수도요금 인상계획이 잡혀 있다. 경기, 전남, 강원에는 도내 쓰레기 종량제 봉투가격을 인상하는 지역도 있다.

기획재정부는 새해 경제정책 방향에서 "상방압력이 높은 공공요금 가격안정을 도모하기 위해 인상요인을 최소화하고 불가피한 경우 인상시기 이연·분산을 추진하겠다"고 밝힌 바 있다. 하지만 중앙정부가

영향력을 미치는 전기요금은 이미 **2차 오일쇼크***(석유파동, Oil Shock) 시기인 1981년 이후 최고·최대폭으로 올렸으며, 가스요금도 2분기부터 상당폭 인상하겠다고 예고한 상태다. 이에 따라 만만찮은 인상압박을 받는 지방 공공요금을 정부가 나서서 관리할 명분은 퇴색됐고, 지자체별 대중교통요금 등의 줄인상을 피할 수 없게 됐다.

2차 오일쇼크

1973년과 1978~1979년 두 차례에 걸친 석유 공급부족으로 인한 석유가격 폭등으로 세계경제가 큰 혼란에 빠진 사건 중 두 번째 사건이다. 이란 노동자들이 팔레비왕정 타도를 외치면서 혁명을 일으키며 발생했다. 혁명 여파로 이란 석유공급이 크게 감소했고, 원유가격이 급상승하여 세계경제가 큰 어려움에 빠졌다. 2차 오일쇼크는 1981년 이후 소비국의 수요감퇴 및 석유수급 완화로 해결됐다.

중국발 단기비자·추가증편 제한 … 입국 전후 검사 의무화

정부는 최근 중국의 코로나19 상황 악화로 인한 국내 영향을 최소화하기 위해 2023년 1월 2일부터 중국발 한국행 단기비자 발급과 항공편 추가증편을 제한하고, 입국 전후 검사를 의무화했다. 한덕수 국무총리는 2022년 12월 30일 코로나19 중앙재난안전대책본부 회의에서 "정부는 중국의 코로나19 상황 악화로 인한 국내확산을 예방하기 위해 불가피하게 일부 방역조치를 강화한다"며 "방역상황 안정 시까지 우리나라로의 단기여행을 제한할 필요가 있다고 판단했다"고 설명했다.

중국발 입국자 대상 입국 전후 검사 의무화

방역 강화방안에 따르면 우선 2023년 1월 2일부터 31일까지 한 달간 중국 내 공관에서 단기비자 발급이 제한된다. 단, 외교·공무, 필수적 기업 운영, 인도적 사유 등의 목적으로는 비자 발급이 가능하며 추후 상황에 따라 발급 제한기간이 연장될 수 있다. 또 효율적인 입국자 검역관리를 위해 중국발 항공기의 도착 공항을 기존 인천, 김해, 대구, 제주에서 인천공항으로 일원화하고 2월 28일까지 약 두 달간은 중국발 입국자에 대해 입국 전후 코로나19 검사가 의무화된다.

이러한 조치에 따라 지난 1월 2일부터 중국에서 오는 단기체류 외국인은 입국 즉시 PCR(유전자증폭) 검사를 받고 검사결과 확인 시까지 별도의 공간에서 대기하고 있다. 내국인이나 장기체류 외국인은 입국 1일 이내에 거주지 보건소에서 검사한 뒤 검사결과가 나올 때까지 자택에서 대기해야 하며, 1월 5일부터는 중국 현지에서 국내로 출발하는 항공기에 탑승하는 모든 내·외국인에 대해 항공기 탑승 시 48시간 이내 PCR검사 또는 24시간 이내 전문가용 신속항원검사 결과 제출도 의무화됐다.

중국에서 국내로 들어오는 항공기에 탑승할 때는 검역정보사전입력시스템(Q-CODE, 큐코드)에 국내 주소지 및 연락처를 등록해야 하고, 큐코드 미이용시 탑승이 제한된다. 지자체와 입국정보를 공유하고 입국 후 관리를 하기 위한 조치다. 정부는 전국 시도에 임시재택시설을 마련해 단기체류 외국인 확진자를 관리하기로 했다. 공항 입국단계에서 확진된 경우는 별도의 임시수용시설에 머물게 된다. 정부는 이번 조치에 대해 "신규 변이가 발생해 국내에 유입될 가능성이 증가하는 상황에서 위험성을 최소화하기 위한 결정"이라고 설명했다.

코로나19 중대본 회의를 주재하고 있는 한덕수 총리

중국 코로나19 급증에 각국 입국규제 강화

중국은 자국 내 코로나19가 급격히 확산하는 가운데에서도 해외 입국자 시설격리 중단 등 출입국 방역을 완화했다. 이에 따라 중국의 코로나19 확산이 다른 국가로 번질 우려가 점점 커지면서 세계 각국은 중국인의 입국 후 검사를 의무화하는 등 방역 강화조치에 나서고 있다.

미국의 경우 중국 본토와 특별행정구인 마카오와 홍콩으로부터 입국하는 모든 여행객에게 비행기 탑승 전 이틀 이내에 실시한 코로나19 검사 음성확인서 또는 코로나19를 앓았다가 회복했다는 증빙서류를 요구하며, 일본은 중국 입국자 전원에 대해 코로나19 검사를 진행한다. 인도도 중국, 한국, 일본, 홍콩, 싱가포르, 태국 등 6개국에서 입국하는 사람들에 대해 코로나19 검사를 의무화한다. 대만과 이탈리아는 중국 본토로부터 오는 여행객에 대해 코로나19 검사를 의무화하며, 필리핀과 방글라데시도 이런 방안을 검토 중이다.

우리나라의 경우 11월에는 19명이던 중국발 해외유입 확진자가 12월에는 29일까지 278명을 기록하는 등 유입증가가 현실화하고 있다. 방역당국이 최근 유입된 중국발 확진자 검체 41건을 **전장유전체 분석***한 결과 BA.5 34건, BF.7 6건, BA.2.75 계열 1건 등 오미크론 하위변이가 검출됐다. 향후 중국발 해외유입 확진자가 크게 늘거나 중국발 신규 변이가 확인돼 위험성이 높아지는 경우 정부는 중국을 주의 국가로 지정하거나 입국자를 격리하는 등의 추가조치 검토에 신속히 착수할 계획이다.

전장유전체 분석

유전체(genome)는 모든 생명체를 구성하고 생명현상을 조절하는 유전물질과 유전정보를 총칭하는 단어다. 전장유전체 분석(Whole-Genome Sequencing, WGS)은 질환 및 약물 반응성에 대한 유전적 요인을 총체적으로 연구하는 기술로 30억개에 달하는 인간의 모든 염기서열을 한번에 분석하여 개개인의 유전적 차이를 밝히고, 이를 통해 질병의 진단 및 치료를 위한 정보를 확인할 수 있다.

한편 **중국은 1월 10일 한국의 입국자 방역 강화조치에 대한 보복으로 한국 국민에 대한 중국행 단기 비자 발급을 전면 중단**했다. 이에 따라 취업 및 유학 등으로 중국에 머무는 가족을 만나거나 개인사정으로 단기간 체류가 필요한 경우 받는 방문비자, 비즈니스 및 무역 활동을 위해 중국에 체류할 수 있는 상업무역비자는 일체 발급이 중단됐다. 다만 취업비자, 장기 유학비자, 가족 동거 장기비자 등 장기비자는 영향을 받지 않을 것으로 알려졌다.

9위

돌아온 연말정산 ···
신용카드·대중교통 등 공제 확대

'13월의 월급'을 받을 수 있는 **연말정산*** 시즌을 맞아 1월 15일 국세청 연말정산 간소화 서비스가 개통됐다. 2022년 근로소득에 대해 이뤄지는 이번 연말정산에서는 신용카드·대중교통 사용액 등에 대한 공제가 확대되고 전세대출 원리금 소득공제, 월세·기부금 세액공제도 늘어났다. 근로자가 자료를 일일이 내려받아 회사에 제출할 필요 없이 동의만 하면 국세청이 회사에 자료를 직접 제공하는 '간소화자료 일괄제공 서비스'도 2022년보다 많이 활용될 것으로 보인다.

연말정산

근로자가 받는 봉급에 대한 세금은 매월 월급 지급 시 근로자가 소속한 기관이나 사업자가 먼저 원천징수하고, 1년분의 정확한 세금을 계산하여 다음 해 2월에 실제로 부담할 세액을 정산한다. 총급여액에서 비과세소득을 뺀 후 근로소득공제를 하면 정확한 '근로소득금액'이 나오며, 여기에서 각종 공제 후 '과세표준금액'을 산출한다. 과세표준에 세율을 곱해 산출세액을 구한 후 다시 세액공제를 하면 최종 '결정세액'이 나오게 된다.

22년 신용카드 더 썼다면 최대 100만원 추가공제

국세청은 1월 4일 '2022년 귀속 근로소득 연말정산 종합안내'를 통해 2023년 연말정산에 새로 적용되는 개정 세법내용을 안내했다. 2022년 신용카드 사용액, 전통시장 사용액이 그 전해인 2021년보다 5% 넘게 증가했다면 100만원 한도로 추가소득공제를 받을 수 있다. 신용카드 소비증가분과 전통시장 소비증가분은 각각 20%의 소득공제가 가능하다. 예를 들어 총급여가 7,000만원인 근로자 A가 2021년 전통시장에서 400만원을 쓴 것을 포함해 신용카드를

2,000만원 썼고 2022년에는 전통시장 사용액 500만원을 포함해 신용카드로 3,500만원을 쓴 경우 연말정산에서 받을 수 있는 소득공제액은 500만원이다. 소비증가분에 대한 추가소득공제 혜택이 없다면 소득공제 액수는 388만원인데, 추가소득공제 혜택이 생기면서 공제액이 112만원 늘어난 것이다.

대중교통 이용금액 소득공제는 2022년 7~12월 이용분에 한해 공제율이 40%에서 80%로 올라간다. 무주택 세대주인 근로자가 주택을 임차하기 위해 차입한 자금의 공제한도는 300만원에서 400만원으로 확대됐다. 전세자금대출 원리금 상환액 등에 대한 소득공제가 늘어났다는 의미다. 총급여 7,000만원 이하 무주택 근로자가 지출하는 월세에 대한 세액공제율은 10~12%에서 15~17%로 올라갔다. 난임시술비는 20%에서 30%로, 미숙아·선천성 이상아를 위해 지출한 의료비는 15%에서 20%로 각각 세액공제율이 상향됐다. 2022년에 낸 기부금에 대해서는 1,000만원 이하는 20%, 1,000만원 초과는 35% 세액공제가 적용된다. 2022년 중 결혼한 배우자의 연간 소득이 100만원 이하라면 2023년 연말정산에서 기본공제를 받을 수 있다. 단, 2022년 이혼한 배우자에 대해서는 공제를 받을 수 없다.

간소화자료 일괄제공 서비스, 19일까지 확인

2022년 근로소득이 있는 모든 근로자(일용근로자 제외)는 2023년 2월분 급여를 받기 전까지 연말정산을 해야 한다. 국세청 연말정산 간소화 서비스가 1월 15일 열림에 따라 서비스 이용을 원하는 근로자는 홈택스 사이트에서 간소화자료를 내려받아 회사에 제출했다. 2022년 도입된 '간소화자료 일괄제공 서비스'는 2023년 이용자가 2022년보다 더 늘어날 것으로 보인다. 다만 간소화자료 일괄제공 서비스 이용 시 실수로 확인(동의) 과정에서 자료를 삭제한 경우 복구가 불가능하고 재구축할 수 없다. 삭제한 자료에 대해 공제를 받고 싶다면 증빙서류를 첨부해 회사에 제출하거나 종합소득세 신고, 경정청구를 통해 신청해야 한다.

연말정산 간소화 서비스를 이용할 수 있는 홈택스 사이트

간소화자료 일괄제공 서비스를 이용하는 회사가 연말정산 대상 근로자 명단을 1월 14일까지 홈택스에 등록하고, 근로자가 19일까지 홈택스를 통해 일괄제공 신청을 확인하고 동의하면 신청이 완료됐다. 만약 개인정보 보호를 위해 근로자가 회사에 제공하고 싶지 않은 자료가 있는 경우 확인과정에서 해당 자료를 삭제할 수 있다. 이후 국세청은 자료제공에 동의한 근로자의 간소화 자료를 PDF 압축파일 형식으로 21일부터 순차적으로 회사에 일괄제공했다.

10위

'5·18 민주화운동' 사라진 2022 교육과정 논란 일파만파

2022 개정 교육과정에서 '5·18 민주화운동' 용어가 제외된 사실이 확인돼 반발이 확산하고 있다. 5·18 단체는 물론 정치권과 교육계, 시민사회 등 각계각층에서 일제히 규탄의 목소리가 터져 나왔다. 확정 전 행정예고 등으로 사전에 확인할 수 있는 과정이 있었는데도 교육당국과 정치권이 이를 소홀히 했다는 책임론도 나온다.

교육부 "새 교육과정, 구체적 사건기술 최소화"

논란은 교육부가 개정고시한 '2022 개정 교육과정*'에 '5·18 민주화운동' 표현이 사라진 사실이 뒤늦게 발견되면서 불거졌다. 개정 교육과정은 교과서 집필 등 향후 교육현장에서 방향타 역할을 하는 기준점이 된다. 그런데 2023년 1월 3일 더불어민주당 강득구·민형배 의원 등에 따르면 교육부가 고시한 2022년 개정 사회과 교육과정 초중고교 사회·역사·통합사회·한국사·동아시아사 교육과정에서 '5·18 민주화운동' 단어가 한 차례도 나오지 않는다. 이를 두고 민형배 의원은 SNS를 통해 "5월 광주를 송두리째 부정하는 만행이자 민주주의의 명백한 뒷걸음질"이라고 강하게 비판했다.

2022 개정 교육과정

교육부가 2021년 11월 발표한 개정 교육과정이다. 가장 핵심적인 내용은 학생들이 자신의 진로에 따라 과목을 선택하고 이수하여 누적학점이 기준에 도달하면 졸업을 인정받는 고교학점제 전면도입이다. 고교학점제 도입으로 교과별 이수단위 및 수업시간이 현재보다 줄어든다. 2022 개정 교육과정은 2022년에 총론이 고시됐으며, 초등학교는 2024년부터, 중·고교는 2025년부터 단계적으로 시행된다.

5·18 민주화운동이 '내용요소'로 처음 포함된 것은 2004년 제7차 사회과 교육과정에서였다. 박근혜정부 시절 마련한 2015 개정 교육과정에서도 5·18 민주화운동은 총 7회 기술됐지만, 2022 개정 교육과정에서는 단 한 차례도 언급되지 않아 5·18이 교과서에서 삭제되는 것 아니냐는 우려를 낳고 있다. 교육부는 "정책 연구진이 5·18 내용을 학습요소에서 생략한 것"이라며 "구체적인 역사적 사건 서술을 최소화한 것뿐"이라고 의도적인 삭제 논란에 선을 그었다. 이어 교과서 집필기준이 되는 '편찬 준거'에 명시해 5·18 민주화운동이 검정교과서에 수록되도록 하겠다는 입장이다.

1월 2일 5·18묘지를 찾은 더불어민주당 광주시당

정치권, 시민단체 등 '5·18 민주화운동' 명시 촉구

더불어민주당을 중심으로 야당과 지역 정치권은 윤석열정부를 향해 맹공을 펼쳤다. 이재명 대표는 "정부가 노골적으로 5·18 민주화운동 지우기에 나섰다"며 "절대 용납할 수 없다"고 비난했다. 민주당 의원 55명 등 야당 국회의원 58명도 기자회견을 열어 "심각한 민주주의 훼손"이라며 "개정 교육과정과 교과서 작업에 5·18 민주화운동을 최대한 담아야 한다"고 촉구했다.

반면 여당인 국민의힘은 "5·18이 생략된 것은 문재인정권 시기에 결정된 것"이라며 "민주당은 정략적

으로 사실관계를 호도하지 말라"고 반박했다. 이어 "국민의힘과 윤석열정부는 역사와 관련된 그 어떤 편향과 왜곡도 발생하지 않도록 바로잡을 것"이라고 강조했다.

2022 개정 교육과정 철회를 촉구하는 5월 단체

2022 개정 교육과정에서 5·18 민주화운동이 제외됐다는 사실이 알려지자 당장 5·18 당사자들이 모인 5월 3단체(유족회, 부상자회, 공로자회)는 거세게 반발했다. 이들은 5·18 기념재단과 함께한 긴급 기자회견을 열고 "5·18 민주화운동에 대한 교육부와 윤석열정부의 진정성을 의심하지 않을 수 없다"며 "앞선 교육과정처럼 5·18 민주화운동을 명시하라"고 요구했다. 시민사회단체 오월광장도 기자회견을 열고 "윤석열정부는 5·18을 지워냄으로써 대한민국 민주주의 역사의 한 부분을 지워낸 것"이라고 날을 세웠다.

강기정 광주시장과 김영록 전남도지사는 관련 내용을 원상회복해 줄 것을 촉구하는 입장을 각각 내기도 했다. 이정선 광주시교육감과 김대중 전남도교육감도 "민주주의 발전과정에서 5·18은 결코 빠질 수 없는 사실"이라며 "개정 교육과정에 5·18 민주화운동을 다시 명시하라"고 강력하게 요청했다.

11위

브라질판 '대선 불복' 폭동, 입법·사법·행정 모두 뚫려

브라질에서 대통령선거에 패배한 전임 대통령의 지지자들이 1월 8일(현지시간) 의회와 대법원, 대통령 궁 등 입법·사법·행정 3부기관 건물에 난입하는 초유의 사태가 발생했다.

전임 대통령 지지자, 3부 기관 난입+쿠데타 촉구

AP·로이터 통신 등 주요 외신과 CNN 스페인어판·브라질 TV 글로부 등의 보도를 종합하면 자이르 보우소나루 전 대통령 지지자 수백명이 수도 브라질리아에 있는 의회에 난입해 기물을 파손하는 등 폭동을 일으켰다. 이들은 의회 앞에 설치된 바리케이드를 넘은 뒤 경찰의 저지를 뚫고 문을 박살냈으며, 건물 안으로 침입해서는 집기류를 내던지고 충격을 가해 바닥을 파손시키는 등 내부를 난장판으로 만들었다. 또 회의장 시설물을 못 쓰게 만들고, 의장석에 앉아 난동을 부리기도 했다.

브라질 국기를 몸에 두르거나 노란색과 초록색 국기 색 옷을 맞춰 입은 시위대는 의회건물 지붕에 올라가 브라질 군대의 쿠데타를 촉구하는 '개입'이라는 뜻의 포르투갈어 플래카드를 펼치기도 했다. 시위대는 이어 인근에 있는 대통령궁과 대법원으로까지 몰려가 창문을 깨뜨리는 등 일대를 아수라장으로 만들었다. 경찰은 뒤늦게 최루가스를 쏘며 시위대 해산에 나섰으나, 역부족이었던 것으로 파악됐다. 또 일부 경찰과 보안요원은 폭행을 당한 것으로 알려졌다. 룰라 대통령은 2022년 말 발생한 홍수 피해지역인 아라라콰라 방문 중이어서 시위대와 맞닥뜨리지는 않았다.

브라질 의회건물로 난입하는 전임 대통령 지지자들

이날 폭동은 지난 2021년 1월 6일 도널드 트럼프 전 미국 대통령 지지자들이 벌인 미국 국회의사당 점거 폭동*의 복사판처럼 진행됐다. 2022년 10월 대선 결선투표에서 룰라 대통령이 50.9%대 49.1%라는 근소한 득표율 차이로 승리를 거머쥔 이후 보우소나루 지지자들은 브라질리아 주요 군부대 앞에 이른바 '애국캠프'를 차리고 룰라 취임 반대시위를 벌이는 등 불복움직임을 보여 왔다.

미국 국회의사당 점거폭동

2021년 1월 6일 연방의회(상·하원 합동회의)라는 미국 최상위 의사결정기관이 물리적 피해를 입은 사건이다. 2020년 미국 대통령선거의 부정선거 음모론을 주장하는 도널드 트럼프 당시 제45대 미국 대통령을 지지하는 폭도들이 미합중국 제46대 대통령 당선인 조 바이든에 대한 연방의회의 차기 연방대통령 공식인준을 막기 위해 2020년 미국 대통령선거의 의회 인증일에 미국 국회의사당을 무력 점거했다.

룰라 대통령, "관련자 처벌할 것"

1월 1일 취임 후 일주일 만에 벌어진 난입·폭동사태에 대해 룰라 대통령은 관련자 강력처벌을 천명했다. 룰라 대통령은 폭동사태를 일으킨 이들을 "광신도, 파시스트"로 지칭한 뒤 연방정부 차원의 사태해결 노력을 약속하면서 "모든 법령을 동원해 관련자들에 대한 죄를 물을 것"이라고 말했다. 또한 "보우소나루 전 대통령이 (의회 등) 공격을 독려하는 듯한 몇 번의 연설을 한 바 있다"며 전임 대통령에 책임을 물을 가능성도 내비쳤다.

군에 의해 체포되는 폭동 가담자들

반면 선거부정 가능성을 주장하면서 여러 차례 선거 불복의사를 내비쳐 왔던 보우소나루 전 대통령은 자신의 트위터 게시글을 통해 "브라질의 현직 행정수반이 나를 상대로 증거도 없이 제기한 혐의를 부인한다"며 폭동사태에 대해 자신의 책임이 있다는 일각의 주장을 전면 부인했다. 또한 시위대에 대해서는 "법에 따른 형식을 준수하면서 열리는 평화시위는 민주주의의 일부다. 하지만 오늘 일어난 것처럼, 그리고 좌파가 2013년과 2017년에 했던 것처럼 공공건물에 침입하고 약탈을 벌이는 것은 규칙을 벗어난 일"이라고 말했다.

한편 해당 소식이 전해지자 세계 각국 정상들은 일제히 폭력행위를 강도 높게 비판하고 루이스 이나시우 룰라 다시우바 현 대통령에 대한 지지 및 연대 의사를 밝혔다.

'연결'과 '지속가능' 화두로 … 존재감 과시한 한국 기업들

1월 5일(현지시간)부터 세계 최대 가전·IT(정보기술) 박람회인 CES(Consumer Electronics Show)가 4일간 미국 라스베이거스에서 열렸다. 전시공간만 220만m²로 2022년보다 70%가 더 커져 축구장 30개에 달하는 규모였다. 코로나19 이후 3년 만에 대면행사로 열린 이번 CES에 역대 최대인 11만 5,000명 이상이 전시장을 찾았다. 우리나라에서는 삼성전자와 LG전자, SK그룹, HD현대그룹 뿐만 아니라 스타트업을 포함, 총 550여 개 기업이 참여해 미국 다음으로 참가기업이 많았다.

삼성전자 부스 앞

국내기업들, '연결'과 '지속가능' 화두로 제시

삼성전자는 라스베이거스 컨벤션센터(LVCC) 센트럴홀에 참가업체 중 가장 넓은 3,368m² 규모로 전시관을 마련하고 '맞춤형 경험으로 여는 초연결 시대'를 제안하며 '연결성'을 화두로 던지는 데 주력했다. 이에 따라 전시관도 홈 시큐리티와 패밀리 케어 등에서 통합 연결플랫폼인 '스마트싱스' 기술을 경험할 수 있도록 구성했다. 스마트싱스를 기반으로 기기들이 알아서 연결돼 작동하는 '캄테크*' 기반 쉬운 연결(Calm Onboarding)' 기술도 처음 선보였다. 특히 운전자의 인지수준을 측정하고 상태변화를 파악해 경고하거나 운전자의 스트레스를 낮추는 경로를 안내하는 '레디 케어'가 인기를 끌었다.

캄테크

조용함을 뜻하는 '캄(calm)'과 기술을 뜻하는 '테크놀로지 (technology)'의 합성어로 평소에는 사람이 인지하지 못할 정도로 존재감을 드러내지 않지만, 필요할 때 정보를 제공하는 기술을 말한다. 빅데이터와 인공지능, 사물인터넷 등의 첨단기술을 기반으로 발전하고 있으며, 스마트 냉장고, 웨어러블 기기 등 다양한 상품군에 적용돼 사용자들에게 편리한 서비스들을 제공하고 있다.

2022년 온라인으로 참가했던 LG전자는 사전행사인 'LG 월드프리미어'에서 세계 최초 무선TV인 'LG 시그니처 올레드 M'을 공개하며 화려한 복귀를 알렸다. '라이프스 굿(Life's Good)'을 주제로 LVCC 센트럴홀에 2,044m² 규모의 전시관을 마련한 LG전자는 전시관 입구부터 올레드 플렉서블 사이니지 260장을 이어 붙인 초대형 조형물 '올레드 지평선'으로 관람객의 눈길을 사로잡았다. 내부에는 LG 시그니처 올레드 M을 비롯해 도어 색상을 바꿀 수 있는 무드업 냉장고, 7년 만에 선보이는 프리미엄 가전 LG 시그니처 2세대 등이 전시됐다. 사내외 아이디어를 기반으로 하는 프로젝트 'LG 랩스(Labs)'도 인기를 끌었다.

SK그룹도 LVCC 센트럴홀에 370평 규모 부스를 차리고 '함께, 더 멀리, 탄소 없는 미래로 나아가다'를 주제로 통합전시관을 운영했다. SK가 탄소중립을 주제로 CES에 참가한 건 2022년에 이어 두 번째다. '퓨처마크'와 'SK, 어라운드 에브리 코너'로 나눠진 전시관은 기후변화에 제대로 대처하지 않았을 때 맞닥뜨릴 어두운 미래상과 SK 탄소감축 기술로 구현한 미래도시를 미디어아트 기술로 각각 선보였다.

특히 SKT가 '그린 ICT'를 주제로 제시한 도심항공모빌리티(UAM) 시뮬레이터는 가상현실(VR)로 부산역에서 동백섬으로 3분 만에 주파하는 체험으로 큰 인기를 끌었다.

2022년에 이어 두 번째로 참가한 HD현대그룹은 바다의 무한한 가능성을 활용해 지속가능한 미래를 구현한다는 목표를 담은 '오션 트랜스포메이션' 비전을 발표하면서 조선·해양, 에너지 등 관련 분야의 신기술을 공개했다. 이에 수소와 액화천연가스(LNG) 하이브리드 동력을 적용한 무탄소 선박을 비롯해 최적의 빅데이터를 활용해 최적의 운항속도와 경로를 파악하는 스마트십 솔루션 등이 소개됐다. 또 현대자동차그룹 대표 격으로 이번 CES에 참가한 현대모비스는 단순한 차량 부품 공급사를 넘어 전동화와 자율주행으로 요약되는 미래차 시대 중심역할을 하겠다는 목표를 밝히며 기존 자동차가 구현하지 못하는 움직임이 가능한 콘셉트카 '엠비전 TO'를 공개해 큰 관심을 끌었다.

국내 벤처기업 111개사 혁신상 수상 … 역대 최다

한편 중소벤처기업부(중기부)는 CES 2023에서 국내 벤처·창업기업 111개사가 CES 혁신상을 받아 역대 최다 실적을 냈다고 10일 밝혔다. CES 혁신상은 전시회 주최 측인 미국소비자기술협회(CTA)가 혁신기술과 제품에 수여하는 것이다. 디지털헬스·스마트시티·로봇공학 등 28개 분야 434개사, 609개 제품이 선정됐으며, 국내기업은 19개 분야 111개사, 121개 제품이 수상했다. 이중 87개사(78%)는 중기부의 창업지원사업에 참여한 이력이 있었다. 분야별로 보면 디지털헬스에서 32개(26%) 제품이 수상해 가장 많은 혁신상을 탔고, 소프트웨어&모바일 앱에선 25개(20%) 제품이 수상했다. 이영 중기부 장관은 "우리 스타트업이 CES에서 계속 좋은 성과를 내고 특히, CES 2023에서 역대 최대 성과를 낼 수 있었던 것은 기업의 혁신적인 노력과 더불어 정부의 지원이 함께한 결과"라고 말했다.

CES 2023 K-스타트업 전시관을 찾은 이영 중기부 장관

13위

특별사면 vs 복권 없는 형면제 … 이·박 정권 인사들만 특혜

정부는 신년을 앞둔 2022년 12월 28일 1,373명에 대해 특별사면을 단행했다. 이는 윤석열정부 출범 후 8·15광복절 특사에 이은 두 번째 특사다. 이명박 전 대통령을 포함해 정치인 9명, 공직자 66명이 사면·감형·복권됐다.

이명박·박근혜정부 인사 대거 사면

정부는 "광복절 사면에 포함하지 않았던 정치인, 주요 공직자를 엄선해 사면하여 국가발전에 기여할 기회를 부여한다"며 "새 정부 출범 첫해를 마무리하며 범국민적 통합으로 하나된 대한민국의 저력을 회복하는 계기를 마련하고자 한다"고 했다. 이번 특사에는 정치인 출신 공직자가 대거 포함됐다. 이명박 전 대통령은 2020년 10월 94억원의 뇌물수수와 252억원의 횡령 혐의 등으로 징역 17년, 벌금 180억원·추징금 35억원을 확정받았다. 그러나 1년 8개월 동

안 복역한 이 전 대통령은 건강문제로 형 집행이 정지돼 있는 상태였고, 이번에 특사 대상자가 되어 15년의 잔여형기뿐 아니라 미납벌금 82억원도 면제됐다. 반면 김경수 전 경남지사는 2021년 7월 문재인 전 대통령 당선을 위해 포털사이트 댓글을 조작한 혐의로 징역 2년을 확정받았다. 다만 복권대상에는 들지 못해 2027년 12월 28일까지 공직선거에 출마할 수 없게 됐다.

정부 특별사면 대상자 발표

이명박·박근혜정부 출신 인사도 대거 사면됐다. 보수단체를 불법으로 지원한 '화이트리스트*(White List)' 의혹에 연루된 김기춘 전 대통령 비서실장, 조윤선 전 정무수석과 비서관들, 국가정보원을 동원한 불법사찰 의혹에 연루된 우병우 전 민정수석이 복권됐다. '박근혜정부 문고리 3인방'으로 국정원 특활비 상납 사건에 관여한 안봉근·이재만·정호성 전 청와대 비서관도 복권됐다. 국정농단 사건에서 가장 책임이 컸던 박근혜 전 대통령이 사면된 점이 고려됐다.

화이트리스트

배려 또는 지원이 필요한 인물, 허용되는 일과 같이 긍정적인 이유로 선별한 개체의 목록을 말한다. 이는 선별한 개체에게 특정한 이득이나 이익을 주거나 권리를 허락하기 위한 목적에서 작성한다. 반대되는 개념으로는 감시·제거하거나 권리를 제한하기 위해 만든 명단을 가리키는 '블랙리스트(Black List)'가 있다.

이명박정부 고위공직자 중에서는 민병환 전 국정원 2차장(잔형 면제 및 복권), 유성옥 전 국정원 심리전단장(복권) 등이 사면됐다. 현 정부인사 중에는 군사기밀보호법 위반 혐의로 벌금 300만원 선고유예를 확정받은 김태효 국가안보실 제1차장이 포함됐다. 자유한국당 권석창·미래연합 이규택 전 의원 등 18·19대 대통령선거, 20대 국회의원 선거, 6·7회 지방선거 사범 1,274명도 복권했다. 이 밖에 임신 중인 수형자 1명, 생계형 절도 사범 4명, 중증 환자 3명 등 특별배려 수형자 8명 등도 사면됐다.

여야, "사회통합 고려" vs "역사에 오점" 공방

특별사면에 따라 12월 30일 이명박 전 대통령이 약 5년 만에 자유의 몸이 되어 자택으로 향한 것을 계기로 여야는 신년 특별사면에 대한 공방을 펼쳤다. 더불어민주당은 이명박·박근혜정부 인사 등이 대거 특사대상에 포함된 것을 비판했고, 국민의힘은 사회통합을 고려한 특사라며 '정쟁으로 몰지 말라'고 반박했다.

MB는 특별사면, 김경수는 복권 없이 형만 면제

특히 야권은 이명박 전 대통령의 사면을 한목소리로 비판했다. 박성준 더불어민주당 대변인은 국회 브리핑에서 병원에서 퇴원한 이 전 대통령이 대국민메시

지로 '대한민국 번영을 위해 역할을 하겠다'고 언급한 데 대해 "자신을 깨끗하게 살아온, 존경받는 전직 대통령으로 착각하는 것 같다"고 말했다. 이어 "이전 대통령의 발언이 많은 국민을 더 힘들게 한다"며 "이 전 대통령은 자신의 사면이야말로 대한민국 역사에 오점으로 기억될 것임을 명심하고, 국민께 속죄하는 마음으로 살아가기 바란다"고 했다.

14위

혹한 vs 이상고온 …
북미·유럽 대극적 이상기온

극지방 폭풍의 영향으로 극심한 한파가 덮친 북미와 대조적으로 프랑스 등 중서부 유럽은 영상 10℃의 '따뜻한 겨울'이 계속되고 있다.

북미, 역대급 겨울폭풍

크리스마스를 앞두고 미국을 덮친 혹한과 폭설로 곳곳에서 정전과 교통 두절 등 피해가 잇따랐다. CNN과 AP통신 등에 따르면 크리스마스이브인 2022년 12월 24일(현지시간) 노스캐롤라이나와 조지아 등 남동부부터 켄터키, 텍사스 등 남부, 뉴욕, 펜실베이니아, 웨스트버지니아 등 북동부에 이르기까지 광범위한 지역에서 160만가구가 정전을 겪었다. 특히 노스캐롤라이나, 앨라배마, 조지아와 플로리다 등 남동부에서 70만 8,000여 가구에 전기공급이 끊겼다.

인명피해도 컸다. 미국 중서부에 형성된 폭탄 사이클론이 동진하면서 강력한 한파와 눈을 뿌려대며 지난 12월 21일 이후 현재까지 모두 15명 이상의 사망자가 발생한 것이다. 뉴욕에서는 폭설에 응급구조대의 발이 묶여 2명이 숨졌고, 오하이오에서는 폭설로 인한 교통사고로 4명이 사망했다. 캔자스에서도 3명이 교통사고로 목숨을 잃는 등 이번 혹한과 폭설로 70여 명이 사망했다.

미국 뉴욕주 이리카운티(2022년 12월 24일)

앞서 미국 기상당국은 '10년에 한 번 올까 말까 한 겨울폭풍(Winter Storm)'이 중서부에서 동부로 이동하면서 약 1억 3,500만명이 사는 지역에 광범위한 영향을 미칠 것이라고 내다봤다. 실제로 몬태나주의 일부 산악지방은 크리스마스 연휴 기온이 최저 영하 46℃로 급강하했고, 캐나다 북서부에서는 영하 53℃를 찍는 지역도 나왔다. 뉴욕주 버팔로에서는 72시간 만에 120cm가 넘는 눈이 내리기도 했다.

유럽, 사라진 겨울

이와는 대조적으로 유럽에서는 1월을 기록적인 높은 기온으로 시작했다. 폴란드가 1월 평균 기온보다 훨씬 높은 19℃를 기록했으며, 체코에서는 자보르니크에서 19.6℃의 최고 기온을 기록했다. 또한 독일에서도 여느 때보다 훨씬 따뜻한 겨울을 기록했다. 이는 2022년 유럽 전역의 기록적인 온난화의 해에 이은 것이다. 이에 영국 기상청은 2023년 지구 평균 기온이 산업화 이전 수준보다 1.08℃에서 1.32℃ 상승할 것으로 예상하면서 지구상에서 가장 더운 해 중 하나가 될 것이라고 경고했다.

이상고온으로 눈이 녹아버린 알프스 스키장

이처럼 전세계에 휘몰아친 이상기후와 한파는 지구 온난화로 인해 북극의 **극소용돌이***(Polar Vortex)가 불안정해졌기 때문이라는 분석이 나온다. 북극 극소용돌이는 북극에 햇빛이 거의 도달하지 않는 겨울철에 가장 강해지고 차가워지는데, 정상적인 조건에서 대류권 상층부에서 부는 강한 편서풍인 제트기류에 갇혀 남하하지 못하고 북극 주변에 머문다. 그러나 **제트기류가 약화해 아래로 늘어지면 제트기류를 따라 극소용돌이가 함께 경로를 이탈해 남하하면서 미대륙 등에 혹한이 닥치는 것**이다.

극소용돌이

북극의 차가운 공기와 남쪽의 따뜻한 공기 사이 경계를 따라 서쪽에서 동쪽으로 부는 강한 바람이다. 이 소용돌이는 북극의 찬 공기를 가두어 아래쪽으로 내려가는 것을 막는 역할을 하는데, 지구온난화 등으로 소용돌이가 약해지면 북극의 찬 공기가 새어 나와 우리나라를 포함한 북반구에 한파를 일으킨다. 겨울에는 온도변화가 급격하며 여름에는 약화되거나 사라진다.

유럽의 이상고온 역시 극소용돌이의 변화 때문이다. 북미를 덮친 극지방 폭풍이 수천km의 대서양을 건너오면서 따뜻해진 한편 북아프리카의 고온을 유럽 쪽으로 끌어들인 것이다. 북미의 한파나 유럽의 이상고온 모두 지구온난화가 원인이라는 의미다. 한편 러시아-우크라이나 전쟁이 장기화되면서 유럽은 올

겨울 에너지대란을 겪을 것으로 예상했지만, 이상고온으로 걱정을 한시름 덜게 됐다는 평가다. 실제로 최근 날씨 영향으로 유럽 가스가격은 우크라이나 전쟁 직전 수준까지 하락했다.

결국 일몰된 건보 국고지원 …
건보료 인상·보장성 악화 우려

정치권이 법 개정에 실패하며 건강보험에 대한 국고지원제도가 결국 종료됐다. 여야가 건강보험(건보) 국고지원제도의 유지에 한목소리를 내면서도 구체적인 연장방식에 대해 합의를 이뤄내지 못한 탓이다. 1월 1일 보건복지부(복지부)와 국회 등에 따르면 건보 국고지원 **일몰제***(日沒制)를 연장하거나 폐지하는 내용의 건강보험법, 건강증진법 개정안 9건은 모두 국회를 통과하지 못한 채 보건복지위원회 법안심사소위에 계류 중이다.

일몰법(日沒法)

미국 콜로라도주에서 1976년 처음 제정된 규정으로 일정기간 후 행정활동을 평가하여 일몰(Sunset)에 이르렀다 판단하면 중지하고, 다시 일출(Sunrise)시킬 필요가 있다 판단되면 다시 법률로서 강제하는 것이다. 의회에서 행정부가 진행하는 사업(법률, 규제 등)에 대해 일정기간 후에 다시 검토하여 입법 당시와 여건이 달라져 불필요하게 된 사업은 자동적으로 폐기가 되도록 도입됐다.

여야, '연장 vs 폐지' 의견 갈려

법안이 통과하지 못하는 사이 2022년 12월 31일이던 시한이 지나 관련 규정은 결국 일몰됐다. 정부가 2023년도 예산에 국고지원 항목으로 11억원을 편성해놓은 만큼 예산은 확보했는데, 이를 집행할 규정이 없어진 상황이 됐다. 일몰된 규정은 정부가 '예산 범위에서 건보료 예상수입액의 20%에 상당하는 금액'을 일반회계에서 14%, 담뱃세(담배부담금)로 조성한 건강증진기금에서 6%를 각각 충당해 지원하도록 하는 내용이다. 이 규정은 2007년 도입돼 일몰제로 운영돼왔는데 그동안 2011년, 2016년, 2017년 3차례 연장됐다. 그간 일몰이 연장될 때마다 논란은 일었지만, 이번처럼 연장에 실패한 적은 없었다.

여야가 일몰을 코앞에 둔 2022년 12월에야 늦게 본격적인 논의를 시작했지만, 여야 정치권이 모두 국고지원 유지의 필요성에 동의를 표해온 만큼 당초에는 법 개정에 대한 기대감이 컸다. 그러나 여권은 한시적으로 5년 연장할 것을 주장했지만, 야권은 일몰제를 아예 없애야 한다고 주장하면서 결국 합의를 보지 못했다. 여야는 합의불발의 책임을 서로에게 떠넘기면서도 향후 일몰법 관련 협상을 이어가겠다는 뜻을 밝혔다.

건강보험 국고지원 '일몰제 폐지'를 촉구하는 더불어민주당

건보료율 17.6% 인상 '우려'

국고지원의 법적 근거가 사라졌지만, 예산이 확보돼있는 만큼 당장 건강보험체계를 흔들 만한 혼란이 일어날 가능성은 적다. 다만 조기에 입법이 이뤄지지 않는다면 건강보험료 인상과 건강보험 보장성 악

화 중 하나를 선택해야 할 처지에 놓인다. 국고지원이 사라지면 2023년 보험료 예상수입액의 14.4%가 없어져 보장성을 유지하려면 그만큼 건강보험료를 더 걷어야 한다. 건보공단 노동조합은 국고지원 없이 지금의 보장성을 유지하려면 7.09%인 건강보험료율을 17.6%로 올려야 한다고 추정하기도 했다.

공단은 18조원 규모의 누적적립금(지급준비금)을 갖고 있지만, 국고지원이 없다면 머지않아 적립금이 바닥을 드러낼 수밖에 없다. 건보료율을 건드리지 않는다면 건강보험의 보장성은 악화수순을 걷게 된다. 2022년 9월 단행한 건보료 부과체계 2단계 개편으로 보험료 수입이 줄어든 상황에서 고령화와 보장성 강화로 건보료 지출이 늘어나는 추세다.

이에 따라 2022년 12월 31일 자로 일몰된 건강보험에 대한 국고지원 규정을 개정하는 작업과 함께 건보료율 법정상한을 올리는 논의가 진행될 가능성이 큰 것으로 알려졌다. 조규홍 복지부 장관은 2022년 12월 19일 정부세종청사에서 열린 기자간담회에서 "국고지원 일몰조항(건강보험법 제108조)을 5년 연장하는 게 바람직하다"면서 "건보재정 안정화를 위한 개혁방안을 논의할 예정이므로 이 과정에서 국고지원과 보험료율 상한 등을 연계해서 논의할 필요가 있다"고 말했다.

16위

15번 투표로 하원의장 선출 … 미국 공화당 재정비하나?

케빈 매카시 미국 공화당 원내대표가 15번 재투표 끝에 미국 권력 승계서열 3위 하원의장에 선출됐다. 하원의장 선출과정에서 재투표가 10번을 넘긴 것은 164년 만이다.

재투표 거듭, 164년 만에 처음

미국하원은 의회 공전 4일째인 1월 6일(현지시간) 본회의를 열고 제118대 의회의 **의장을 선출***하기 위한 투표를 이어갔으며, 자정을 넘긴 7일 새벽 당선자를 확정했다. 지난 3일 첫 전체회의를 열어 개원한 지 나흘 만에 공백상태를 끝내며 가까스로 정상화된 셈이다.

미국 하원의장 선출

2년마다 한 번씩 선출하며, 다수당의 원내대표가 사실상 하원의장으로 선출된다. 방식은 의원들이 알파벳 이름순으로 호출된 다수정당의 의원들이 자신이 지지하는 의원의 이름을 직접 말하는 식으로 진행된다. 출석한 의원이 자신의 차례가 오면 어떤 후보에게도 투표하지 않는다는 뜻으로 '재석(Present)'이라고 말할 수도 있다. 재석은 공석, 결석과 마찬가지로 전체 표에 포함되지 않아 과반의 문턱을 낮춘다.

총 435석(현재 1석 공석)인 미국하원의 과반 의석수는 218석이다. 공화당 의원 222명 중 5명만 이탈해도 매카시 의장이 과반을 확보할 수 없는 상황이었다. 실제로도 개원 전부터 5명을 훌쩍 넘는 공화당 의원들이 그를 지지하지 않는다는 의사를 분명히 비치면서 14차례나 선출이 불발됐다. 매카시 하원의장은 12번째 투표에서는 213표를, 13번째 투표에서는 한 표 더 늘어난 214표를 얻는 데 그쳤다. 14번째 투표에서는 216표를 얻었지만, 과반에 1표가 미치지 못했다.

역대 미국 하원의장 선출 최다 투표횟수

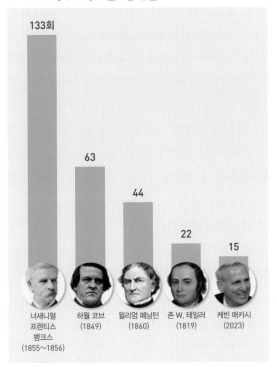

자료 / 미국의회도서관

선출 직후 의사봉을 쥔 매카시 의장은 "일이 이렇게까지 될 줄 상상도 못 했다"며 "오랜 시간이 걸린 덕분에 우리는 통치하는 법을 배울 수 있었다"고 말했다. 캘리포니아주 의원을 거쳐 2006년 연방 하원의원이 된 매카시 의장은 8년 만인 2014년 공화당 원내대표로 선출된 당 주류로 꼽힌다. 2016년 대통령선거 때부터 도널드 트럼프 전 대통령을 강력히 지지해 '트럼프 호위무사'로도 불렸다. 트럼프 전 대통령은 15차 투표를 앞두고 전화로 강경파 의원들을 설득했다고 뉴욕타임스(NYT)는 전했다.

강경파 포섭 위해 운영위 상당수 내준 결과

선출과정에서 매카시 의장은 강경파 포섭을 위해 의원 1명 요구로도 하원의장 해임결의 투표에 들어갈 수 있도록 했고, 법안통과 열쇠를 쥔 운영위원회 공화당 의석 상당수를 강경파에 내준 것으로 알려졌다. 이는 중대한 법안처리 시 하원의장 자신의 권한을 크게 약화할 수 있다는 의미다. 이 때문에 공화당 내에서도 새로운 갈등의 씨앗이 될 것이라는 분석이 나온다.

미국 하원의장으로 선출된 케빈 매카시 하원의원

한편 워싱턴포스트는 "매카시 선출과 함께 하원 공화당은 정부재정에 대한 결투준비에 들어갔다"며 "강경파와 (매카시 의장의) 거래로 대재앙 전망이 극적으로 확산됐다"고 지적했다. 강경파 대부분은 버락 오바마행정부 당시 강도 높은 재정적자 감축을 요구한 '프리덤 코커스' 소속이다.

이에 백악관은 "부채상한을 정치적 '벼랑 끝 전술' 소재로 사용해선 안 된다"고 맞서고 있다. 재무부가 2028년까지 매년 1조달러(약 1,260조원) 재정적자가 불가피하다고 밝힌 가운데 정부부채 상한이 늘어나지 않으면 당장 9월경 연방정부 셧다운(일시 업무정지)이 불가피할 수 있다. 이 때문에 2011년 오바마행정부 당시 글로벌신용평가사들이 디폴트 우려로 미 신용등급을 하향조정하면서 글로벌경제가 혼란에 빠진 상황이 반복될 수 있다는 관측도 나온다.

17위

4개월 새 동거녀, 택시기사 등 2명 살해한 이기영 검찰송치

동거녀와 택시기사를 살해한 혐의로 구속된 이기영 사건이 1월 4일 검찰로 송치됐다. 경기 일산동부경찰서는 이씨에게 강도살인 및 살인, 사체유기, 사체은닉, 절도, 사기, 여신전문금융법 위반혐의를 적용해 의정부지검 고양지청으로 송치했다고 밝혔다. 원래 동거녀와 택시기사에 대한 '살인' 혐의가 적용됐으나, 택시기사 살해 당시 이씨의 재정문제 등 전반적인 정황을 토대로 '강도살인' 혐의가 추가됐다. 헌법에 따르면 사람을 살해하면 사형 또는 무기, 5년 이상의 징역형으로 처벌받을 수 있고 강도살인죄를 저지른 사람은 사형 또는 무기징역의 처벌을 받을 수 있는데, 금전을 노리고 사람의 목숨을 해친 강도살인의 죄가 훨씬 중하게 처벌받는다.

검찰로 송치되는 이기영

이씨, 사건진술 거짓말로 일관

이씨는 2022년 8월 7~8일 사이 파주시 집에서 집주인이자 동거하던 50대 여성을 둔기로 살해하고 시신을 경기도 파주시 공릉천변에 매장한 혐의를 받고 있다. 이씨는 동거녀의 행방을 묻는 수사관의 질문에 "일하러 간다고 집을 나간 뒤 연락이 안 된다"고 주장했지만, 차량 뒷좌석에서 동거녀의 혈흔 등 여러 증거가 나오면서 거짓말로 들통났다. 또 2022년 12월 20일 오후 11시께 음주운전으로 택시와 접촉사고를 낸 뒤 60대 택시기사를 합의금과 수리비를 충분히 주겠다며 집으로 데려와 둔기로 살해한 뒤 시신을 옷장에 유기한 혐의도 받는다. 오랜 기간 수입이 없어 생활고를 겪던 이씨는 2건의 범행 직후 모두 피해자들의 신용카드를 사용하거나 대출을 받았으며, 편취액은 약 7,000만원이다.

묻힐 뻔했던 범행이 세상에 드러나게 된 계기는 옷장 속에서 택시기사의 시신을 발견한 현 여자친구의 112 신고였다. 이 여성은 고양이 사료가 떨어지자 사료를 찾으려 집 안을 뒤지다가 끈으로 묶여 있던 옷장 문을 열게 됐고, 짐들 아래에 있던 시신을 발견, 곧바로 신고한 것으로 전해졌다.

'얼굴 가린' 이기영, 신상정보 공개 실효성 논란

이씨는 1월 4일 오전 9시께 경찰서에서 검찰로 이송되는 과정에서 취재진 앞에 모습을 드러냈다. 이씨는 "피해자 유가족에게 할 말 없냐"는 취재진의 질문에 "죄송합니다"라고 답했고, "무엇이 죄송하냐"는 추가물음에는 "살인해서 죄송합니다"라고 했다. 이어 "추가피해자는 없느냐"는 질문에는 "없습니다"라고 말했다.

한편 신상정보 공개가 결정된 뒤 공식적으로 언론에 처음 노출된 이씨의 얼굴에 관심이 쏠렸으나, 모자를 눌러쓰고 마스크를 착용해 얼굴을 완전히 가린 상태였다. 이씨의 의사에 따라 얼굴을 공개하지 않은 것인데, 경찰이 공개한 사진 또한 **머그샷*** (Mug Shot)이 아닌 이씨의 운전면허 사진으로 실물과 동떨어진다는 지적이 나왔다. 유사 범행예방 및 재범 위험성 억제라는 신상정보 공개제도의 실효성이 떨어진다는 논란이 당분간 불가피할 전망이다.

머그샷

수사기관이 범죄 피의자를 식별하기 위해 촬영하는 얼굴사진 (Police Photograph)을 가리키는 은어. 이름표나 수인번호를 든 상태에서 정면과 측면을 촬영하는데, 18세기에 얼굴 (face)을 속어로 '머그'라고 지칭한 데서 유래한 용어. 미국의 경우 머그샷이 공개정보로 분류되어 공개되지만, 우리나라의 경우 피의자의 동의 없이 머그샷을 공개하는 것이 불법이다.

경찰은 이씨 동거녀 시신의 매장지로 추정되는 파주시 공릉천변 일대에서 이틀 연속 수색작업을 계속했으나, 성과 없이 종료됐다. 이씨는 시신을 차량용 루프백에 담아 유기했으며, 살해 당시 쓰인 범행도구도 함께 버린 것으로 조사됐다. 그러나 동거녀 시신을 강가에 내다버렸다고 주장했던 이씨는 경찰수색

파주시 공릉천변에서 현장검증 중인 경찰과 이기영

개시 일주일 만에 "시신을 땅에 묻었다"고 진술을 바꿨다. 특히 그는 "마지막으로 진실을 얘기하겠다, 경찰에게 주는 선물"이라는 말까지 하면서 정확한 위치를 알려주겠다고 했으나, 이씨가 지목한 지점에서 시신은 발견되지 않았다.

18위

탈레반 재집권 1년, 여성 교육·NGO 활동 금지

아프가니스탄(아프간) 탈레반정권이 여성의 대학교육을 금지한 데 이어 국내·외 비정부기구(NGO)에서 여성이 활동하는 것까지 금지했다. 이에 인도주의 구호활동에 차질이 빚어질 것으로 전망되자 국제사회의 비난이 쏟아지고 있다.

중등교육·전공선택 등 여성의 교육권 박탈

2022년 12월 20일(현지시간) 아프간 탈레반 고등교육부는 아프간 내 공립·사립 대학에 보낸 서한을 통해 "추가통보가 있을 때까지 여학생들의 수업참여를 금지한다"고 밝혔다. 니다 모하마드 나딤 아프간 고등교육부 장관 대행은 22일(현지시간) 아프간 국영 RTA 방송에 여대생들이 이슬람 복장규정을 제대로 지키지 않고, 남녀학생들이 상호접촉하는 문제 등이 있어 이 같은 결정을 내렸다고 말했다.

재집권 이후 지난 16개월 동안 여성의 중등학교 교육을 금지한 데 이어 최근 대학입시에서 여성은 공학·경제학·언론학 등을 전공으로 선택하지 못하게 하더니 이번에는 아예 대학에서의 여성교육을 금지함으로써 사실상 아프간 여성의 정규교육의 길을 봉쇄해버린 것이다.

대학정문에서 교내로 들어가지 못한 아프간 여학생들

아프간 여성의 교육권 보장을 촉구하는 시위(파키스탄)

현재 아프간의 대학들은 겨울방학을 보내고 있지만, 대부분은 캠퍼스를 개방한 상태다. 그러나 정권은 서한 통보 하루 전부터 대학정문에 무장경비원들을 배치해 여성의 출입을 통제하고 있다. 이 때문에 교내로 들어가려던 여성들은 경비원들에게 항의했으며, 서로 끌어안고 눈물을 흘리기도 했다. 21일에는 몇몇 여성들은 용기를 내 카불에서 거리시위를 벌이기도 했으나 탈레반 당국에 의해 신속히 진압됐다.

강경 보수세력이 정권의 실세 장악

현재 아프간 여성에게는 얼굴을 모두 가리는 의상 착용이 의무화됐고, 남자가족 없이 여행하는 것도 금지됐다. 대부분 공립학교에서 중·고등학교 여학생의 등교를 막았고 공원이나 놀이공원, 체육관, 공중목욕탕 출입도 금지했다. 또한 대부분의 일자리에서 여성의 취업을 제한하면서 많은 여성이 일자리를 잃었다.

탈레반은 2021년 8월 카불을 점령한 뒤 "국가 차원의 교육정책 수립에 시간이 필요하다"며 일부만 빼고 대부분의 학교 문을 닫았다. 탈레반 임시정부의 교육부는 2022년 3월 7개월 만에 학교교육을 재개한다면서 여학생들에게도 모두 교육이 허락될 것이라고 밝혔다. 실제 당시 교육부는 성명을 내어 23일 학교가 다시 문을 열 때 "모든 학생"이 학교에 복귀할 것을 촉구했다.

그런데 갑자기 입장을 바꿔 이슬람율법 **샤리아***를 엄격하게 해석·적용하면서 여성권을 급속도로 악화시키고 있다. 이에 완고한 탈레반 지지세력과 강경 보수세력이 국제사회에 유화적인 온건세력에 승리를 거둔 것이라는 분석이 나오고 있다. 그 수장인 히바툴라 아쿤자다는 현대교육, 특히 여성교육이 이슬람교 교리에 반하는 행위라고 믿는 인물이다.

샤리아

이슬람교의 율법이며 규범체계이자 판례와 율법으로 편찬되어 있는 법전이기도 하다. 신이 정해준 계시법으로서 종교적 의무, 개인과 사회생활, 상업, 형벌에 이르기까지 모든 것을 규정하고 있다. 이 율법관념에서는 세속적인 법 영역과 종교적인 의무관념이 불가분의 관계에 있고 사회규범은 무엇보다도 종교적 의무관념 그 자체다. 모든 행위는 5분법(五分法, 의무적인 행위·권장되는 행위·시비를 문책하지 않는 행위·비판을 받지만 금지할 수 없는 행위·금지된 행위)의 기준에 의해 분류된다.

특히 탈레반정권은 국내외 NGO에서 여성이 활동하는 것까지 금지해 비판을 사고 있다. 아프간에서 여성이 가장인 취약가정은 식량배급소의 여성직원을 통해서만 현금이나 식량 지원을 받을 수 있고, 여아는 여성교사를 통해서만 교육을 받을 수 있기 때문이다. 이에 국제아동권리 비정부기구(NGO) 세이브더칠드런 등은 "탈레반의 조치는 아동과 여성의 삶에 치명적인 위기를 초래할 것"이라며 강력하게 조치 철회를 주장하고 있다.

19위

반도체 1조 투자하면
1,500억 세금감면에 15% 공제

앞으로 반도체산업 시설에 투자하는 대기업은 투자액의 15%를 세금에서 감면받게 된다. 추가 투자증가분에 대한 혜택까지 고려하면 시설투자 세액공제율은 최대 25%까지 올라간다. 정부는 1월 3일 이런 내용을 담은 반도체 투자 세제지원 강화방안을 발표했다.

추경호 경제부총리, 반도체 등 세제지원 강화방안 발표

대기업 공제율 2배 가까이 상향 … 세제혜택 확대

정부안에 따르면 반도체, 배터리, 백신 등 국가전략기술의 당기(연간) 시설투자에 대한 세액공제율이 대기업 기준 8%에서 15%로 올라간다. 공제율을 현재의 2배 가깝게 올려 세제혜택을 대폭 확대하겠다는 의미다. 가령 삼성전자가 2023년 반도체 생산시설에 1조원을 투자하면 1,500억원에 달하는 세금을 감면받을 수 있다.

별도로 2023년 투자 증가분(직전 3년 평균치 대비)에 대해서는 국가전략기술 여부와 상관없이 10%의 추가공제혜택이 있다. 이 경우 반도체 등 전략 분야에서 신규 사업에 뛰어드는 대기업은 당기분과 증가분을 합쳐 최고 25%의 세액공제를 받을 수 있게 된

다. 중소기업의 경우에는 당기 공제율이 16%에서 25%로 올라간다. 투자증가분을 포함한 최고 세액공제율은 35%에 달한다.

정부는 또 경기위축기에 활용했던 임시투자세액공제를 2023년에 한해 재도입하기로 했다. 임시투자세액공제는 투자 업종이나 목적과 상관없이 기업 투자에 일정 수준의 추가세제혜택을 주는 제도다. 우선 일반투자에 대한 세액공제율이 현재 1~10%에서 3~12%로 2%포인트(p)씩 일괄상향된다. 신성장·

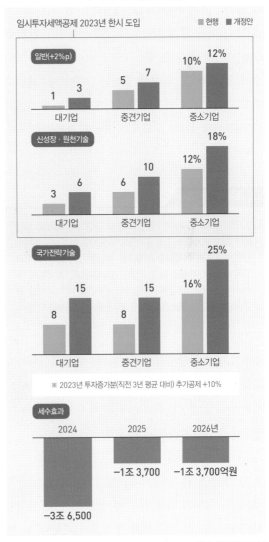

자료 / 기획재정부

원천기술의 경우 공제율을 3~12%에서 6~18%로 기업 규모에 따라 3~6%p씩 올린다. 2023년 신성장·원천기술에 투자하는 대기업은 6%, 중견기업은 10%, 중소기업은 18%씩 공제혜택을 받을 수 있다는 의미다.

입장 선회한 정부, 2024년 세수 3.6조원 포기

이로써 정부는 2022년 12월 23일 국회 본회의에서 관련 법이 통과된 지 11일 만에 추가 감세방침을 공식화했다. 앞서 국회는 2023년부터 대기업의 국가전략기술 시설투자 세액공제율을 6%에서 8%로 올리는 **조세특례제한법*** 개정안을 정부안대로 의결했다. 이는 당초 국민의힘 반도체특위가 제시한 20%(대기업 기준)는 물론, 야당인 더불어민주당이 주장한 10%에도 미치지 못하는 수준이다. 여당과 재계의 반발이 이어지는 속에서도 정부는 우리나라 반도체 세제지원이 주요국과 비교해 높다는 입장을 고수해왔다.

> **조세특례제한법**
>
> 조세특례와 이의 제한에 관한 사항을 규정하여 조세의 공평을 기하고 조세정책을 효율적으로 수행함으로써 국민경제의 건전한 발전에 이바지할 목적으로 제정된 법률이다. 여기서 조세특례란 특례세율 적용, 세액감면, 세액공제, 소득공제, 준비금의 손금산입(損金算入) 등의 조세감면과 특정 목적을 위한 익금산입, 손금불산입(損金不算入) 등의 중과세를 말한다.

정부의 방안에 삼성전자 관계자는 "경제 복합위기가 심화하는 어려운 상황에서도 국가전략산업인 반도체의 글로벌 경쟁력 확보를 위해 세제지원방안을 마련해준 정부에 감사하다"고 말했다.

또 다른 업계 관계자는 "지금이라도 경쟁국 수준의 세제지원 혜택을 받게 된 건 환영할 만한 일"이라면서 "개정안의 조속한 국회 통과를 기대한다"고 했

다. 이창한 한국반도체산업협회 부회장도 "우리 경제상황을 고려하면 업계에서도 만족할 만한 수준"이라고 평했다.

달라진 자동차보험 '주의' … 본인 과실만큼 치료비 부담해야

우리나라 국민 2,000만명이 가입한 자동차보험이 새해부터 경상치료비에 **과실책임주의***를 도입하는 등 크게 바뀌어 가입자들의 주의가 필요한 것으로 나타났다. 1월 3일 보험업계 등에 따르면 삼성화재와 DB손해보험, 현대해상, 한화손해보험 등 손해보험사들은 실제 환자가 아니면서 보험금 수령 등을 위해 병원에 입원하는 '나이롱환자(가짜환자)'를 막기 위해 2023년부터 이런 내용의 변경된 자동차보험 표준약관의 시행에 들어갔다.

> **과실책임주의**
>
> 근대 민법의 기본원칙 중 하나로 자신이 저지른 고의·과실로 인한 행위에 대해서만 책임을 지게 한다는 주의를 말하며, 자기책임의 원칙이라고도 한다. 반면 무과실책임주의는 과실책임주의와 반대되는 개념으로 과실의 유무가 불명확하거나 고의가 없더라도 손해를 일으킨 사실이 있다면 책임을 지게 하는 것이다.

보험료 부담 개선 위해 약관 변경

금융감독원 등 금융당국의 조율을 거쳐 2023년부터 바뀐 자동차보험 표준약관은 경상환자의 치료비 과실 책임, 자기신체손해 보장의 한도 상향, 경상환자의 4주 이상 장기치료 시 진단서 제출 의무화가 핵심이다. 기존에 자동차보험은 과실정도와 무관하게 상대방의 과실이 있는 경우 상대방 보험사에서 치료

비 전액을 지급했다. 하지만 새해부터는 과실책임주의 원칙을 적용해 경상환자(12~14급)의 부상은 대인1 금액한도에서 처리하고 이를 초과한 치료비는 대인2 금액한도에서 처리하되 본인과실 부분은 본인의 자동차보험에서 처리해야 한다.

예를 들어 상대방이 80%, 본인이 20%의 사고책임이 있는 척추염좌(부상 12급) 교통사고에 200만원의 치료비가 나오면 개정 전에는 상대방의 대인배상1에서 120만원, 상대방의 대인배상2에서 80만원을 부담해 본인의 부담은 없었다. 하지만 2023년부터는 상대방의 대인배상1에서 120만원, 상대방의 대인배상2에서 80만원의 80%인 64만원을 부담하고 본인 보험에서 80만원의 20%인 16만원을 내야 한다. 자동차보험에서 대인이란 본인의 과실로 상대방이 다치거나 사망했을 때 보장해주는 담보다. 대인1은 의무보험이자 책임보험이며 대인2는 종합보험으로 본인이 가입 여부를 선택할 수 있다.

상해 등급별 보상한도 상향조정

2023년부터 과실책임주의 도입으로 본인과실 부분은 자기신체손해 보장 또는 자동차 상해보험으로 보상받을 수 있다. 본인 부담 치료비를 자기신체손해 보장으로 충분히 보장받을 수 있도록 상해 등급별 보상한도도 상향조정됐다. 아울러 기존에는 자동차사고로 경상환자임에도 무조건 입원하거나 상급 병실을 요구하는 경우가 있었는데, 이로 인해 과도하게 발생할 수 있는 진료비용을 막기 위해 진단서 제출이 의무화됐다. 이는 모든 자동차사고에 해당하며 경상환자에 우선 적용된다. 4주까지 치료는 기본으로 보장하되 사고일 4주 이후에도 치료가 필요하면 보험사에 진단서를 반드시 내야 하고, 해당 진단서를 기준으로 보험금이 지급된다.

자동차보험과 더불어 실손의료보험 중복가입 해소를 위한 중지제도도 개선됐다. 단체 실손의료보험의 경우 보험사와 회사 등 법인 간 별도 특약체결 시 종업원이 단체 실손의료보험 보장을 중지할 수 있다. 개인 실손의료보험의 중지 후 재개 시 '재개시점 판매 중 상품' 또는 '중지 당시 본인이 가입했던 종전 상품' 중 선택해 재개할 수 있다.

또 2023년부터 개인 퇴직연금의 노후소득 보장 강화를 위해 세액공제 대상 납입한도를 확대하고 종합소득금액 기준을 합리화했다. 연금저축은 세액공제를 위한 납입한도가 기존 400만원에서 600만원까지 늘어난다. 연금소득이 1,200만원 초과 시에도 기존 종합과세에서 종합과세 또는 15% 분리과세 중에 선택할 수 있다. 보험사기 제보 활성화 유도를 위해 보험사고 신고 포상금의 최고 한도가 기존 10억원에서 20억원으로 상향되며 보험금 청구 시 보험사기 신고 안내문자가 발송된다. 시대

한 달 동안 화제의 뉴스를 간단하게!
간추린 뉴스

이태원 10·29 참사 국조특위, 청문회 열어 관계자들 질타해

'이태원참사 국정조사 특별위원회'가 1월 4일 국회에서 1차 청문회를 열어 참사 당일 경찰의 허술한 대응을 질타했다. 여당은 업무상 과실치사상 혐의 등으로 구속된 이임재 전 용산경찰서장의 책임을 추궁했다. 야당은 마약수사 등에만 치중해 제대로 대응을 못 했다며 김광호 서울경찰청장과 윤희근 경찰청장의 사퇴를 촉구했다. 이틀 후 2차 청문회에서는 박희영 용산구청장과 이상민 행정안전부 장관에 대한 질책이 쏟아졌다. 여당은 박 구청장에게 참사 당일 용산구의 미흡한 대응을 따졌고, 야당은 이 장관이 총책임자로서 역할을 다하지 못했다며 사퇴를 요구했다.

전세사기 벌인 '빌라왕' 숨지자 보증금 빼앗긴 피해자 속출

수도권 빌라 등을 1,139채나 소유해 '빌라왕'으로 불린 김모(42)씨가 숨져 전세보증금을 돌려받지 못하는 피해자들이 속출했다. 김씨는 자기자본 없이 피해자들의 전세보증금을 받아 마구잡이로 주택을 매입했고, 종합부동산세 체납으로 집이 압류될 때까지 세입자들에게 연락을 끊고 방치했다. 결국 그가 2022년 10월 갑자기 숨지면서 임차인 수백명은 각각 1~2억원 안팎의 보증금을 돌려받지 못했다. 12월 26일 경찰은 "무자본 갭투자 방식으로 전세사기를 벌인 임대인 등 5명을 입건했다"며 "피해액 170억원을 확인하고 관련자를 조사하고 있다"고 말했다.

윤석열정부, 공공기관 정원 1만 2,000명 구조조정 단행

정부가 공공기관 정원을 1만 2,000명 이상 구조조정하고 안전을 담당하는 인력은 600명 이상 늘린다. 정부는 2022년 7월 새 정부 공공기관 혁신가이드라인을 발표하고 기능, 조직·인력, 예산, 자산, 복리후생 등 5대 분야에 대한 효율화를 진행해왔다. 정부는 1만 7,230명을 감축한 후 4,788명을 국정과제 이행, 안전 등의 분야에 재배치하기로 했다. 정원 구조조정 중 일반직 비중은 60%, 무기직은 40% 수준이다. 정원조정으로 현원이 초과한 기관은 퇴직·이직 등 자연감소를 활용해 향후 2~3년간 단계적으로 초과현원을 해소하고 인위적인 구조조정은 하지 않기로 했다.

제2경인고속도로 방음터널 화재로 5명 숨지는 참사 발생

12월 29일 경기 과천시 제2경인고속도로상의 한 방음터널에서 불이 나 5명이 숨지고 41명이 다쳤다. 사망자들은 최초 화재발생 차량 주변을 지나던 승용차 내에서 발견됐으며, 화재구간 내에서는 총 45대의 차량이 소실됐다. 화재는 방음터널을 지나던 한 화물차량의 엔진룸 쪽에서 발생한 불이 터널로 옮겨 붙으면서 시작됐다. 목격자들은 불길이 방음벽으로 옮겨 붙은 이후 빠르게 번졌다고 입을 모았다. 해당 방음벽의 소재는 일반 플라스틱에 비해 열에 강한 방염소재이나 불연소재는 아니어서 고온의 열이 장시간 가해질 경우 불에 탈 수밖에 없었다고 전해졌다.

'축구황제' 펠레, 82세 나이로 영면

축구 역사상 가장 위대한 선수로 손꼽혀온 '축구황제' 펠레(브라질)가 12월 29일(현지시간) 향년 82세로 별세했다. 펠레가 치료받고 있던 브라질의 병원은 "펠레가 앓고 있던 질병들과 대장암의 진행으로 인한 다발성 장기부전이 사인"이라고 밝혔다. 펠레는 현역생활 동안 1,363경기에 출전해 1,281골을 터트렸고, 국제축구연맹(FIFA) 월드컵 14경기에서 12골을 몰아치며 세 차례 월드컵(1958년·1962년·1970년) 우승을 달성한 유일한 선수다. 펠레의 별세소식에 국제사회 주요 인사들이 애도를 표했으며, 브라질정부는 사흘간의 국가 애도기간을 선포했다.

달궤도선 '다누리', 발사 145일 만에 달궤도 안착

우리나라 첫 달궤도선 '다누리(KPLO ; Korea Pathfinder Lunar Orbiter)'가 12월 27일 임무궤도에 성공적으로 안착했다고 과학기술정보통신부와 한국항공우주연구원이 발표했다. 2022년 8월 5일 미국 플로리다주 케이프커내버럴 우주군 기지에서 발사된 지 145일 만이다. 다누리는 목표궤도인 달 상공 100±30km에서 약 2시간 주기로 공전한다. 다누리는 본체 기능시험을 진행하는 등 초기운영을 시작했다. 다누리의 고해상도카메라는 관측폭 10km 이상 달 표면 관측영상을 찍어 달착륙선 후보지를 고르고, 광시야편광카메라 등은 달에 매장된 자원을 탐색하게 된다.

다누리가 달 상공에서 촬영한 지구와 달 사진

국산·수입 전기차 보조금, '최소 250만원' 더 벌어진다

12월 30일 환경부와 자동차업계가 공유한 '2023년 전기차 보조금체계' 개편안에는 전기승용차 전체 국고보조금 상한선을 700만원에서 680만원으로 내리는 방안이 포함됐다. 특히 연비·주행거리 보조금 총합 상한선을 500만원으로 100만원 내리고 직영서비스센터와 정비이력·부품관리 전산시스템 운영여부에 따라 50% 차등하는 방안도 담겼다. 국내 제조사들은 모두 직영서비스센터를 운영하지만, 외국 제조사들은 국내 직영서비스센터가 드물다. 본 개편안이 시행되면 국산전기차와 수입전기차 간 보조금이 '최소 250만원'은 더 차이 날 수밖에 없다.

한국 초고속인터넷 평균속도 순위, '세계 34위'까지 떨어져

인터넷속도 측정사이트 '스피드 테스트'에 따르면 2022년 11월 기준으로 우리나라의 초고속인터넷 평균속도는 다운로드 기준 171.12Mbps인 34위로 집계됐다. 2019년 2위에서 2020년 4위, 2021년 7위로 내려온 뒤 큰 폭으로 하락한 것인데, 업계는 초고속인터넷망을 상대적으로 앞서 구축하면서 저품질의 광동축혼합망 등을 사용했고, 후발국들은 빠른 속도의 광케이블을 구축한 영향이 있다고 분석했다. 일각에서는 초고속·초저지연 전송이 필요한 콘텐츠가 증가할 것으로 예상되는 만큼 향후 속도차이에 따른 국가 간 콘텐츠 체감격차가 뚜렷해질 것으로 보기도 한다.

2023년부터 복권당첨금 200만원까지 세금 안 낸다

1월 3일 기획재정부는 2023년부터 소득세법 개정에 따라 복권당첨금 과세기준선이 5만원에서 200만원으로 상향조정된다고 밝혔다. 이에 따라 통상 100만원 남짓을 받는 로또복권 3등 15만명과 연금복권 3·4등 2만 8,000명도 과세대상에서 비과세로 전환된다. 로또복권과 연금복권을 합칠 경우 연간 18만명 이상이 세금을 내지 않고 당첨금을 수령하게 된다. 200만원까지 당첨금을 받는 사람들은 은행을 방문해 신원만 확인되면 곧바로 당첨금을 수령할 수 있다. 정부는 연간 500억원 안팎의 미수령 당첨금이 줄어들 것으로 예상하고 있다.

문체부, 엔터업계 불공정관행 손본다

문화체육관광부(문체부)는 소속사 후크엔터테인먼트와 활동수익 미정산 관련 분쟁 중인 가수 이승기 씨와 같은 사례가 재발하지 않도록 업계 불공정관행을 근절하는 정책을 추진한다고 1월 1일 밝혔다. 문체부는 엔터테인먼트 업체의 정산지연 등이 예술인권리보장법 제13조에 의한 불공정 행위에 해당할 경우 관련절차를 거쳐 시정권고·시정명령 등 행정조치를 할 계획이다. 또한 대중문화예술산업발전법 제14조에 의한 보수지급지연이 확인되면 과태료를 부과하고, 불공정계약체결 강요 또는 부당이익을 취득한 경우 공정거래위원회에 관련 사실을 통보할 계획이다.

보이스피싱 우려 시 본인계좌 일괄지급정지 가능해진다

보이스피싱이 우려되는 금융소비자는 본인 명의의 모든 금융계좌에 대해 일괄지급정지를 신청할 수 있게 된다. 금융감독원은 금융결제원과 함께 12월 27일부터 계좌통합관리서비스 및 금융소비자포털 '파인'을 통해 '내 계좌 지급정지' 서비스를 개시한다고 밝혔다. 보이스피싱 사기범이 오픈뱅킹 서비스를 통해 피해자의 여러 금융계좌에서 돈을 한 번에 가로채는 유형이 늘어나고 있는데, 내 계좌 지급정지 서비스를 이용할 경우 본인명의로 개설된 모든 금융계좌현황을 일괄조회한 뒤 금융사기피해가 우려되는 계좌를 전체(또는 일부) 선택해 즉시 지급정지를 신청할 수 있다.

병사월급 2025년까지
150만원으로 인상

병장 기준 병사월급이 오는 2025년까지 150만원으로 오르고 1일 급식비도 1만 5,000원으로 단계적으로 인상된다.

2023년부터 병장 기준 월급이 67만 6,100원에서 32만 3,900원 올라 100만원이 된다. 또한 상병은 80만원, 일병은 68만원, 이병은 60만원으로 각각 오른다.

핵심 브리핑

국방부가 2022년 12월 28일 '2023~2027 국방중기계획'을 발표했다. 계획안에 따르면 향후 5년간 상비병력 50만명을 유지하되 중·소령 등 중간간부는 늘어날 것으로 전망된다. 또한 병사월급 및 1일 기본급식비 단가 단계적 인상, 내일준비 적금 추가 지원, 병영생활관 2~4인실 도입 등 장병들의 처우 개선을 위한 방안들을 검토·실시하겠다고 밝혔다. 시대

병사가 전역할 때 수령하는 내일준비적금의 정부 지원금은 2023년 월 최대 14만 1,000원에서 30만원으로 오른다.

장병 1일 기본급식비는 2023년 1만 1,000원에서 1만 3,000원으로 오른다. 또 신형 조리기구와 식기류를 보급하고, 민간조리원을 증원해 급식 질을 높인다.

동원훈련에 참가하는 예비군에게 지급하는 훈련보상비는 6만 2,000원에서 32% 증가해 8만 2,000원이 된다.

또한 현행 8~10인실인 병영생활관은 2023년부터 2~4인실로 줄이고, 향후 화장실과 샤워실을 생활실 내에 배치하는 형태로 개선할 예정이다.

6월부터 '만 나이' 적용되면
정년 더 늦춰진다?

What?

2022년 12월 27일 정부가 공포한 '만 나이 통일법'이 2023년 6월 28일부터 시행된다. 이에 따라 법률·행정상 연령이 모두 만 나이로 통일될 것으로 보인다. 이처럼 나이 셈법이 만 나이로 통일된다는 소식이 전해지자 사실상 정년이 연장되는 것인지, 국민연금 수령 개시 시기가 늦춰지는지 등을 궁금해하는 사람들이 나오고 있다.

실질적으로 체감할 수 있는 변화 많지 않아

우리나라에서 현재 쓰이는 나이계산법은 세 종류로 출생일(0세)을 기준으로 생일마다 1살씩 증가하는 '만 나이', 현재연도에서 출생연도를 뺀 '연 나이', 출생일부터 1세로 시작하는 '세는 나이'가 있다. 이처럼 여러 가지 나이계산법이 뒤섞여 쓰이면서 생기는 혼선과 각종 법적·행정적 분쟁을 해소하기 위해 정부는 윤석열 대통령의 대선공약 중 하나였던 '만 나이 통일'을 시행하겠다고 밝혔다.

6월 말부터 시행되는 만 나이 통일법(행정기본법 일부개정법률 및 민법 일부개정법률)은 각종 법령, 계약, 공문서 등에서 표시된 나이를 원칙적으로 만 나이로 해석한다는 내용이다. 이에 개정된 행정기본법과 민법에서는 나이계산을 만 나이로 한다는 점을 명확히 했다. 또 민법 내에서 나이 표기를 'OO세'와 '만 OO세'의 두 가지를 혼용해 쓰던 것을 '만' 없이 'OO세'로 통일했다.

그러나 만 나이로 통일된 후에도 국민이 체감할 수 있는 변화는 많지 않을 전망이다. 민법상 나이는 이미 예전부터 만 나이를 의미했고, 다른 법에서도 특별한 규정이 없는 이상 이를 준용토록 해왔기 때문이다. 따라서 이번 만 나이 통일 조치는 법률·행정에 쓰이는 나이계산법을 종전과 다르게 '변경'하는 것이 아니라 이미 만 나이를 적용해오던 것을 '재

확인'하는 조치에 가깝다. 지금까지도 법률이나 공문서상 나이는 모두 만 나이를 가리키는 것이었지만 일상생활에서 세는 나이의 영향력이 드세다 보니 '만'이란 글자가 명기돼 있지 않으면 법조문이나 계약서에 적힌 나이를 세는 나이로 받아들여 혼선이 빚어지는 경우가 생겼다. 만 나이 법제화는 불필요한 분쟁이나 혼란을 줄이기 위해 법령을 명확하게 하고 만 나이를 성문화했다는 데 의의가 있다.

따라서 이번 만 나이 개정으로 '정년이 연장된다'거나 '국민연금 수령 개시 시점이 늦어진다', '65세 이상 어르신의 교통비 지원 개시가 늦어진다' 등의 주장은 모두 사실이 아니다. 또한 초등학교 입학연령이나 공무원 채용시험 응시 제한연령도 이전과 달라지지 않는다.

일부 법령은 연 나이 유지하되 추가 검토키로

다만 일부 법령은 연 나이를 준용하는 상황이다. 법제처가 현재까지 파악한 연 나이 규정 법령은 모두 62개로 크게 '청소년보호법'과 '병역법', '시험응시 나이와 교육' 관련 등 3대 범주로 분류할 수 있다. 이들 법령이 연 나이 규정을 사용하는 데에는 그럴 만한 이유가 있다.

대표적인 사례가 청소년보호법이다. 이 법은 청소년을 "만 19세 미만인 사람을 말한다. 다만 만 19세가 되는 해의 1월 1일을 맞이한 사람은 제외한다"고 정의하고 있다. 이를 다시 해석하면 '연 19세 미만'을 청소년으로 규정한다는 것이다. 고등학교를 졸업하면 연 19세가 되지만 생일이 지나지 않았을 경우 여전히 만 18세여서 청소년으로 간주되는 폐단을 막기 위해 2001년 5월 청소년보호법상 청소년의 정의를 만 나이에서 연 나이로 바꿨다. 이밖에 청소년을 보호할 목적으로 제정된 법령들은 모두 청소년보호법을 좇아 연 나이 규정을 따르고 있다.

병역법도 연령을 연 나이로 표시하고 있다. 1949년 8월 제정될 당시에는 만 나이로 규정됐으나 1957년 8월 전부 개정되면서 연 나이로 바뀌었다. 병력자원을 연도별로 계획적으로 관리하고 병무행정을 효율적으로 수행하기 위해서다. 또 '국적법령', '여권법령' 등 병역법상 병역의무와 관련한 규정이 들어간 법령도 병역법을 따라 연 나이를 사용하고 있다.

마지막으로 시험응시와 교육 관련 분야에도 연 나이 법령이 있다. 이는 공무원 채용시험이 한 해에 여러 번 있지 않기 때문에 같은 연도 출생자라 하더라도 생일에 따라 응시기회를 얻지 못하는 문제가 발생할 수 있어 연 나이 규정이 채택됐다. 교육 관련 법령에서 재정지원 개시일 또는 종료일, 검정고시 응시나이 등을 연 나이로 규정하는 경우가 있다.

정부는 이런 연 나이 규정 법령에 대해 2023년 중 국민 의견수렴 과정을 거쳐 필요하면 개정한다는 계획이다. [시대]

'만 나이 통일법'은 법률·행정에 쓰이는 나이계산법을 통일시켜 불필요한 분쟁이나 혼란을 줄이기 위한 조치이므로 정년이 연장되거나 국민연금 수령 개시 시점이 늦어지는 등의 실질적인 변화는 없다.

요소수에서 리튬까지
강화되는 자원민족주의

지난 12월 21일(현지시간) 조코 위도도 인도네시아 대통령은 성명을 통해 "국내 보크사이트 가공 · 정제 산업을 장려하기 위해 2023년 6월부터 보크사이트 원광수출을 금지할 것"이라고 밝혔다. 보크사이트는 알루미늄 원재료 광물이다. 코트라(KOTRA)에 따르면 2021년 기준 인도네시아의 보크사이트 생산량과 매장량은 세계 6위 수준이다. 또 수출액 기준으로는 세계 2위다. 이 때문에 세계 보크사이트 원광가격 상승과 그로 인한 피해가 예고되고 있다.

볼리비아 최대 리튬산지 우유니 소금사막

산업통상자원부(산자부)는 지난 12월 29일 제27차 에너지위원회의 심의·의결을 거쳐 30일 '금속비축 종합계획'을 발표했다. 금속비축 종합계획은 국가 자원안보 확립을 위해 ▲ 비축 확대 ▲ 수급위기 대응체계 강화 ▲ 비축기반 강화를 주요 전략으로 마련했다.

비축대상은 현재 25종 34품목에서 26종 41품목으로 확대하고, 비축일수는 비철금속의 경우 현 50일분에서 60일분으로, 희소금속의 경우 현 54일분에서 100일분으로 늘어난다. 정부는 3년을 주기로 중장기 비축계획을 수립해 국내산업의 수요변화로 생기는 신규 비축품목과 비축수요 등을 면밀히 검토해 국가비축 물량과 품목에 대한 적정성을 지속적으로 검토할 예정이다.

희소금속 방출에 걸리는 기간은 기존 60일에서 30일로 절반 단축하고, 긴급상황에는 8일 이내에 수요기업에 금속을 인도할 수 있는 긴급방출제도도 도입한다. 이를 위해 수급위기상황을 사전에 감지할 수 있도록 가격·수급 동향에 대한 실시간 모니터링을 강화하고, 수급불안 징후 포착 시 관련 기업에 즉시 전파할 수 있는 조기경보시스템을 구축할 계획이

다. 평상시에는 민간기업에 가격, 수급상황 등 정보를 제공하고 수급불안 시에는 수급위기메시지를 발송하는 식이다.

이와 함께 희소금속 공동구매 및 비축, 순환대여제도를 도입하고, 비철금속에 한정된 외상판매제도를 희소금속으로 확대해 민간기업 지원을 확대한다. 순환대여제도는 장기계약을 맺은 민간기업에 순환 비축품목을 일정한 주기로 인도하고 상환받는 제도다. 이때 민간기업이 지불해야 하는 수수료는 기존 3%에서 무상으로 개선되고, 대여기간 또한 기존 90일에서 6개월로 확대된다.

이를 위해 산업부는 희소금속 전용기지를 신규로 구축하고 비축대상 선정 및 비축량 확보 상황 등을 점검하기 위해 산·학·연 전문가로 구성된 '핵심광물 비축 운영위원회'를 신설해 국가 비축기반을 튼튼히 할 계획이다. 현재 희소금속 10종을 조달청의 군산 비축기지를 임대해 사용하고 있는 광해광업공단이 신규 기지 구축에 대한 예비타당성 조사를 진행 중이다.

현재 금속비축은 조달청이 비철금속 6종과 희소금속 9종을 담당하고 광해광업공단은 희소금속 19종을 담당하고 있는데, 조달청 비축 희소금속은 실리콘, 망간, 코발트, 바나듐, 리튬, 비스무스, 인듐, 스트론튬, 탄탈럼 등이며 광해광업공단 비축 희소금속은 크롬, 몰리브덴, 안티모니, 티타늄, 텅스텐, 니오븀, 셀레늄, 희토류, 갈륨, 지르코늄 등이다. 특히 핵심광물은 풍력·태양광과 같은 친환경에너지 설비와 전력망, 전기차·배터리, 방산물자 등 주요 산업에 없어서는 안 될 필수원료로 효과적인 대체재가 없어 수요가 지속적으로 늘고 있다.

광해광업공단이 개발하고 있는 니켈광산(마다가스카르)

반면 급증하는 수요에 비해 공급은 녹록지 않은 상황이다. 핵심광물들의 매장지역이 한정되어 있어 이를 확보하기 위한 각국의 경쟁이 치열할 수밖에 없는 가운데 중국, 중남미를 비롯한 자원보유국이 내수시장 우선이라는 명목 아래 수출세, 수출쿼터 등 60건이 넘는 광물 관련 수출통제가 시행되고 있기 때문이다. 바로 자국 내 산업발전을 위해 수출량을 조절하거나 금지함으로써 국제적 지위를 획득하려는 자원민족주의가 그것이다.

새로운 이데올로기, 자원민족주의

자원민족주의는 석유 등 천연자원을 보유하고 있는 국가들이 천연자원에 대한 지배력을 확대하려는 경향과 그와 관련한 정책들을 통틀어 가리킨다. 명목상으로는 천연자원에 대한 항구적 주권을 확립하고 이를 자주적으로 이용하겠다는 것을 내세우지만, 실상은 천연자원을 정치적으로 유리하게 이용하겠다는 것이다. 주로 가격인상, 채굴삭감, 외국기업에 대한 경영참가 제한, 국유화 등으로 표출된다.

제1차 석유파동 당시 미국 주유소(1973)

제2차 세계대전 이후 아시아·아프리카 식민지역들이 대부분 독립했지만, 경제는 여전히 과거의 종주국들에 종속된 경우가 많았다. 특히 석유와 천연가스, 각종 광물자원, 대규모 플랜테이션 농업 등은 글로벌이라는 새로운 간판을 내건 과거 종주국의 거대기업들이 여전히 통제해갔다. 이런 상황에 최초로 반발한 건 1951년 취임한 이란의 모하메드 모사데크 수상이었다. 영국자본이 지배하던 영국-이란석유회사를 국유화한 것이었다.

광물이, 특히 석유가 국제사회에서 무기가 될 수 있다는 경험은 1970년대 아랍 산유국들이 석유자원을 볼모로 세계경제에 충격을 안긴 중동발 석유파동(Oil Shock)으로 이어졌다. 그 과정에서 주도적인 역할을 한 석유수출국기구(OPEC, 1957년 창설)와 아랍석유수출국기구(OAPEC, 1968년 결성)의 힘으로 이들은 여전히 국제사회에서 큰 목소리를 내며 영향을 끼치고 있다.

미래로 가는 투자의 시작이자 적극적 방어

❖ 원재료 수출만으로는 미래가 없다.
❖ 광물 수출국 이미지 탈피
❖ 인프라 구축, 투자 확대, 일자리 창출

오늘날의 자원민족주의는 주로 4차 산업시대의 핵심원료에 집중되고 있다. 여기에 코로나19로 글로벌공급망이 붕괴하고 세계경제가 흔들리자 상대적으로 더 큰 위기에 봉착한 개발도상국(개도국)들의 움직임이 빨라졌다. 칠레, 볼리비아, 아르헨티나 등 전 세계 매장량의 55%를 차지하고 있는 남미 3국은 리튬동맹 결성을 추진 중이다. 중국은 희토류 생산을 국영기업으로 일원화해 수출 전략품목으로 지정했다.

인도네시아는 2020년 개정한 광물법에 따라 그 해부터 니켈 원광수출을 금지했고, 알루미늄 원광인 보크사이트 수출도 6월부터 금지한다. 미제련 광물 수출 대신 자국 내에서 제련된 광물제품을 수출함으로써 광물산업 전체를 발전시키겠다는 의도다.

인도네시아 수출금지 광물자원

광물	가공품	사용처
니켈 (시행 중)	황산니켈, 페로니켈	전기차배터리, 가전제품
보크사이트 (예정)	알루미늄, 듀랄루민	비행기 동체, 자동차 차체
주석 (예정)	인듐 주석 화합물	아몰레드 디스플레이, 터치스크린
금(예정)	금합금	반도체, 전자부품

자료 / 니케이아시아

실제로 1985년 원목수출은 금지하고 가공목재만 수출하도록 하면서 목재공장 건설을 위한 해외투자가 활발해졌으며, 많은 일자리가 창출됐다. 결과적으로 인도네시아는 세계 가구수출국 15위를 차지하는 가구수출 대국 중 하나가 됐다. 니켈 수출이 금지됐을 때도 LG에너지솔루션을 비롯한 글로벌 배터리 생산업체들은 니켈 확보를 위해 인도네시아에 배터리 공장을 짓기로 하는 등 직접 투자에 나서야만 했다.

나만 아니면 돼? 우선 우리부터?

❖ 자원을 무기로 한 21세기형 전쟁
❖ 탈출로 없는 광물 수입국
❖ 중국 일변도의 수입경로도 문제

과거의 자원민족주의는 경제적 독립을 위한 것이었다. 그러나 오늘날의 그것은 우리만의 경제적 이익을 위해 자원을 무기화한다는 것이다. 단순히 경제적 이익뿐 아니라 전쟁 시에도 유용한 수단으로 이용할 수 있다. 러시아-우크라이나 전쟁이 발발했을 때 서구의 개입을 막기 위해 러시아가 서유럽으로 가는 가스관을 통제하고 밀 수출을 제한한 것이 대표적인 예다. 이미 우리는 자국의 자원만으로는 살 수 없는 시대를 살고 있다. 글로벌체인망을 통해 미국의 옥수수와 러시아의 밀, 덴마크의 우유를 먹고 있으며 칠레 소금사막에서 나온 리튬을 이용한 배터리로 핸드폰을 보고 승용차를 몬다. 대부분의 광물을 수입에 의존하고 있는 국가의 경우 한 축만 무너져도 경제 전반에 걸친 충격파가 클 수밖에 없다.

우리나라는 대부분의 광물자원을 전량 수입하고 있다. 특히 중국에 의존도가 높은 편인데, 최근 미중 무역갈등 상황에서 난처한 처지다. 여기에 중국의 산업구조가 고도화되고 전기차·배터리 등 첨단산업에 대한 투자가 확대되며 중국 내 광물수요가 급증함에 따라 중국정부가 자국 수요충족을 이유로 자원통제를 강화하고 있는 것도 문제다.

국내 2차전지 핵심광물 수입의존도

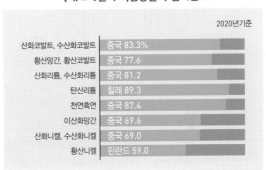

2020년기준

산화코발트, 수산화코발트	중국 83.3%
황산망간, 황산코발트	중국 77.6
산화리튬, 수산화리튬	중국 81.2
탄산리튬	칠레 89.3
천연흑연	중국 87.4
이산화망간	중국 69.6
산화니켈, 수산화니켈	중국 69.0
황산니켈	핀란드 59.0

자료 / 대한상공회의소

이런 상황에서 산자부의 금속비축 종합계획은 정확한 미래수요 예측을 통해 광물수출국에 휘둘리는 일이 없도록 하겠다는 의도로 읽힌다. 그러나 2022년 요소수 대란에서 경험한 것처럼 그 어떤 광물도 1년 이상의 수요량을 비축할 수 없다. 또한 이명박정부부터 누적된 광해광업공단의 부채규모가 7조에 육박하고 있어 공격적 투자도 쉽지 않다. 결국 광물자원 수입경로의 다변화가 필요하지만 전 세계가 동일한 목적하에 움직이고 있어 낙관할 수만은 없다. 시대

정치선진화로 가는 길,
선거구제 개편 필요해

NEWSPAPER

새해 쟁점 된 중대선거구제, 논쟁하다 끝날까

중대선거구제 도입을 골자로 하는 '게임의 룰' 논의가 새해 벽두 정치권 화두로 급부상했다. 여야는 윤석열 대통령이 1월 2일 신년 언론 인터뷰에서 언급한 중대선거구제 제안을 촉매로 관련 논의에 시동을 거는 모습이다. 하지만 1월 6일 기준 선거구 획정 법정기한(4월 10일)이 100일도 채 남지 않은 데다 각 당 내에서도 선거구제 개편을 둘러싼 이해관계도 엇갈리고 있어 결과물 도출까지는 첩첩산중이다.

2023.01.07. 아이뉴스24

총선 1년여 앞두고, 선거구제 개편 떠올라

현행 지역구 국회의원 선출방식인 소(小)선거구제 개편이 2023년 벽두 정치권의 화두로 떠오르고 있다. 윤석열 대통령은 1월 2일 공개된 조선일보 인터뷰에서 "중대선거구제를 통해 대표성을 좀 더 강화하는 방안을 검토해볼 필요가 있다"며 "지역특성에 따라 한 선거구에서 2~4명을 선출하는 방법도 고려해볼 수 있다"고 했다.

때마침 총선을 1년 4개월 앞둔 국회에서도 중대선거구제 도입이 필요하다는 목소리가 커지고 있다. 김진표 국회의장은 이날 윤 대통령의 언급과 관련해 "국회 정치개혁특위에서 늦어도 2월 중순까지는 선거법 개정안을 복수로 제안하고, 그것을 본회의를

통해 국회의원 전원이 참여하는 전원회의에 회부할 것"이라고 밝혔다.

기존 소선거구제 폐해 적지 않아

현행 국회의원 선거는 1개 지역구에서 1인만 선출하는 소선거구제로 '승자독식제'라는 비판이 늘 따라붙었다. 우리 정치권은 민주화항쟁의 산물인 1987년 대통령 직선제로 헌법을 개정한 뒤 중선거구제에서 지금의 소선거구제로 바꿨다. 선거구제 개정의 명분으로 정치문화개혁과 지역대표성 강화를 내세웠지만, 대구·경북(노태우), 부산·경남(김영삼), 호남(김대중), 충청(김종필)이라는 확고한 지역기반을 가진 '1노(盧)3김(金)'의 정치적 계산이 맞아떨어진 결과였음을 부인할 수 없다.

소선거구제는 우리 정치에 끼친 폐해가 적지 않다. 가장 대표적인 것이 지역감정에서 기인한 몰표현상이다. 선거의 당락이 후보의 도덕성과 능력이 아니라 어느 정당과 지역 출신이냐에 따라 결정되다 보니 '영남당', '호남당' 하는 특정정당의 지역 패권구도가 고착화됐다. 선량이 아니라 고향사람을 뽑는 이러한 '묻지마 투표' 양태는 의원들의 지역구 예산 따내기 경쟁 등 국력낭비는 물론이고 특정지역 편중인사 등 국민 편가르기와 이념 양극화, 국론분열의 악순환으로 이어지고 있다. 정계에 들어갈 수 있는 길이 워낙 좁다 보니 권력자와 이리저리 연이 닿거나 돈이 많아 '정치'를 업으로 할 수 있는 사람이 아니면 자기 뜻을 펼치기도 쉽지 않다.

중대선거구제에 우려 있다면 보완책 마련해야

소선거구제는 끊임없이 중대선거구제로부터 도전을 받았으나 실제개편으로 이어지지는 못했다. 중대선거구제는 1997년 문민정부부터 문재인정부까지 지속적으로 수면 위에 올랐다. 소선거구제를 개혁해야 한다는 점에는 이미 여야 간 공감대가 형성돼 있다. 특히 중대선거구제는 2위 낙선자가 받은 사표(死票) 방지, 승자독식 및 지역주의 완화 등 여러 장점이 있어 의원들 사이에서 거부감이 덜한 편이다. 문제는 여당인 국민의힘에 불리하다는 점이다. 1987년 개헌 이후 보수정당 후보의 호남 득표율이 10% 안팎에 머물고 있기 때문이다. 그러나 이러한 현실 때문에 현행 선거구제를 존속시킨다는 것은 정치선진화를 갈망하는 국민에 대한 도리가 아닐 것이다. 반면 서울 및 수도권에서는 더불어민주당이 피해를 볼 수 있다. 현재 41 대 8로 민주당이 앞서지만, 중대선거구제하에서는 최대 50 대 50으로 바뀔 수 있다.

중대선거구제 도입으로 표의 지역 간 불균형이 우려된다면 정당 득표율에 따른 지역구 낙선자 구제 등 여러 보완장치를 강구해야 한다. 공직선거법은 총선 1년 전까지 지역구를 확정토록 하고 있다. 정치권은 당리당략을 떠나 신속히 논의에 착수해 결실을 만들어내길 바란다. 당내에서조차 첨예한 갈등이 예상되는 만큼 초당적 전문가그룹에 맡기는 것도 고려해볼 만하다. 시대

마크롱정부 2기,
연금개혁 재시동

에마뉘엘 마크롱 프랑스 대통령이 12월 31일
(현지시간) 신년연설에서 "우리는 더 오래 일할
필요가 있다"며 집권 초기부터 추진해온 연금개
혁을 2023년에는 시행하겠다고 다짐했다. 그러
면서 "2023년은 앞으로 몇 년, 몇 십년 동안 우
리 시스템의 균형을 보장하는 것을 목표로 연금
개혁을 하는 해가 될 것"이라고 강조했다. 그는
논의를 거쳐 새로운 규칙을 확정하고, 올여름이
끝날 무렵부터 이를 적용하겠다고 예고했다.

이미 한 번의 연금개혁 실패, 재시동 건 마크롱

프랑스정부가 1월 10일(현지시간) 대중이 기피하는 연금
개혁안을 공개하면서 에마뉘엘 마크롱 대통령이 또다시 시
험대에 올랐다. 마크롱은 첫 번째 임기에서 직종별로 42개
에 달하는 복잡한 연금제도의 단일화를 추진하다 2019년
12월 총파업에 불을 지폈고, 그 여파로 파리일대의 대중교
통이 사실상 마비됐다. 1995년 이후 가장 강력했다는 평
가를 받는 파업에도 마크롱은 연금개혁을 밀어붙이려 했으

나, 2020년 코로나19 대유행이 터지면서 모든 논의를 중단했다. 그러다 2022년 4월 재선에 도전하면서 연금수령시점을 늦출 수 있도록 정년을 62세에서 65세로 연장하겠다는 카드를 다시 들고 나왔다.

프랑스정부 "제도 손 안 보면 연금적자 불가피"

마크롱 대통령은 세금을 인상하지 않고, 또 수령액을 깎지 않으면서도 수지균형이 맞는 연금제도를 유지하려면 개혁을 피할 수 없다고 설파해왔다. 이날 연금개혁안을 발표한 엘리자베트 보른 프랑스 총리는 "연금제도를 바꾸는 것이 국민을 두렵게 만든다는 점을 잘 알고 있다"면서도 "지금 제도를 손보지 않으면 대규모 증세, 연금수령액 감소로 이어져 우리의 연금제도를 위협할 것"이라고 강조했다.

프랑스 연금계획위원회(COR)는 2022년 9월 발간한 보고서에서 향후 10년간 퇴직자 대비 근로자 수가 줄어들어 연금제도가 적자로 돌아설 것으로 예측한 바 있다. 위원회는 연금제도에 변화가 없다면 2022~2032년 국내총생산의 0.5~0.8%, 약 100억 유로(약 13조원)에 해당하는 적자를 매년 기록할 것이라 전망했다. 이러한 배경 속에 마크롱 대통령은

세계주요국의 정년 현황(2020년 3월 기준)

국가	정년
대한민국	60세
러시아	여60세 남65세
말레이시아	60세
미국	**정년폐지**
베트남	여55세 남60세 (2028년 남 62세, 2035년 여 60세 목표)
사우디아라비아	60세
스페인	65세 10개월 (2027년 67세 목표)
영국	**정년폐지**
인도네시아	57세
일본	65세
중국	여50세 남60세
태국	**합의·사규에 따름**
프랑스	62세
홍콩	65세

자료 / 세계법제정보센터

부채에 의존한 채 연금제도를 운용할 수 없다며 "우리는 더 오래 일해야 한다"고 거듭 강조했다.

더 오래 일하라는 정부, 싸늘한 여론

마크롱 대통령이 연금개혁을 공약으로 내걸고 연임에 성공한 만큼 그에게 개혁을 완수할 정당성은 있다고 할 수 있다. 또한 발표된 연금개혁안은 정년을 65세에서 64세로 낮추는 등 당초 공약에 비해 다소 후퇴한 내용을 담았다. 그러나 대중의 반응은 싸늘한 편이다. 여론조사기관 오독사가 샬랑주와 BFM 방송의뢰로 1월 4~5일 성인 1,008명을 대상으로 설문조사한 결과 74%가 법정퇴직연령을 62세로 유지해야 한다고 답했다.

이와 달리 63세 퇴직에 찬성한다는 응답률은 26%, 64세 퇴직에 찬성한다는 응답률은 16%, 65세 퇴직에 찬성한다는 응답은 응답률은 13%로 낮은 편이었다. 이러한 대중의 불만과 함께 프랑스 주요 노동단체가 일제히 정년연장에 반대한다는 입장을 표명하며 파업을 예고한 것도 정부에겐 부담일 수밖에 없다. 노동개혁에 늘 반대해왔던 강경노조부터 온화한 노조까지 정년연장을 거부하고 있어 이들 중 일부라도 포용하는 게 난망해 보인다.

AP, 블룸버그통신 등은 프랑스 주요 노조 8개 단체가 개혁안 발표가 있고 나서 1월 19일 파업을 하겠다고 뜻을 모았다고 전했다. 강경좌파로 분류되는 노동총동맹(CGT)은 "법안통과저지에 전념하겠다"며 조합원들에게 파업참가를 촉구했다. 정치권에서도 극좌성향의 굴복하지않는프랑스(LFI)와 극우성향의 국민연합(RN)이 정부의 연금개혁안을 지지할 수 없다며 여당이 과반의석을 차지하지 못한 하원 안팎에서 치열한 다툼을 예고했다. ▣

"더 내자 vs 더 받자"

세대 불평등 해소 위한 선택

지금 세계는 현세대 근로자들이 더 많이 부담하는 방향으로 연금제도가 개혁되고 있다. 고령화와 연금재정난에 시달리는 각국이 노동자의 부담을 늘리는 대신 수혜를 줄이는 방향으로 연금제도 개혁에 나서고 있는 것이다. 격렬한 항의시위가 벌어지고 있지만 프랑스도 복잡한 연금체계를 단순화하는 것을 골자로 하는 연금개편을 추진하면서 은퇴연령(연금 개시연령)을 현행 62세에서 64세로 상향하는 내용을 포함시켰다.

또 출산율 저하와 고령인구 증가로 경제활동인구는 점차 줄어들고 있다. 국민연금을 내는 사람보다 받는 사람이 갈수록 많아진다는 의미다. 더불어 물가상승과 노인빈곤과 같은 복지문제에 대응하기 위해 지급액은 시간이 흐를수록 규모가 커진다. 결국 연금재정의 악화로 이어질 수밖에 없다.

현재의 연금제도는 고성장·고출산·중산층 시대의 산물이다. 이 때문에 조금 손을 보는 것만으로는 오늘날과 같은 저성장·고령화·불평등 시대의 모두를 위한 노후보장제도가 될 수 없다. 정부재원의 20%를 쏟아붓는 식의 정부지원이나 기업에게 전가하는 것도 바람직하지 않다. 그만큼 세금을 거둬야 하기 때문이고, 그만큼 기업의 순이익보다 더 큰 비용을 지출해야 하기 때문이다. 결국 가입자가 책임을 져야 한다.

보건복지부(복지부)는 1월 9일 2023년 주요 업무 추진계획을 윤석열 대통령에게 보고했다. 이 보고서에는 당초 3월로 예정했던 국민연금 재정추계 잠정결과(시산)의 발표일정을 1월로 앞당긴다는 내용이 담겼다. 재정추계 결과가 나와야 이를 바탕으로 본격적인 연금개혁 논의가 시작되는 만큼 가능한 한 빠르게 마무리 짓겠다는 의도로 읽힌다.

국민연금 재정추계는 국민연금의 재정상태를 점검하는 작업이다. 정부는 국민연금법에 따라 2003년에 제1차, 2008년 2차, 2013년 3차, 2018년 4차 등 5년마다 재정추계를 해왔고 현재 5차 재정추계를 진행 중이다. 조규홍 복지부 장관은 "10월까지 국민연금의 보험료와 소득대체율을 중심으로 한 모수개혁안을 (국회에) 제출할 계획"이라며 "국회 연금개혁특별위원회(위원장 주호영 국민의힘 의원, 연금특위)와 긴밀히 협의해 사회적 합의를 이룰 수 있도록 최선을 다하겠다"고 설명했다. 결국 윤석열정부가 3대개혁과제(노동, 교육, 연금) 중 하나로 꼽은 연금개혁이 첫발을 뗀 것이다. 현재 국회 연금특위 산하 민간자문위원회는 국민연금 보험료율 인상과 연금 개시연령 67세로의 상향조정을 주장하고 있다.

국민연금 개혁 논란

연금 못 받는 나라 없어

국민연금은 1988년 10인 이상 사업장을 대상으로 도입됐다. 당시에는 보험료율(월 소득 중 납입하는 비율, 즉 내는 금액) 3%로 소득대체율(은퇴 전 월소득 대비 지급되는 연금의 비율, 즉 받은 금액) 70%를 보장하는 제도로 출발했다. 이후 1995년에는 농어촌 거주자, 1999년 자영업자로 범위를 넓혔고 2006년 5인 미만 사업장의 근로자까지 대상으로 포함됐다. 보험료율은 1993년 6%, 1998년 9%로 상향조정됐다.

그러나 2003년 1차 재정계산에서 현재의 보험료율과 소득대체율을 유지하면 2047년에는 국민연금이 소진된다는 전망이 나왔다. 저출산·고령화의 영향이었다. 이에 노무현정부는 소득대체율은 50%로 낮추고 보험료율은 2030년까지 15.9%까지 점진적으로 인상하는 개편안을 발표하며 2차 연금개혁에 나섰다. 하지만 '더 내고, 덜 받는' 연금개혁은 국민의 반대에 부딪혔다. 결국 노무현정부의 국민연금법 개정안은 국회 문턱을 넘지 못하고 2007년 4월 부결됐다. 이후 이명박·박근혜정부도 2009년과 2015년 국민연금에는 손도 못 댄 채 공무원연금 개혁만 진행했다. 한편 여당은 더 이상 연금개혁을 미룰 수 없다는 입장이고, 야당은 정부가 제시한 개혁안에 비전 및 구체적 대안 제시를 요구하고 있다. 시대

국회 연금특위 민간자문위원회가 내놓은 개혁안 초안의 골자는 '더 내고 덜 받는' 방식의 고통분담보다 '더 내고 더 받는' 방식에 방점을 두고 있다. 내는 돈(보험료율)과 받는 돈(소득대체율)을 동시에 높여 가입자 반발을 완화하자는 의도로 보인다. 그러나 이 개혁안은 세대 간 형평성 제고라는 연금개혁의 대원칙에도 부합하기 어렵다. 당장 '더 받는' 수혜는 장년층이 누리는 반면 '더 내는' 고통은 젊은 세대가 부담하기 때문이다.

수익비는 낮아질지언정 지금의 청년 세대가 국민연금을 아예 받을 수 없으리라는 주장도 사실이 아니다. 국민연금 재정수지는 2014년 34조 6,118억 원 흑자에서 2018년 40조 3,239억원 흑자로 지속적으로 증가해왔다. 수입의 연평균 증가율은 낮아졌지만, 수입금액의 규모가 크기 때문에 현재 청장년층은 안정적으로 평균 2배에 달하는 수익비를 국민연금을 통해 누릴 수 있다. 즉, 국민연금은 가장 수익률이 높고, 채무 불이행 위험이 가장 낮은 금융상품이라는 의미다.

무엇보다 재정추계를 위한 기본가정, 즉 경제성장률·임금상승률·출산율·평균기대수명 등 미래의 불확실한 변수들을 가지고 향후 70년 이후의 재정상황을 추계하는 것은 매우 비현실적인 방식일 수밖에 없다.

"더 받으려면 더 내는 게 타당!"
"공적연금이라도 모두 정부가 책임져서는 안 돼"

"지금도 푼돈인데 이보다 덜 받으라고?"
"연금공단 성과급 잔치만 아니어도 더 받겠지"

"미래식량 vs 안전우려"

식량안보 파수꾼인데

곡물자급률이 20%에 불과한 우리나라는 부족한 곡물을 해외에서 수입한다. 그중 상당 비중이 GMO 곡물이다. 우리나라가 해외에서 식품가공용과 사료용으로 들여오는 GMO 옥수수와 콩만 해도 대략 연 1,200만t에 달한다. 그러나 안전성 승인을 받기 위해 5개기관의 심사위원회를 거쳐야 한다. 이런 지나친 엄격함과 규제로 인해 국내에서 개발된 GMO 종자가 지금껏 단 하나도 통과하지 못했다. GMO에 대한 엄격한 규제는 이후 개발되고 있는 다른 신기술에도 걸림돌이 되고 있다. 우리나라가 원천특허를 보유하고 있음에도 제대로 상용화 못 하고 있는 것도 있다.

GMO에 대한 거부감은 과학적이거나 합리적인 이유에 근거하기보다는 어떤 꺼림직함, 막연한 두려움에서 나온다. 유전자를 조작했다는 그 사실 하나만으로 소비자들은 막연한 두려움을 갖고 있다. 하지만 미국정부는 GMO 작물을 허가할 때 평균 10년 이상의 기간을 들여 인체에 대한 안전성과 환경에 대한 유해성을 평가한 뒤 통과한 것만 승인을 내주고 있다. 또한 세계적으로 많은 연구단체들이 이미 GMO에 위해성이 없음을 입증했다.

제도와 규제도 글로벌 스탠더드를 따라가야 한다. 막연한 두려움과 시대에 뒤떨어진 제도로 선진기술을 사장시켜서는 안 된다.

러시아가 우크라이나를 침공하고, 전쟁이 장기화되자 세계의 촉각은 즉각 이 두 나라를 향했다. 천연가스 및 원유의 수출국일 뿐만 아니라 세계 최대의 밀 생산국이자 수출국이기 때문이다. 실제로 자국의 식품가격 급등을 막는다면서 러시아는 2022년 6월 말까지 카자흐스탄 등 인접국에 밀, 보리 등 곡물수출을 금지했다.

우크라이나는 이보다 앞서 연말까지 밀, 귀리, 수수, 메밀, 설탕, 육류, 가축 등의 품목에 대해 수출을 금지하는 조치를 취했다. 이 때문에 미국 시카고선물거래소에서 5월 인도분 밀 선물가격은 장중 부셸당 11.18달러까지 치솟았고, 특히 세계식량농업기구는 2022년과 2023년에 중동·아프리카 등에서 기아인구가 800만 ~1,300만명 늘어날 수 있다고 경고했다.

아프리카 국가들은 러시아·우크라이나로부터 수입한 밀에 의존해왔다. 그러나 전쟁에 따른 양국의 수출 제한조치, 세계 3위의 밀 생산국인 인도의 밀 수출 전격 금지 등으로 인해 밀값 폭등, 나아가 밀 자체를 구하지 못할 위기에 처했다. 이에 아프리카 몇몇 국가들이 대안으로 GMO 카드를 들고 나왔다.

GMO 규제완화 논란

GMO는 'Genetically Modified Organism'의 줄임말로 생물체 유전자 중에 유용한 것을 취하여 그 유전자가 없는 다른 생물체에게 삽입하고 유용하게 변형시킨 농산물 등을 원료로 제조·가공한 식품을 뜻한다. 가뭄이나 제초제에 저항성이 강해 세계적인 식량부족을 해결할 수 있는 신기술로 평가받는다.

이 때문에 전쟁 발발 후 선진국들도 식량·사료 수급이 어려워지자 GMO 관련 규제를 완화했다. 스페인은 남미와 미국으로부터의 GMO 곡물 추가수입을 위해 EU의 GMO 곡물수입 금지조치를 일시적으로 해제하자고 제안했다. 우리나라도 ▲ 신규 유전자변형생물체에 대한 위해성심사 면제 ▲ 유전자변형생물체 개발·실험 관련 규제 완화 등의 내용을 담은 '유전자변형생물체의 국가 간 이동 등에 관한 법률(GMO법)' 개정안을 국회에 제출했다.

한편 식품의약품안전처는 GMO 완전표시제 도입과 관련해 오는 2026년부터 단계적으로 추진할 계획이다. GMO 완전표시제는 GMO를 사용한 식품이면 GMO 단백질 유전자가 남아 있지 않아도 GMO 제품으로 표시하는 것으로 소비자의 안전한 먹을거리 선택권을 높여 주지만 물가인상, 통상마찰 등 우려가 있다. 시대

"GMO 먹는다고 사람의 유전자는 변형되지 않아"
"내 배부르다고 남 허기진 것 생각 안 해서야"

"오늘의 선물이 내일의 독이 될 수 있어"
"수매가 폭락으로 밭 갈아엎는 것부터 살펴야"

안정성 담보 아무도 못 해

식량위기는 생산량이 모자라서 생긴 문제가 아니다. 세계 식량의 약 30%가 쓰레기로 버려지기 때문이다. 그리고 GMO 증산은 식량수입국들이 곡물 메이저에 더욱 종속하게 만든다. 농업기술과 생산 인프라·장비 등이 부족하고 유통·소비 시장도 취약한 농산물 수입국에서 안전한 GMO가 개발돼 고부가 가치 작물로 시장화하기를 기대하기는 어렵기 때문이다. 외려 효율성 제고를 명목으로 한 대규모 경작지 조성과 기계화 결과 농민들의 경제적 지위가 위협받을 가능성이 크다.

또한 공격적인 GMO 재배는 식물, 곤충, 흙 속 미생물 등을 무차별적으로 죽여 생태계를 파괴·교란시킬 뿐만 아니라 표토를 유실시켜 흙의 생산성을 크게 훼손한다. 기후위기의 대안이 되기는커녕 토양유실로 공기 중 탄소배출을 늘릴 뿐이다.

정부 개정안대로 규제가 완화되면 유전자가위 기술 등을 활용한 새로운 GMO 작물의 경우 안전성 심사, 수입·생산·이용 승인심사가 영영토록 면제된다. 이대로라면 머지않아 우리 식탁에서 GMO인지 확인하지도 못한 채 먹을 수도 있다. 그러나 GMO 식품이 완벽하게 위험하지 않다고 장담할 수 없다. 위해성 검사 없이 국내에서 GMO가 유통·판매된다면 누구도 그 결과를 장담할 수 없는 것이다.

HOT ISSUE QUIZ
핫이슈 퀴즈
한 달 이슈를 퀴즈로 마무리!

01 2023년도 예산안이 법정 처리시한을 넘겨 처리되면서 (　　　) 도입 이후 정기국회 회기 내 예산안을 처리하지 못한 첫 사례가 됐다.

02 (　　　)은/는 분양가가 높게 책정된 신규아파트단지가 주변 부동산가격 상승을 부추긴다는 이유로 문재인정부 당시 확대된 제도다.

03 2022년 10월부터 이어진 북한의 미사일 도발과 무인 항공기 침투는 2018년 체결된 (　　　)을/를 명백히 위반한 것이다.

04 최근 연공서열제를 기초로 하되 개인의 성과에 따라 임금과 직급이 결정되는 (　　　)을/를 시행하는 기업이 늘고 있다.

05 (　　　)은/는 한 나라가 보유하고 있는 노동, 자원 등을 최대로 활용했을 때 물가상승 없이 최대로 이룰 수 있는 경제성장률 전망치다.

06 이른바 '(　　　)팀'에서 로비스트 역할을 담당했던 김만배 씨가 금전을 매개로 언론계 로비를 한 정황이 드러나 파문이 일었다.

07 이란의 노동자들이 혁명을 일으킨 것에서 시작됐으며, 석유공급 감소로 원유가격이 급등해 (　　　)이/가 발생했다.

08 중국에서 국내로 들어오는 항공기에 탑승할 때는 검역정보사전입력시스템인 (　　　)에 국내 주소지 및 연락처를 등록해야 한다.

09 2022년 도입된 (　　　)은/는 동의만 하면 간편하게 필요한 자료를 제출할 수 있지만, 실수로 자료를 삭제하면 복구가 불가능하다.

10 2022 개정 교육과정에 (　　　) 표현이 사라진 사실이 확인되면서 정치권과 교육계 등 각계각층에서 비판의 목소리가 터져 나왔다.

11 브라질 대선 불복 폭동은 도널드 트럼프 전 미국 대통령 지지자들이 미국 (   )을/를 무력 점거한 사건과 유사하게 진행됐다.

12 (   )은/는 평소에는 사람이 인지하지 못할 정도로 존재감을 드러내지 않지만, 필요할 때 정보를 제공하는 기술을 말한다.

13 배려 또는 지원이 필요한 인물, 허용되는 일과 같이 긍정적인 이유로 선별한 개체의 목록을 (   )(이)라고 한다.

14 최근 전세계에 나타난 이상기후와 한파는 지구온난화로 인해 북극의 (   )이/가 불안정해졌기 때문이라는 분석이 나왔다.

15 (   )(이)란 의회가 행정부에서 진행하는 사업에 대해 일정기간 후에 다시 검토하여 불필요해진 사업은 자동적으로 폐기되도록 한 것이다.

16 (   )은/는 회의에 출석한 의원이 어떤 후보에도 투표하지 않는다는 뜻으로 전체 표에 포함되지 않아 과반의 문턱을 낮춘다.

17 미국의 경우 (   )이/가 공개정보로 분류되지만, 우리나라의 경우 피의자의 동의 없이 공개하는 것이 불법이다.

18 탈레반이 이슬람율법 (   )을/를 엄격하게 해석·적용하면서 여성들의 인권을 급속히 악화시키고 있다.

19 (   )은/는 조세특례와 이의 제한에 관한 사항을 규정하여 국민경제의 건전한 발전에 이바지할 목적으로 제정된 법률이다.

20 2023년부터 자동차보험 표준약관이 바뀌면서 경상치료비에 (   )을/를 도입하고, 경상환자의 장기치료 시 진단서 제출을 의무화했다. 시사

---

01 국회선진화법 **02** 분양가상한제 **03** 9·19 남북군사합의 **04** 연봉제 **05** 잠재성장률 **06** 대장동 **07** 2차 오일쇼크(석유파동) **08** 큐코드(Q-CODE) **09** 간소화자료 일괄제공 서비스 **10** 5·18 민주화운동 **11** 국회의사당 **12** 캄테크 **13** 화이트리스트 **14** 극소용돌이 **15** 일몰제 **16** 재석(present) **17** 머그샷 **18** 샤리아 **19** 조세특례제한법 **20** 과실책임주의

필수 시사상식

한 달 동안 화제의 용어를 한자리에!
시사용어브리핑

뉴디맨드 전략 경기불황에도 새로운 수요를 창출하는 전략

▶ **경제·경영**

경기불황에도 대체 불가한 획기적인 상품·서비스 개발을 통해 새로운 수요를 창출하는 전략을 말한다. 일반적으로 불황기에는 소비자들이 생존을 위한 소비에서는 극도로 가성비를 추구하지만, 전에 없던 새로운 제품이 출시되면 돈을 아끼지 않는 것에서 착안한 개념이다. 기존 제품의 기능이나 디자인을  업그레이드하는 것, 새로운 컨셉을 덧입히는 것, 지불방식을 변경하는 것 모두 뉴디맨드 전략에 해당한다. 김난도 서울대 교수가 2023년 트렌드를 전망하며 제시한 개념 중 하나다.

> **왜 이슈지?**
>
> 최근 IT업계에서는 새로운 수요를 창출해 소비자들의 구매욕구를 자극하는 **뉴디맨드 전략**이 주목을 받고 있다.

고스팅(Ghosting) 이력서를 제출하고 면접에 나타나지 않거나 취업 후 출근하지 않는 것

▶ **사회·노동·교육**

원래 연인관계에서 갑자기 한 사람이 일방적으로 연락을 끊어버리는 경우를 가리키는 용어였으나 고용시장에서까지 사용되며 의미가 확대됐다. 고용시장에서는 이력서를 제출하고 면접에 나타나지 않거나 신입사원이 입사 당일 출근하지 않는 경우 또는 기존 직원이 출근하지 않은 채 연락이 두절되는 상황 등을 가리키는 말로 사용된다. 2016년 온라인사전 '딕셔너리 닷컴'에 등재되며 널리 알려졌으며, 특히 2018년 미국연방준비제도(Fed)에서 발간한 경제동향종합보고서 '베이지북'에 고스팅이 등장해 화제가 된 바 있다. 또한 최근 한국에서도 아르바이트 시장을 중심으로 고스팅 현상이 확산하고 있는 것으로 집계됐다.

> **왜 이슈지?**
>
> 긱워커(초단기 노동자) 전문 플랫폼 '긱플래너'에서는 코로나 리오프닝 이후 단기 일자리 증가와 함께 늘어나고 있는 '알바 **고스팅**'으로 어려움을 토로하는 기업들을 돕기 위한 서비스를 제공하고 있다.

챗지피티(ChatGPT) 대화 전문 인공지능 챗봇

인공지능 연구재단 오픈AI(Open AI)가 개발한 대화 전문 인공지능 챗봇이다. 사용자가 대화창에 텍스트를 입력하면 그에 맞춰 대화를 나누는 서비스로 오픈AI에서 개발한 대규모 인공지능 모델 'GPT-3.5' 언어기술을 기반으로 한다. 챗GPT는 인간과 자연스럽게 대화를 나누기 위해 수백만개의 웹페이지로 구성된 방대한 데이터베이스에서 사전 훈련된 대량생성 변환기를 사용하고 있으며, 사용자가 대화 초반에 말한 내용을 기억해 답변하기도 한다.

왜 이슈지?

2022년 12월 1일 오픈AI가 맛보기 서비스로 공개한 인공지능 챗봇 '**챗지피티**'가 공개된 지 5일 만에 가입자 100만명을 넘어서면서 화제가 됐다.

엘기니즘(Elginism) 문화재를 도굴하거나 약탈하는 행위를 이르는 말

강대국이 약소국의 문화재를 불법적으로 도굴하거나 약탈하는 행위를 가리키는 말이다. 영국의 토마스 엘긴이 19세기 초 오스만튀르크 주재 영국대사를 지낼 때 아테네 파르테논 신전의 조각상을 떼어내 영국으로 가져온 데서 유래했다. 당시 이러한 행위에 대해 영국 내에서도 비난이 일었으나, 결국 영국의회가 이를 사들이기로 결정했다. 이 조각들은 '엘긴 마블스(Elgin Marbles)'라는 컬렉션으로 1832년부터 영국박물관이 소장하고 있다. 그리스는 오스만제국에서 독립한 이후 지속해서 엘긴 마블스 반환을 요청했지만, 영국정부는 이런저런 이유를 내세워 이를 거부해왔다.

왜 이슈지?

1월 4일(현지시간) 영국박물관은 '엘긴 마블스' 반환에 대해 건설적 논의가 이뤄지고 있다고 전했다. 19세기 영국의 엘긴 백작이 파르테논 신전의 조각들을 무단으로 가져간 것에서 유래해 문화재 약탈을 뜻하는 '**엘기니즘**'이라는 말이 생겨났다.

그림자 선단(Shadow Fleet) 국제 제재대상국과 거래하는 유조선

미국이나 유럽 등 서방국의 주류 정유사·보험업계와 거래하지 않고, 국제 제재대상국인 러시아나 이란, 베네수엘라 등과 거래하는 유조선들을 말한다. 이들은 일반 해상보험을 이용하지 않는 대신 가격이 낮은 중고 유조선을 활용하는 방식으로 위험부담을 줄인다. 또 선박명을 페인트로 지우고 지분구조를 복잡하게 만들어 선박의 실소유주를 감추기도 한다. 최근 서방이 러시아산 원유를 배럴당 60달러 이하로 매입하도록 한 가격상한제를 도입했는데, 이 기준을 지키지 않으면 미국·유럽 보험사의 서비스를 이용할 수 없다. 러시아는 이에 대한 대응책으로 유조선 100척 규모의 그림자 선단을 꾸린 것으로 알려졌다.

왜 이슈지?

월스트리트저널(WSJ)은 최근 **그림자 선단**의 규모가 증가하면서 국제 해운업계가 '주류'와 '그림자 선단'으로 양분됐으며, 러시아산 원유 가격 상한제가 그림자 선단의 규모를 키우는 핵심요인이라고 전했다.

국가전략기술 정부가 기술주권 확보를 목표로 통합적 관점에서 선정한 12개 기술

▶ 과학·IT

정부가 첨단기술 주권확보와 국가경제 및 안보차원에서 선정한 12개 분야 기술을 말한다. ▲ 반도체·디스플레이 ▲ 이차전지 ▲ 첨단 모빌리티 ▲ 차세대 원자력 ▲ 첨단 바이오 ▲ 우주항공·해양 ▲ 수소 ▲ 사이버보안 ▲ 인공지능 ▲ 차세대 통신 ▲ 첨단로봇·제조 ▲ 양자기술이 12대 국가전략기술로 선정됐으며, 이중 반도체·차세대 원자력·양자기술이 가장 핵심적인 기술로 꼽혔다. 정부는 이들 기술의 육성방안을 추진해 2027년까지 글로벌 5대 기술강국으로 도약할 계획이다.

왜 이슈지?

2022년 12월 27일 국가의 전략기술 육성체계를 정립하고 관련 연구개발사업에 특혜를 주는 내용의 **'국가전략기술 육성 특별법'**이 국회 과학기술정보방송통신위원회(과방위)를 통과했다.

퍼블리시티권 유명인이 자신의 이름이나 초상을 상품 등의 선전에 이용하는 것을 허락하는 권리

▶ 문화·미디어

배우, 가수 등 연예인이나 운동선수 등과 같은 유명인들이 자신의 이름이나 초상 등을 상업적으로 이용하거나 제3자에게 상업적 이용을 허락할 수 있도록 한 배타적 권리를 말한다. 초상사용권이라고도 하며, 당사자의 동의 없이는 이름이나 얼굴을 상업적으로 이용할 수 없다. 인격권에 기초한 권리지만 그 권리를 양도하거나 사고팔 수 있는 상업적 이용의 요소를 핵심으로 하기 때문에 인격권과는 구별되는 개념이다. 미국은 판례와 각 주의 성문법에 의거해 퍼블리시티권을 보호하고 있지만, 우리나라는 명확한 법적 규정이 없어 퍼블리시티권을 둘러싼 논란이 지속적으로 발생해왔다.

왜 이슈지?

법무부가 **퍼블리시티권**을 '인격표지영리권'으로 규정하고, 유명인뿐만 아니라 유튜버, 인플루언서 등 일반인도 자신의 얼굴이나 이름 등을 영리적으로 사용할 수 있도록 한 내용을 담은 민법 개정안을 2월 6일까지 입법예고한다고 밝혔다.

리치세션(Richcession) 고소득층이 더 큰 어려움을 겪는 불황

▶ 경제·경영

미국 월스트리트저널(WSJ)이 '고소득층이 더 큰 어려움을 겪는 불황'이라는 의미로 제시한 신조어다. 부자를 뜻하는 'rich'와 불황을 뜻하는 'recession'의 합성어다. WSJ는 2022년 나타난 주식시장의 전반적인 하락세로 3분기 미국의 상위 5%의 자산이 2021년도 말에 비해 7.1% 감소했으며, 최근 미국 재계에서 확산하는 정리해고를 높은 연봉을 받는 고소득층의 직업안정성을 해치

는 요인으로 꼽았다. 반면 저소득층은 이전에 비해 불황에 대비할 준비가 상대적으로 개선됐다고 분석했다.

왜 이슈지?

미국 월스트리트저널(WSJ)은 팬데믹 이후 미국의 경제환경 변화가 불황기를 모습을 바꿀 수 있다고 보고 2023년 미국이 경기침체에 빠질 경우 고소득층이 더 어려움을 겪을 것이라 예측하면서 이를 나타내는 용어로 **'리치세션'**을 제시했다.

K-MBSI   한국주택금융공사가 개발한 시가총액 가중방식 가격지수

주택저당증권(MBS)을 대상자산으로 산출하는 시가총액 가중방식 가격지수를 말한다. MBS는 은행 등 금융기관에서 주택을 담보로 발행하는 채권인데, K-MBSI는 MBS의 평가가격을 이용해 일일 수익률을 계산하고, MBS의 가치변화를 단일숫자(지수)로 표시한 것이다. 이는 MBS 지수 산출시스템 구축 및 지수정보 공시를 통해 MBS 유통시장 활성화 여건을 조성하고, 투자자의 이용편의를 제고하기 위해 개발됐다. 2017년 1월 1일을 기준으로 매일 산출되며, 총수익 지수 및 시장가격 지수가 대상자산별로 각각 공표된다. 이밖에 보조정보, 시계열 데이터, 기간수익률 정보 등이 종합적으로 제공된다.

왜 이슈지?

한국주택금융공사가 2022년 11월 23일 주택저당증권(MBS) 지수인 **K-MBSI** 개발을 완료하고 유동화증권 공시포털(K-MBS)에서 K-MBSI를 공표한다고 밝혔다.

고향사랑기부제   주소지를 제외한 지자체에 기부하면 세액공제 및 답례품을 받을 수 있는 제도

개인이 주소지를 제외한 지방자치단체에 기부하면 금액에 따라 일정 비율을 공제해주는 세제혜택과 함께 해당 지역 특산물을 답례품으로 받을 수 있도록 한 제도를 말한다. 2021년 9월 28일 고향사랑기부금법이 국회를 통과함에 따라 2023년 1월 1일부터 시행됐다. 고향사랑기부금은 지자체가 주민복리 증진 등의 용도로 사용하기 위한 재원을 마련하기 위해 해당 지자체의 주민이 아닌 사람으로부터 자발적으로 제공받거나 모금을 통해 취득하는 금전이다.

왜 이슈지?

2023년 1월 1일부터 **고향사랑기부제**가 시행됨에 따라 1인당 연간 500만원까지 기부할 수 있으며, 10만원 이하는 전액, 10만원 초과분에 대해서는 16.5%의 세제혜택을 받을 수 있다.

기가팩토리(Gigafactory)   세계 최대 전기차기업인 테슬라의 초대형 생산기지

세계 최대 전기차 기업으로 꼽히는 테슬라의 생산공장을 이르는 말이다. 10억을 뜻하는 '기가(Giga)'에서 이름을 따올 만큼 규모가 큰 생산기지라는 의미를 담고 있다. 테슬라가 생산하는 전기자동차에 사용하는 리튬이온 배터리 전체를 자체적으로 생산하는 것을 목표로 설립됐다. 2014년 10월부터 일본 배터리업체 파나소닉과 합작해 미국 네바다주에 기가팩토리 건설을 시작했고, 2016년 7월부터 생산이 본격화됐다. 현재 미국과 독일, 중국 등에서도 기가팩토리를 운영하고 있으며, 이들 공장에서는 테슬라 전기차의 모터와 배터리팩, 에너지 저장제품을 생산하는 것은 물론 자율주행 연구도 진행되고 있다.

왜 이슈지?

일론 머스크 테슬라 최고경영자가 아시아 제2**기가팩토리** 후보지 중 한 곳으로 한국을 꼽으면서 국내 지자체의 관심 대상으로 급부상했다.

하이일드 펀드   신용등급이 낮은 투기등급 채권에 투자하는 고위험·고수익 펀드

신용등급이 낮은 회사가 발행한 채권(하이일드 채권)에 집중투자하는 고위험·고수익 펀드다. 채권(국내 자산 한정)에 60% 이상 투자하는 펀드 중 'BBB+' 이하 채권 등을 45% 이상 편입한 것이다. 하이일드 채권은 정상채권과 부실채권의 중간에 위치한 신용등급 BB+ 이하의 채권으로 신용평가기관인 무디스 평가기준으로 'Ba1' 이하, 스탠더드앤드푸어스(S&P) 평가기준으로 'BB' 이하인 채권들을 말한다. 이러한 투기등급채권은 부도위험성이 높은 만큼 채권수익률이 높으며, 만기까지 중도환매가 불가능하다. 신용도가 낮은 정크본드에 투자하는 것이라 '그레이펀드' 또는 '투기채권펀드'라고도 부른다.

왜 이슈지?

정부는 2022년 12월 21일 2023년 경제정책방향을 발표하며 채권시장 수급여건 개선을 유도하기 위한 방안으로 회사채와 **하이일드 펀드** 투자에 대한 세제 인센티브를 확대하겠다고 밝혔다.

오피스 빅뱅   직장문화가 빅뱅 수준으로 변화하는 것을 의미하는 말

직장문화가 폭발적으로 변화하는 것을 의미하는 용어로 김난도 서울대 소비자학과 교수가 2023년 트렌드를 전망하며 내놓은 10대 키워드 중 하나다. 승진보다는 업무환경을, 조직보다 개인을, 평생직장보다 이직을 통해 경력과 연봉을 관리하는 것이 중요하다는 생각에서 비롯됐다. 기성세대와 완전히 다른 환경에서 자란 2030세대가 회사에 입사하고, 코로나19 이후 새로운 근무방식  이 등장하면서 기존의 업무관행과 조직문화에 대한 의문이 제기됨에 따라 새롭게 등장했다.

왜 이슈지?

기성세대와 전혀 다른 사고방식 및 가치관을 가진 2030세대들이 본격적으로 사회에 진출하면서 최근 정해진 시간과 업무범위에서만 일하고 초과근무를 거부하는 등 회사와 적정거리를 유지하는 태도(조용한 사직)를 비롯한 **오피스 빅뱅** 현상이 점차 확산하고 있다.

신(新)바세나르 체제   미국이 우방국을 중심으로 모색하고 있는 새로운 수출통제 시스템

미국이 우리나라를 비롯해 호주, 일본, 유럽연합(EU) 등 우방국을 중심으로 모색하고 있는 새로운 수출통제 시스템을 말한다. 기존의 바세나르 체제(협약)는 국가안보를 위협하는 재래식 무기와 전략물자 및 기술의 수출을 통제하려는 목적으로 1996년 미국의 주도하에 설립됐다. 현재 미국은 회원국이 아닌 중국을 대상으로 한 수출통제를 강화하기 위해 새로운 체제가 필요하다고 보고 있는데, 회원국으로 있는 러시아가 이를 반대하면 만장일치로 의사결정을 하는 현 체제에서는 미국의 뜻이 반영되기 어렵다. 이에 미국은 새로운 바세나르 체제를 가동해 중국에 대한 통제를 강화하려는 움직임을 보이고 있다.

왜 이슈지?

미국이 우방국을 중심으로 **신바세나르 체제**를 가동할 경우 미국과 중국이 본격적으로 대결하는 신냉전체제가 불가피할 것이라는 전망이 제기됐다.

비접촉 버스요금 결제서비스 경기도가 대중교통을 이용하는 탑승객들의 편의를 증진하기 위해 도입한 사업

경기도가 대중교통을 이용하는 도민들의 코로나19 감염우려를 최소화하고, 편의를 증진하기 위해 도입한 사업이다. 스마트폰에 '태그리스(비접촉) 페이' 앱을 설치한 후 선·후불형 교통카드를 등록하면 버스를 타고 내릴 때 자동으로 승·하차 처리와 결제가 진행되는 방식이다. 2022년 1월부터 김포를 시작으로 서비스가 순차적으로 확대됐으며, 2023년 1월 2일부터는 경기도 전체 광역버스로 서비스 범위가 확대됐고, 전용 스티커를 부착해 이용하는 것도 가능해졌다.

왜 이슈지?

경기도는 **비접촉 버스요금 결제서비스** 확대시행을 발표하며 향후 시내버스와 지하철 등에도 서비스 범위를 확대하면 시각장애인을 포함한 사회적 교통약자들을 위한 교통서비스 품질도 크게 향상될 수 있을 것으로 기대했다.

프로젝트 카이퍼(Kuiper) 세계 최대 전자상거래 업체 아마존이 추진 중인 사업

세계 최대 전자상거래 업체인 미국 아마존이 추진하고 있는 저궤도 위성통신망 구축 사업이다. 저궤도 인공위성을 이용해 구축한 위성네트워크를 기반으로 인터넷서비스를 제공하고, 이를 통해 사막이나 대양 등 인터넷 기반시설을 구축하기 어려운 지역에 초고속 저지연 광대역 서비스를 제공하여 지역 간 디지털 격차를 줄이는 것을 목표로 하고 있다. 아마존은 해당 사업을 위해 2020년 미국 연방통신위원회로부터 위성발사계획 및 주파수를 승인받았으며, 2022년에는 우주개발업체인 미국의 블루오리진·유나이티드론치얼라이언스, 유럽의 아리안스페이스와 인공위성 발사를 위한 계약을 체결했다.

왜 이슈지?

우주인터넷사업 '**프로젝트 카이퍼(Kuiper)**'를 추진하고 있는 아마존은 2023년 초 시험단계 발사를 준비하고 있으며, 향후 10년 안에 최대 3,236개의 위성을 쏘아 올리겠다는 계획이다.

손실회피편향(Loss aversion) 같은 금액을 두고 이익보다 손실을 더 크게 느끼는 현상

손실회피성향이라고도 하며, 인간의 심리적 요인이 선택에 미치는 영향을 연구하는 행동경제학에서 등장한 개념이다. 이 개념에 따르면 같은 폭의 이익과 손실이 발생할 수 있을 때 사람들은 손실에서 더 큰 고통을 느끼기 때문에 이익보다는 손실을 줄이는 선택을 한다. 행동경제학자이자 심리학자인 아모스 트버스키와 대니얼 카너먼이 실험을 통해 처음으로 입증했으며, 사람들이 주식 같은 위험자산에 대한 투자를 주저하는 이유도 손실회피편향을 통해 설명할 수 있게 됐다.

왜 이슈지?

최근 미국의 CNBC는 투자자가 **손실회피편향**에 빠지면 보수적으로 투자하거나 추가손실을 피하기 위해 경기둔화 시 주식을 팔게 해 오히려 손실을 키울 수 있다고 경고했다.

시사상식 기출문제

01 산업 간의 경계가 모호해지는 현상을 뜻하는 용어는?

[2022년 세계일보]

① 뉴 노멀
② 빅 블러
③ 어뷰징
④ 카니벌라이제이션

해설

빅 블러(Big Blur)는 사회환경이 급격하게 변하면서 기존에 존재하던 산업 간에 경계가 불분명(Blur)해지고 있음을 뜻하는 용어다. 미래학자 스탠 데이비스가 1999년 그의 저서 〈블러 : 연결 경제에서의 변화의 속도〉에서 이 단어를 처음 사용했다. 그는 사물인터넷이나 인공지능 등 기술의 비약적 발전이 산업생태계를 변화시켜 산업 간의 경계가 허물어지고 있다고 주장했다.

02 회계연도 개시 전까지 예산안이 의결되지 않은 경우 전 회계연도 예산에 준해 편성하는 잠정적 예산은?

[2022년 세계일보]

① 준예산
② 잠정예산
③ 가예산
④ 보정예산

해설

준예산은 국가예산이 법정기간 내에 성립하지 못한 경우, 정부가 일정한 범위 내에서 전 회계연도 예산에 준하여 집행하는 잠정적인 예산을 말한다. 잠정예산은 회계연도 개시 전일까지 예산이 의회에서 의결되지 않는 경우 일정기간 동안 정부가 잠정적으로 사용할 수 있는 예산이고, 가예산은 단기간에 걸쳐 예산을 의회가 의결하게 하여 잠정 편성하는 예산이다.

03 2010~2024년에 출생해 어릴 적부터 첨단 기술의 진보를 경험하며 자란 세대를 뜻하는 말은?

[2022년 세계일보]

① 밀레니얼세대
② I세대
③ 알파세대
④ E세대

해설

알파세대는 2010~2024년 혹은 2011~2025년에 출생해 어려서부터 인공지능 등 진보된 첨단기술을 경험하며 자란 세대를 뜻하는 신조어다. 전자기기 등 첨단기술을 이용하는 데는 익숙하나, 실제 사람과 대면하며 의사소통을 하는 것에는 어려움을 겪을 우려가 있다는 의미에서 만들어진 용어다.

04 다음 중 아르테미스 프로젝트에 대한 설명으로 옳지 않은 것은?

[2022년 세계일보]

① 미국 항공우주국(NASA)이 중심이 되어 추진하는 계획이다.
② 현재 전 세계 23개국이 참여 중이다.
③ 우리나라도 2021년에 참여하게 됐다.
④ 인류를 화성에 보내기 위한 목적이 있다.

해설

미국 항공우주국(NASA)이 주도하는 '아르테미스 프로젝트'는 인류를 다시 한 번 달에 보내기 위한 계획이다. 계획의 명칭은 그리스 신화 속 '달의 여신' 아르테미스에서 따왔다. 최초로 여성 우주인이 달 표면을 밟을 수 있게 한다는 계획을 함께 추진하고 있다. 2023년 1월을 기준으로 세계 23개국이 참여 중이며, 우리나라도 2021년 약정에 서명하며 세계 10번째로 참여하게 됐다.

05 기업의 수익성에 비해 주가가 고평가 혹은 저평가되었는지 측정하는 지표는?

[2022년 머니투데이]

① EPS
② ROI
③ PER
④ ROE

해설

PER(Price Earnings Ratio, 주가수익비율)은 기업의 수익성에 비해 주가가 고평가 혹은 저평가되었는지를 측정하는 지표다. 해당 주가를 주당순이익(EPS)으로 나누어 값을 구할 수 있다. 시장에서 거래되는 주식의 가격이 기업을 분석한 주식의 가격보다 낮게 평가되어 있다고 주장하는 경우 저평가되었다고 하고, 주식의 가격이 기업을 분석한 주식의 가격보다 높게 평가되어 있는 경우 고평가되었다고 한다.

06 다음 중 환율이 상승할 때 일반적으로 나타나는 현상이 아닌 것은?

[2022년 이데일리]

① 외환보유금이 증가한다.
② 수입이 감소하고 수출이 증가한다.
③ 기업의 수익성이 증가한다.
④ 기업의 주가가 상승한다.

해설

일반적으로 환율이 상승하게 되면 기업의 수입이 감소하고 수출이 증가하게 되고, 기업의 수익성이 높아져 주가도 동반상승하게 된다. 그러나 환율이 오르면 자국통화의 가치는 하락하기 때문에 외환보유금은 감소한다.

07 기술과 아이디어를 기업 간에 공유하는 개방형 기술혁신을 뜻하는 말은? [2022년 이데일리]

① 콘체른
② 크라우드 소싱
③ 아웃소싱
④ 오픈 이노베이션

해설

오픈 이노베이션은 기업의 혁신을 위한 기술과 아이디어 등을 외부 기업과 공유해 활용하면서 새로운 상품과 서비스를 만드는 방식을 말한다. 과거에는 R&D를 거쳐 기업 내부에서 주로 상품이 개발되었으나, 오픈 이노베이션을 통하면 기업 내부와 외부를 넘나들며 기업의 혁신을 유도할 수 있다. 또한 혁신에 드는 비용을 줄이고, 혁신의 성공 가능성을 높일 수 있다.

08 주식시장의 약세 속에서도 주가가 일시적으로 상승하는 현상을 뜻하는 용어는?

[2022년 이데일리]

① 포크배럴
② 왝더독
③ 불마켓 바운스
④ 베어마켓 랠리

해설

주식시장에서 베어마켓(Bear-Market)이란 약세장을 의미하는 용어다. 여기에 상승장세를 뜻하는 랠리(Rally)가 합쳐진 베어마켓 랠리는 약세 속에서도 일시적으로 주가가 상승하는 현상을 말한다. 투자자들이 긴 불황이 끝나간다고 판단해 주식이 저가일 때 집중적으로 매수하면서 발생하는 현상이다.

09 보유한 자원활용을 극대화하기 위해 알뜰하게 소비하는 소비자들을 뜻하는 용어는?

[2022년 이데일리]

① 트라이슈머
② 트윈슈머
③ 애드슈머
④ 체리슈머

해설

체리슈머(Cherrysumer)는 맛있는 체리만 골라먹듯 자신의 실속만 챙기는 소비자들인 '체리피커'에서 진보한 개념으로, 서울대 소비자학과의 김난도 교수가 2023년 트렌드를 예측하며 내놓은 단어다. 이들은 한정된 자원(돈)을 최대한 활용하기 위해 물품을 필요한 만큼만 구매하고 공동구매 등으로 비용을 최대한 절감하는 알뜰한 소비자들이다.

10 영국 역사상 44일 만에 최단기 집권을 끝내고 사임한 총리의 이름은? [2022년 연합뉴스]

① 리시 수낵
② 리즈 트러스
③ 데이비드 캐머런
④ 보리스 존슨

해설

영국의 제78대 총리였던 리즈 트러스(Liz Truss)는 전임 총리였던 보리스 존슨의 '파티게이트'로 인한 사임으로 2022년 9월 6일 취임했다. 그러나 그녀는 재임 44일 만인 10월 25일 사임하게 됐는데, 영국 역사상 최단기 재임으로 기록되는 불명예를 안았다. 취임 후 결행했던 감세정책으로 영국이 재정위기로까지 치닫자, 취임한지 6주 만에 사임을 요구하는 목소리가 나오기도 했다.

11 19세기 조선에서 제작된 휴대용 해시계의 명칭은?

[2022년 연합뉴스]

① 일영원구
② 앙부일구
③ 혼천의
④ 간의

해설

일영원구는 19세기 조선에서 제작된 휴대용 해시계로 지구의 모양을 본뜬 듯한 원구가 받침대 위에 올려져 있고, 원구에는 세로선과 시간을 나타내는 문자가 세겨져 있다. 원구 위에는 태양의 그림자를 만드는 뾰족한 막대가 매달려 있는데, 어느 지역에서나 해의 움직임에 따라 시간을 측정할 수 있는 휴대성을 보유하고 있다.

12 가상공간에 실물과 같은 형태의 물체를 만들어 시뮬레이션을 통해 검증하는 기술은?

[2022년 아주경제]

① 디지털 샌드박스
② 콜봇
③ 디지털 트윈
④ 데브옵스

해설

디지털 트윈(Digital Twin)은 미국의 전자기기 기업 '제너럴 일렉트릭'이 만든 개념으로서, 컴퓨터로 가상공간에 실물과 똑같은 물체(쌍둥이)를 만들어 시뮬레이션과 실험을 통해 검증하는 것을 말한다. 디지털 트윈은 다양한 산업분야에서 활용되어 제품 및 자산을 최적화하고 돌발사고를 줄이는 데 도움을 줄 수 있다.

13 베토벤이 작곡한 교향곡 중 4악장으로 구성된 작품이 아닌 것은?

[2022년 광주광역시공공기관통합채용]

① 영웅
② 합창
③ 전원
④ 운명

해설
루트비히 판 베토벤이 작곡했다고 알려진 교향곡은 모두 10작품이다. 이 중 3번 E플랫장조 영웅, 5번 C단조 운명, 9번 D단조 합창은 모두 4악장으로 구성되어 있다. 6번 F장조인 전원은 5악장이다.

14 포도의 껍질 등에 자연적으로 들어있는 물질로 떫은맛을 내는 것은? [2022년 부산대학교병원]

① 케톤
② 탄닌
③ 카복실산
④ 퓨린

해설
탄닌(Tannin)은 포도를 비롯한 식물에 자연적으로 들어있는 유기화합물로 떫은맛을 낸다. 탄닌산은 해독작용과 살균·지혈·소염작용을 하며, 적포도주의 경우 숙성과정에서 포도껍질·씨와 오랜 시간 접촉하므로, 백포도주보다 탄닌 성분이 많이 함유돼 자연스런 떫은맛을 낸다.

15 근로자의 근로의욕과 태도를 조사하는 것을 뜻하는 용어는? [2022년 부산대학교병원]

① 모럴서베이
② 스킬스인벤토리
③ 스톡그랜트
④ 매니지먼트 게임

해설
모럴서베이(Morale Survey)는 직원 또는 근로자의 근로의욕과 태도를 측정하는 것이다. 사기조사(士氣調査)라고도 한다. 기업이 근로와 관련된 다양한 부분들, 즉 직무와 상사, 근무환경, 복리후생에 대해 직원이 어떤 생각이나 의견을 갖고 있는지 조사하는 것이다. 이러한 자료를 바탕으로 기업은 직원이 직무상 불만은 무엇인지 파악하고, 이를 어떻게 해결해야 할지 방안을 세우게 된다.

16 네덜란드 출신으로 명암의 대비를 잘 활용했고, 〈야경〉 등의 걸작을 남긴 화가의 이름은?

[2022년 부산대학교병원]

① 루벤스
② 고흐
③ 렘브란트
④ 카라바조

해설
17세기 네덜란드 회화의 황금시대를 대표하는 화가인 렘브란트 반 레인(Rembrandt van Rijn)은 빛과 어둠의 대비를 잘 살려 작품에 극적으로 연출하는 '키아로스쿠로 기법'에 능숙했던 인물이다. 네덜란드 레이덴 출신인 그는 〈니콜라스 툴프 박사의 해부학강의〉, 〈야경〉 등의 걸작을 남겼다.

🔒 09 ④　10 ②　11 ①　12 ③　13 ③　14 ②　15 ①　16 ③

17 다음 악기 가운데 사물놀이에 쓰이는 것이 아닌 것은? [2022년 부산대학교병원]

① 징
② 장구
③ 박
④ 꽹과리

해설

사물놀이는 네 가지 악기, 즉 사물(四物)로 연주하도록 편성된 음악이다. 농민들이 하던 대규모 풍물놀이에서 앞부분에 배치되어 있던 악기 중 꽹과리, 장구, 북, 징의 4가지 악기를 빼서 실내 무대에서도 공연이 가능하도록 새롭게 구성한 것으로, 1970년대 후반에 등장했다. '사물놀이'라는 이름도 그 무렵 만들어진 것이다.

18 다음 중 유럽 4대 축구리그에 해당하지 않는 것은? [2022년 전라남도공무직통합채용]

① 잉글랜드 프리미어리그
② 스페인 라리가
③ 이탈리아 세리에A
④ 포르투갈 프리메이라리가

해설

유럽의 4대 축구리그에 꼽히는 리그는 잉글랜드 프리미어리그(Premier League), 스페인 라리가(La Liga), 이탈리아 세리에A(Serie A), 독일 분데스리가(Bundesliga)다. 여기에 프랑스 축구 1부 리그인 리그앙(Ligue 1)을 포함시켜 유럽 5대 축구리그로 칭하기도 한다.

19 다음 중 세계 3대 시민혁명에 해당하지 않는 것은? [2022년 전라남도공무직통합채용]

① 러시아 2월혁명
② 영국 명예혁명
③ 프랑스 대혁명
④ 미국 독립혁명

해설

세계 3대 시민혁명으로 불리는 것은 영국의 명예혁명(1688년), 프랑스 대혁명(1789~1799년), 미국 독립혁명(18세기 중엽)이다. 영국의 의회민주주의의 단초가 된 명예혁명은 그 과정에서 피 한 방울 흘리지 않았다는 의미로 명명됐다. 프랑스 대혁명은 절대왕정을 타파하고 앙시앙 레짐 체제를 전복시킨 혁명이며, 미국 독립혁명은 북미의 13개 영국 식민지가 민주주의 국가인 미국으로 독립한 혁명이다.

20 1979년 발효된 해양오염방지를 위한 국제협약은? [2022년 전라남도공무직통합채용]

① 교토의정서
② 런던협약
③ 몬트리올의정서
④ 파리기후협약

해설

1979년 발효된 런던협약(London Dumping Convention)은 방사성 폐기물을 비롯하여 바다를 오염시킬 수 있는 각종 산업폐기물의 해양투기나 해상소각을 규제하는 협약으로, 해양오염을 방지하는 것이 목적이다. 우리나라는 1992년에 가입했다.

21 적조현상에 대한 설명으로 틀린 것은?

[2022년 전라남도공무직통합채용]

① 바다의 플랑크톤이 과다증식하면서 발생한다.
② 적조현상은 수중의 산소농도를 높인다.
③ 갯벌감소는 적조현상의 원인 중 하나다.
④ 바다뿐 아니라 강과 호수에서도 일어난다.

해설

적조현상은 바다, 강, 호수의 플랑크톤이 갑자기 과다증식하여 물의 색깔이 달라지는 현상이다. 대체로 붉은빛을 띠기 때문에 적조(赤潮)라고 불린다. 적조는 수중의 산소농도를 낮춰 어패류를 질식시킨다. 또 독성을 가진 경우도 있어 수중생태계에 치명적이다. 적조는 최근 갯벌 간척사업의 영향으로 발생하기도 한다. 갯벌의 생물들이 플랑크톤을 먹이로 삼아 그 수를 조절해왔는데, 갯벌이 감소하며 불균형이 유발됐다.

22 세계적 물리학자 스티븐 호킹이 앓은 질병으로 과거 미국 메이저리그 선수의 이름을 딴 것은?

[2022년 평택도시공사]

① 루게릭병
② 알츠하이머병
③ 파킨슨병
④ 아스퍼거증후군

해설

2018년 세상을 떠난 영국의 물리학자 스티븐 호킹이 앓았던 병은 루게릭병으로 신체의 운동신경세포만 죽게 돼 사지가 위축되고 끝내는 호흡을 관장하는 근육세포까지 작동을 멈춰 사망하게 되는 질환이다. 루게릭병의 원래 명칭은 '근육위축가쪽경화증'이다. 루게릭이라는 명칭은 과거 미국 메이저리그 뉴욕양키스의 전설적인 4번 타자 '루게릭'이 이 질환을 앓다가 사망한 것을 계기로 붙여졌다.

23 우리나라의 보물 1호로 지정된 문화재는?

[2022년 대전광역시공공기관통합채용]

① 원각사지 10층 석탑
② 흥인지문
③ 보신각종
④ 경주 포석정지

해설

'보물'은 건조물, 전적, 서적, 고문서, 회화, 조각, 공예품, 고고자료, 무구 등의 문화재 중 중요한 것을 문화재청장이 문화재위원회의 심의를 거쳐 지정한다. '국보'는 보물 중 제작 연대가 오래되고 기술이 뛰어나며, 형태와 용도가 특이한 것들을 추가로 심사해 지정한다. 우리나라 보물 1호는 '흥인지문'이며, 2호는 '서울 보신각종'이다. 국보 1호는 '숭례문', 2호는 '원각사지 10층 석탑'이다. '경주 포석정지'는 사적 1호로 지정됐다.

24 순우리말인 '남상남상하다'의 의미는?

[2022년 대전광역시공공기관통합채용]

① 활달하고 시원스럽게 행동하다.
② 어떤 느낌이 마음에 북받치다.
③ 남의 것을 탐내어 가지려고 좀스럽게 자꾸 기회를 엿보다.
④ 제법 마음에 들 만하다.

해설

순우리말인 '남상남상하다'는 말은 동사로 '자꾸 좀 얄밉게 넘어다보다', '남의 것을 탐내어 가지려고 좀스럽게 자꾸 기회를 엿보다'라는 뜻을 가진다. 형용사로 보면 '액체가 그릇에 가득 차서 넘칠 듯하다'라는 의미도 갖고 있다.

🔒 **17** ③ **18** ④ **19** ① **20** ② **21** ② **22** ① **23** ② **24** ③

시사상식 예상문제

01 가해자가 악의적인 행위로 피해를 입혔을 경우 실제보다 더 많은 손해배상을 부과하는 제도는?

① 징벌적 손해배상
② 통합적 손해배상
③ 부대적 손해배상
④ 보상적 손해배상

> **해설**
>
> 징벌적 손해배상은 가해자가 고의 또는 악의를 가지거나 무분별·반사회적인 성격을 띠고 신체나 재산상에 피해를 입힌 경우, 손해배상 청구 시 손해 원금뿐 아니라 형벌적인 금액까지 추가로 배상하게 하는 제도다.

02 가정폭력과 아동학대를 사전에 발견하고 범죄를 예방하기 위한 경찰 보직의 명칭은?

① 학대예방경찰관
② 아동관할경찰관
③ 치안지도경찰관
④ 가정관할경찰관

> **해설**
>
> 학대예방경찰관(APO ; Anti-abuse Police Officer)은 가정폭력과 아동학대를 사전에 발견하고 범죄를 예방하기 위해 탄생한 경찰 내 보직이다. 학대예방경찰관은 가정폭력과 노인, 아동학대를 예방하고 사후관리를 통한 재발방지 업무를 수행한다. 또한 위기가정으로부터 피해자를 보호하고 지원하는 업무를 하기도 한다.

03 다음 중 국민취업지원 제도에 대한 설명으로 틀린 것은?

① 한국형 실업부조 제도다.
② 국민들의 노동의지 함양을 위한 제도다.
③ 취업활동비용과 구직촉진수당, 취업지원서비스 등을 제공한다.
④ 대상에 따라 2가지 유형으로 시행한다.

> **해설**
>
> 국민취업지원 제도는 한국형 실업부조 제도로서 일할 능력과 의사가 있음에도 취업에 어려움을 겪는 국민(저소득 구직자, 청년, 경력단절여성 등 취업취약계층 대상)을 지원하기 위해 시행되고 있다. 소득과 취업경험 등을 토대로 Ⅰ유형과 Ⅱ유형으로 나누어 지원한다. 취업지원서비스는 2가지 유형 모두 공통으로 지원하며, Ⅰ유형은 구직촉진수당을, Ⅱ유형은 취업활동비용을 지원받을 수 있다.

04 다음 한국 프로스포츠 연맹의 영문명 약자가 잘못 표기된 것은?

① 농구 − KBL
② 배구 − KOVL
③ 야구 − KBO
④ 골프 − KPGA

> **해설**
>
> 한국배구연맹의 정확한 영문 명칭은 'Korea Volleyball Federation'으로 Korea와 Volleyball의 앞 두 글자를 따와 KOVO로 불린다. 대한민국 문화체육관광부 소관의 사단법인으로 국내 배구 발전과 보급을 위한 목적으로 설립됐다.

05 밑줄 친 단어의 맞춤법이 어긋나는 것은?

① 나를 쫓던 사람은 금세 사라져버렸다.

② 사건 이후로 나의 삶은 송두리째 바뀌었다.

③ 그 해는 우여곡절 끝에 선거를 치렀다.

④ 물을 들이키고 나니 한결 살 것 같았다.

해설

④에서 '들이키고'가 아닌 '들이켜고'로 쓰는 것이 맞다. '들이켜고'의 원형인 '들이켜다'는 '물이나 술 따위의 액체를 단숨에 마구 마시다'라는 의미이며, '들이키고'의 원형인 '들이키다'는 '안쪽으로 가까이 옮기다'라는 뜻이다.

06 인터넷에서 다른 사람이 쓴 후기 등을 참조해 상품을 구입하는 소비자를 뜻하는 말은?

① 리슈머

② 트윈슈머

③ 프로슈머

④ 크리슈머

해설

트윈슈머(Twinsumer)는 인터넷에서 다른 사람이 쓴 경험담(후기 등)을 참조해서 자신이 원하는 상품을 구입하는 소비자를 뜻한다. 동일한 생각 및 반응, 취미, 소비취향 등을 가졌다는 뜻에서 트윈(Twin, 쌍둥이)과 컨슈머(Consumer, 소비자)가 결합하여 만들어진 말이다.

07 프랑스의 남동부에 위치한 세계에서 두 번째로 작은 국가는?

① 산마리노 공화국

② 리히텐슈타인 공국

③ 안도라 공국

④ 모나코 공국

해설

모나코 공국은 바티칸시국에 이어 세계에서 두 번째로 작은 나라다. 프랑스 남동부에 위치해 있으며 지중해를 접하고 있다. 전체 면적은 $1.9km^2$이며 인구는 3만명 정도 된다. 관광 휴양지로 유명하며 도박업이 성행하는 국가다.

08 개인의 일상을 인터넷이나 스마트 기기를 통해 기록하는 것을 뜻하는 용어는?

① 스마트워킹

② 브이로그

③ 스마트로그

④ 스마트팜

해설

스마트로그는 '일상의 기록'을 뜻하는 용어로 인터넷상이나 스마트폰, 태블릿PC에 자신의 일상을 기록, 저장하는 것을 의미한다. 개인의 삶을 디지털화하는 것이라 할 수 있으며, 현재 우리의 주변에서 흔히 일어나고 있는 현상이다. 소셜네트워크서비스(SNS) 활동이 스마트로그의 대표적인 사례라고 할 수 있다.

09 다음 중 국회의 동의 없이 대통령이 임명할 수 있는 공직은?

① 검찰총장
② 국무총리
③ 대법원장
④ 헌법재판소장

해설

국회의 동의를 받아 임명해야 하는 직위에는 국무총리와 감사원장, 대법원장 및 대법관(16인), 헌법재판소장이 있다. 검찰총장과 경찰청장, 국세청장, 국가정보원장 등은 국회 인사청문을 거쳐 임명하게 된다.

11 기업의 신제품이 기존 제품의 영역을 침범해 매출에 부정적 영향을 끼치는 것을 뜻하는 용어는?

① 사이니지
② 카니발라이제이션
③ 스키밍
④ 신디케이트

해설

카니발라이제이션(Cannibalization)은 '자기잠식효과'라는 뜻으로 식인풍습을 뜻하는 '카니발(Cannibal)'에서 유래했다. 기업에서 새롭게 출시한 제품 또는 기술이 그 기업의 기존 제품과 기술의 영역을 침범해 매출에 부정적인 영향을 끼치게 된다는 것을 의미한다. 매년 새롭게 출시되는 휴대전화처럼 비슷한 포지션에 놓인 기존 제품의 시장점유율 및 수익성과 판매 등이 감소하는 현상이 나타난다.

10 2026년 동계올림픽을 개최하는 국가는?

① 스웨덴
② 중국
③ 이탈리아
④ 프랑스

해설

2026년 동계올림픽은 이탈리아의 밀라노와 코르티나담페초에서 열릴 예정이다. 이에 따라 동하계 통틀어 올림픽 역사상 최초로 둘 이상의 도시에서 경기가 진행되는 공동개최가 결정됐다. 2019년 6월 24일 로잔 IOC 총회에서 최종 개최지로 결정됐으며, 이탈리아에서 세 번째로 열리는 동계올림픽이다.

12 다음 중 정치행정이원론에 대한 설명으로 옳은 것은?

① 엽관주의를 지향한다.
② 정치가 정책 결정과 집행을 모두 담당해야 한다고 본다.
③ 행정을 중립적이고 전문적인 업무로 본다.
④ 기능적 행정학이라고도 한다.

해설

정치행정이원론은 미국의 제28대 대통령이었던 우드로 윌슨(W. Wilson)이 1887년 발표한 논문에 등장한 개념이다. 정치와 행정을 구분하려는 것으로 정치는 정책 결정을, 행정은 정책의 집행을 담당해야 한다고 역설했다. 엽관주의를 지양하며, 행정을 정치와는 다른 중립적이고 전문적인 고유한 영역으로 보았다. 기술적 행정학이라고도 한다.

13 다음 중 문방사우에 해당하지 않는 것은?

① 붓

② 책

③ 종이

④ 벼루

해설

문방사우(文房四友)는 옛 문인들이 서재에서 글을 쓸 때 사용했던 4가지 도구인 붓, 먹, 종이, 벼루를 말한다. 글을 쓰고 그림을 그릴 때 곁에 두는 네 친구라는 의미로 문방사보(文房四寶) 혹은 문방사후(文房四侯)라고도 한다.

14 인터넷상에서 이용자가 본인이 관심 있는, 필터링되고 편향된 정보에 갇히는 현상은?

① 웹 자일

② 필터 인포

③ 필터 버블

④ 웹 필터

해설

필터 버블(Filter Bubble)은 인터넷상에서 이용자가 자신이 관심 있는 필터링된 맞춤 정보만을 받아들이게 되는 것을 뜻한다. 포털사이트나 SNS 같은 플랫폼이 이용자의 활동내역을 활용해 취미, 관심사, 정치성향 등의 정보를 수집하고 파악하여 이에 부합하는 여과된 정보들을 제공한다. 이러한 메커니즘은 개인에게 최적화된 정보만을 제공한다는 점에서 편리하지만 한편으론 개인의 고정관념과 편견을 강화할 가능성이 높다.

15 비금융기업이 상품과 서비스를 판매하는 과정에서 관련된 자사의 금융상품을 함께 제공하는 것은?

① 레드칩

② 프로젝트 파이낸싱

③ 그림자 금융

④ 임베디드 금융

해설

임베디드 금융(Embedded Finance)은 비금융기업이 자사의 플랫폼에 금융상품을 제공하는 핀테크 기능을 내장하는 것을 의미한다. 코로나19 팬데믹 이후 금융서비스를 비대면·모바일로 이용하려는 수요가 늘면서 임베디드 금융이 기업들 사이에 확대되고 있다.

16 러시아의 대문호 레프 톨스토이의 작품이 아닌 것은?

① 전쟁과 평화

② 부활

③ 첫사랑

④ 안나 카레니나

해설

러시아의 위대한 작가 중 한 사람으로 꼽히며 사실주의 문학의 대가로 불리는 레프 톨스토이(Lev Nikolaevich Tolstoi)는 〈전쟁과 평화〉, 〈안나 카레니나〉, 〈부활〉, 〈이반 일리치의 죽음〉 등 여러 작품을 남겼다. 1960년에 발표된 〈첫사랑〉은 러시아의 작가 이반 투르게네프(Ivan Sergeevich Turge'nev)의 작품이다.

17 다음 중 발전용량 300MW급의 소형원전을 뜻하는 용어는?

① RTG
② SMR
③ APR+
④ BWR

SMR(Small Modular Reactor, 소형모듈원전)은 발전용량 300MW급의 소형원전을 뜻하며 차세대 원전으로 떠오르고 있다. 대형원전에 비해 크기는 작지만 그만큼 빠른 건설이 가능하고 효율이 높다.

18 전환사채나 신주인수권부사채에 투자하는 것을 일컫는 용어는?

① 메자닌
② B2B
③ 스왑
④ CERs

메자닌은 이탈리아어로 건물의 1층과 2층 사이에 있는 공간(라운지)을 의미하는 말로서 채권과 주식의 중간에 있는 전환사채(CB)나 신주인수권부사채(BW)에 투자하는 것을 말한다. 또 주식과 채권의 성격을 동시에 가진 금융상품에도 메자닌이라는 이름이 붙는다.

19 경제 · 군사력 성장을 바탕으로 공세적인 외교를 펼치는 중국의 대외전략은?

① 전사외교
② 전랑외교
③ 전함외교
④ 특전외교

전랑외교(Wolf Warrior Diplomacy)는 중국이 성장한 경제력과 군사력을 바탕으로 무력과 보복 등 공세적인 외교를 펼치는 것을 말한다. 중국의 액션 영화 제목인 '전랑(戰狼, 늑대전사)'에 빗대어 늑대처럼 강한 힘을 과시하는 중국의 공격적 외교전략을 말한다. 이와는 반대로 평화적이고 온화한 국가 이미지를 표방하는 외교전략은 '판다외교(Panda Diplomacy)'라고 한다.

20 디지털 기기에 익숙해져 뇌가 현실에 무감각해지는 현상은?

① 노모포비아
② 디지털브레인
③ 포노사피엔스
④ 팝콘브레인

최첨단 디지털 기기의 강한 자극에 익숙해져 단순한 일상에는 둔감해지거나 무감각해지는 것을 팝콘브레인(Popcorn Brain)이라고 한다. 스마트 기기의 폐해 중 하나라 할 수 있다. 일상의 잔잔하고 소소한 자극에는 흥미를 잃고 강렬하게 터지는 팝콘처럼 스마트 기기를 통한 강한 자극에만 몰두하거나 반응하는 것을 뜻한다.

21 외부요인에 의해 억눌려 있던 수요가 급속도로 살아나는 것을 뜻하는 용어는?

① 디드로 효과
② 백로 효과
③ 펜트업 효과
④ 회색코뿔소 효과

해설

외부요인에 의해 억눌렸던 수요(소비)가 그 요인이 해소되면서 일순간 급속도로 증가하는 현상을 펜트업 효과(Pent-up Effect)라고 한다. 코로나19 확산세가 진정되는 양상을 보이면서 이에 따른 방역정책 완화로 억눌렸던 소비가 급격한 회복세를 보인 바 있다.

22 영국의 철학자로 경험론의 시조이며 '아는 것이 힘이다'라는 명언으로 유명한 인물은?

① 칼 포퍼
② 버트런드 러셀
③ 존 스튜어트 밀
④ 프란시스 베이컨

해설

프란시스 베이컨은 영국의 철학자이자 정치가이며 경험론의 선구자로 평가받는다. 그는 종래의 스콜라 철학을 배척하고 이를 대체할 과학이라는 새로운 학문의 방법론을 주창했다. 그는 사물의 원리를 탐구하기 위해서 관찰과 이에 따른 경험을 기반에 두는 귀납적 추론을 해야 한다고 주장했고 이 귀납적 추론을 방해하는 요소로 종족 · 동굴 · 시장 · 극장의 네 가지 우상을 제시했다. 귀납법은 자연과학 연구의 토대를 마련했다.

23 한 개의 손가락에만 매니큐어를 바름으로써 아동학대 근절을 표현하는 캠페인은?

① 폴리시드맨
② 미닝아웃
③ 베리어프리
④ 노멀크러시

해설

폴리시드맨(Polished Man)은 호주의 한 비영리단체인 YGAP가 기획한 아동학대 근절 캠페인이다. 캠페인에 참여하는 이들은 다섯 손가락 중 한 손가락에만 매니큐어를 바름으로써 폭력으로 고통받는 어린이들에 대한 관심을 촉구한다. 이는 아동 다섯 명 중 한 명이 학대 피해자라는 호주의 통계를 근거로 정해진 것이다.

24 다음 중 기밀정보 동맹체인 파이브 아이즈의 회원국이 아닌 나라는?

① 뉴질랜드
② 캐나다
③ 일본
④ 영국

해설

파이브 아이즈(Five Eyes)는 미국, 영국, 캐나다, 호주, 뉴질랜드 등 영어권 5개국이 참여하고 있는 기밀정보 동맹체다. 2013년 6월 미국 국가안보국(NSA) 요원이던 에드워드 스노든에 의해 그 실상이 알려졌다. 당시 스노든이 폭로한 NSA의 도 · 감청 기밀문서를 통해 미국 NSA가 영국, 캐나다, 호주, 뉴질랜드 정보기관과 협력해 벌인 다양한 첩보활동의 실태가 드러났다.

01 다음의 힌트에서 공통적으로 연상되는 것은? [장학퀴즈]

> 소설 〈분노의 포도〉, 영화 〈모던타임즈〉,
> 주가 하락, 뉴딜

정답
보기에 제시된 힌트들은 모두 대공황과 관련된 것이다. 1929년 미국에서 시작된 사상 최대의 공황으로 전 세계적으로 경제 위기가 도래한 바 있다.

02 과거에 이 색은 염료 1g을 얻기 위해 고동 약 1만마리가 필요할 만큼 귀했으며 황제의 색을 나타내기도 했다. 이 색은 무엇인가? [장학퀴즈]

정답
보라색은 동서양을 막론하고 예로부터 황제, 권위, 명성, 존엄성을 상징하는 색이었다.

03 목탁의 모양은 '이것'을 본떠 만든 것이다. 이것은 무언인가? [옥탑방의 문제아들]

정답
목탁의 모양은 물고기(목어)를 형상화한 것으로 늘 깨어있는 물고기처럼 수행하라는 의미가 담겨있다.

04 세계적으로 미혼남녀가 증가하면서 나타난 새로운 결혼문화로, 자신의 행복을 위해 헌신하겠다는 의미가 담긴 이 웨딩은 무엇인가? [옥탑방의 문제아들]

정답
전통적인 결혼관에서 벗어난 솔로 웨딩은 결혼을 하지 않는 비혼주의와 달리 자기 자신과 결혼식을 올려 스스로에게 최선을 다할 것을 다짐한다.

05 '지긋이'의 바른 뜻풀이는? [우리말 겨루기]

① 슬며시 힘을 주는 모양
② 참을성 있게 끈지게

정답
'지긋이'는 '나이가 비교적 많아 듬직하게' 또는 '참을성 있게 끈지게'라는 뜻이다.

06 '향년(享年)'의 바른 뜻풀이는?
[우리말 겨루기]

① 지금 지나가고 있는 이해
② 한평생 살아 누린 나이

정답
'향년(享年)'은 한평생 살아 누린 나이, 즉 죽을 때의 나이를 말할 때 사용한다.

07

음악이 있는 드라마라는 뜻의 그리스어에서 유래한 것으로 오늘날 파란만장한 줄거리를 가진 극의 장르를 지칭하는 말로 사용되는 이것은?　[유퀴즈 온 더 블럭]

정답

멜로드라마(Melodrama)는 원래 음악 반주가 들어가 있는 연극을 지칭하는 말이었으나 오늘날에는 사건의 변화가 심하고 통속적인 흥미와 선정성이 있는 대중극을 의미한다.

08

조선시대에 범죄나 화재를 막기 위해 야간에 궁중과 서대문을 순찰하던 것에서 유래한 말은?　[유퀴즈 온 더 블럭]

정답

술래는 조선시대에 화재나 도둑을 경계하기 위해 오늘날 경찰에 해당하는 순라군이 통행금지 시간에 순회하는 것에서 유래한 말이다.

09

단단한 뿔을 가지고 홀로 생활하는 성향을 가졌으며, 동물계의 전차로 불리는 이 동물은?　[유퀴즈 온 더 블럭]

정답

코뿔소는 머리에 1~2개의 뿔을 가진 동물로 홀로 생활하는 독립적인 성향을 지녔다. 현존하는 가장 오래된 경전 '수타니파타'에서는 목표를 향해 흔들림없이 나아가는 사람을 코뿔소에 비유하기도 한다.

10

물음표에 들어갈 숫자는?　[문제적 남자]

$$100-10=5$$
$$500-20=8$$
$$100-30=3$$
$$500-40=6$$
$$100-50=?$$

정답

보기에 제시된 문제는 단순히 수를 계산하는 문제가 아니라 남은 동전의 개수를 의미하는 것이다. 첫 번째 예시를 동전에 대입해 풀어보면 100원-10원=90원이 되므로 50원짜리 동전 1개와 10원짜리 동전 4개가 필요해 총 5개가 된다. 같은 방식으로 물음표에 들어갈 숫자를 구하면 100원-50원=50원이 되므로 정답은 1이 된다.

11

물음표에 들어가야 할 숫자는?

[문제적 남자]

415	728	1003	1118	820
15	10	20	20	13
430	807	1023	?	902

정답

A	4월 15일	7월 28일	10월 03일	11월 18일	8월 20일
+B	15일	10일	20일	20일	13일
C	4월 30일	8월 07일	10월 23일	12월 08일	9월 02일

제시된 문제는 첫 번째 줄(A)과 두 번째 줄(B)을 더해 달력 날짜(C)를 구하는 문제다. 물음표에 들어갈 숫자는 1208이된다.

취업!
실전문제

최종합격 기출면접

NH농협은행 6급 면접은 철저한 블라인드 면접이다. 즉, 면접관이 지원자의 이름, 출신학교, 현재 농협 계약직 근로여부 등을 알지 못한 채 면접이 실시된다. 따라서 지원자는 면접 시 자신의 신상을 공개하면 안 된다. 2014년까지는 집단면접과 토론면접이 치러졌으나, 2015년 상반기부터는 토론면접이 RP(Role Play)면접으로 바뀌었다. RP면접은 연출된 금융점포 내에서 역할극(지원자 : 은행창구 직원)을 실시하여 고객을 어떻게 응대하는지 관찰·평가하는 면접방식이다. 순서는 조마다 다른데 RP면접을 먼저 실시하는 조가 있고, 인성면접을 먼저 실시하는 조가 있다.

1 RP면접

2명씩 한 조를 구성하여 한 사람당 10분 정도의 시간이 주어지고, 현재 농협은행에 있는 금융상품(적금, 펀드, 보험 등)을 선택해서 상품을 파악한 뒤에 면접관 앞에서 실제 은행원처럼 상품을 파는 방식으로 진행된다.

RP면접은 지원자가 농협은행의 일원으로서 마케팅 역량과 커뮤니케이션 능력이 있는지 검증한다. 주요 내용과 준비사항은 채용공고 때 사전에 공개되므로 농협은행의 금융상품에 대해 공부하고 실제 은행직원들의 고객응대 및 상담기술을 미리 연습해두어야 한다. 또한 RP면접을 효과적으로 준비하기 위해서는 지원자 본인이 지원한 직무를 확실하게 파악하고 있어야 하며, 해당 직무에 어떤 역량이 요구되는지를 이해하고 있어야 한다. 그리고 문제를 해결하는 해결력과 주어진 과제를 무리 없이 소화할 수 있는 순발력을 키워야 한다.

기출문제

- 고객이 인터넷 뱅킹을 신청하게 하시오.
- 30~40대 소상공인 사장님을 대상으로 농협의 상품을 판매하시오.
- 30~40대 자영업자에게 농협 상품 중 최대 두 개를 선정해서 판매하시오.
- 고객이 단순 업무를 처리하기 위해 왔으나, 30분 동안 기다려서 화가 난 상태이다. 어떻게 풀어줄 것인가?

2 인성면접

5~6명이 한 조가 되어 50분가량 다대다(多對多) 면접방식으로 진행된다. 면접관들은 지원자 모두에게 1~2분가량 자기소개를 시키고 질문을 시작하는데, 자기소개서 내용을 바탕으로 한 인성 관련 질문이 주를 이룬다. 또한 최근 경제신문에서 다루고 있는 시사용어 또는 경제용어를 묻는 질문을 하기도 한다. 따라서 농협은행과 관련한 회사상식, 경제·시사상식을 미리 정리해두고 인성과 관련된 질문도 사전에 확인해보는 것이 좋다.

기출문제

- 1억원을 모아야 한다면 어떤 방법으로 모을 것인가?
- 첫 월급으로 100만원을 받았을 때 전체 금액으로 선물을 한다면 누구에게 무엇을 할 것인가?
- 금융권에서 가장 중요하게 생각하는 덕목과 역량은?
- 사람을 평가한 경험이 있는가? 무엇을 가장 중요하게 생각하는가?
- 고객이 전화에 대고 막 화를 내는 클레임이 생긴 경우 어떻게 대처할 것인가?
- 본인의 단점은 무엇인가?
- 은행원이 갖춰야 할 역량은 무엇이라고 생각하는가?
- 본인만의 영업전략은?
- 상사와의 업무 시 의견충돌이 있을 때 어떤 식으로 본인의 의견을 관철시킬 것인가? 그리고 주변 사람들에게 어떤 식으로 제시할 것인가?
- 단순한 업무를 반복하는 은행 업무는 매너리즘에 빠지기 쉬운 환경이다. 본인이 과거에 단순한 업무를 반복하면서 매너리즘에 빠진 경험과 그때 느꼈던 점 그리고 본인의 가치관을 연결해서 말해 보시오.
- 본인의 친화력으로 사람의 마음을 움직였던 경험을 말해 보시오.
- 10년 후, 30년 후 농협은행의 방향성이 어떻게 바뀔지 말해 보시오.
- PF가 무엇인지 아는가?
- 블랙컨슈머에 대한 기업의 대응방안은?
- DTI가 무엇인가?
- LTV를 설명하시오.
- BIS 비율을 설명하시오.
- ABS를 설명하시오.
- BIB와 BWB가 무엇인가?
- 금융복합점포의 단점에 대해 이야기해 보시오.
- 개인회생제도가 무엇인가?
- 세계에서 유통되고 있는 3가지 원유를 설명하시오.
- 기술금융이 무엇인가?
- 인터넷은행이 무슨 뜻인가?
- 저금리 시대에 은행과 농협의 대응방안은?
- 내가 CEO인데 회사가 어려워졌다. 인원을 감축할 것인가, 전체 임금을 삭감할 것인가?
- 핀테크와 인터넷전문은행은 무엇인가?
- 노조에 대해 어떻게 생각하는가?
- PEF가 무엇인지 설명해 보시오.
- 농협이 하고 있는 일을 말해 보시오.
- 농협의 장점과 단점을 말해 보시오.
- 마지막으로 하고 싶은 말은?

한국전력공사는 무한 경쟁 글로벌시장에서 패기와 열정으로, 창의적이고 혁신적인 미래가치를 실행할 수 있는 인재상을 추구한다. 또한 능력과 성과에 따른 적절한 평가와 보상, 다양한 교육프로그램 등을 통해 도전적이고 창의적인 글로벌 인재를 양성하기 위해 노력하고 있다. 한국전력공사의 면접은 경험면접이 주를 이룬다. 경험면접은 주로 직업기초능력과 관련된 지원자의 과거 경험을 심층 질문하여 검증하는 방식으로 이루어진다. 평가하고자 하는 능력요소, 정의, 심사기준을 확인해 면접위원이 해당 능력요소 관련 질문을 제시하고, 능력요소에 관련된 과거 경험을 유도하기 위한 질문을 던진다. 이밖에 지원자의 경험 수준을 구체적으로 검증하기 위한 질문 등이 주어진다.

1 직무면접

직무면접은 자기소개서에 기반한 질문도 있으나, 기본적으로 전공 및 실무에 대한 질문이 많다. 지원자의 전공지식을 묻는 질문에 당황하지 않기 위해서는 미리 전공지식을 정리해 보는 것이 좋다.

기출문제

- 한전에 입사하기 위해 어떤 준비를 했는지 본인의 경험에 대해 말해 보시오.
- 본인의 분석력이 어떻다고 생각하는지 말해 보시오.
- 금리와 환율의 변화가 한전에 미치는 영향에 대해 말해 보시오.
- 공유지의 비극에 대해 설명해 보시오.
- 수평적 조직과 수직적 조직의 장점에 대해 말해 보시오.
- 가장 친환경적인 에너지는 무엇이라 생각하는지 말해 보시오.
- 윤리경영의 우수한 사례에 대해 말해 보시오.
- 연구비 및 회계처리 방법에 대해 말해 보시오.
- IPO(기업공개)에 대해 설명해 보시오.
- 연결 재무제표의 장단점에 대해 말해 보시오.
- 수금 업무가 무엇인지 설명해 보시오.
- 변화된 전기요금체계에 대해 설명해 보시오.
- 윤리경영과 준법경영에 대해 설명해 보시오.
- 시장형 공기업의 정의에 대해 말해 보시오.
- 민법상 계약의 종류는 어떠한 것이 있는지 말해 보시오.
- 위헌법률에 대해 설명해 보시오.
- 소멸시효와 공소시효의 차이점에 대해 설명해 보시오.
- 인공지능으로 인해 발생 가능한 문제는 무엇이 있는지 설명하고, 인공지능을 한국전력공사에 반영한다면 어떠한 분야에 반영할 수 있을지 말해 보시오.
- 중대재해처벌법에 대해 설명하고, 이 법에 대한 자신의 견해를 말해 보시오.
- 독점시장이란 무엇인지 설명해 보시오.
- ESG 경영이란 무엇인지 설명해 보시오.
- 채권금리와 시장의 상관관계에 대해 설명해 보시오.
- 중앙은행이 금리를 올렸을 때 채권이자율의 변동을 설명해 보시오.
- 기회비용과 매몰비용의 개념에 대해 설명해 보시오.
- 시장실패와 정부실패의 개념과 발생 원인에 대해 설명해 보시오.

2 종합면접

종합면접은 지원자의 태도와 인성을 평가하는 질문이 주를 이루며, 지원동기나 공사에 관련한 질문도 있으므로 한국전력공사와 관련된 기사, 이슈, 정보를 미리 숙지하고 가는 것이 좋다.

기출문제

- 자기소개를 해 보시오.
- 회식에 참석하기 싫어하는 직장동료가 있다면 어떻게 할 것인지 말해 보시오.
- 지원한 직무와 전공이 다른데 지원한 이유를 말해 보시오.
- 청렴한 조직을 만들기 위해서는 어떤 노력을 해야 하는지 말해 보시오.
- 한국전력공사에서 업무를 할 때 지침과 융통성 중 어느 것을 우선해야 하는지 말해 보시오.
- 민원인이 욕설을 한다면 어떻게 대처할 것인지 말해 보시오.
- 한국전력공사 조직문화의 특징과 장단점에 대해 말해 보시오.
- 신입으로 입사 후 기존의 직원과 갈등이 생긴다면 어떻게 해결할 것인지 말해 보시오.
- 청렴한 조직 분위기를 조성하기 위한 방법에 대해 말해 보시오.
- 본인이 팀장이라면 실력이 좋은 직원과 인성이 좋은 직원 중 어떤 직원을 우선적으로 선택할 것인지 말해 보시오.
- 제멋대로인 팀원이 있다면 어떻게 대처할 것인지 말해 보시오.
- 다른 사람과 갈등이 생겼을 때, 설득했던 경험에 대해 말해 보시오.
- 인생에서 가장 힘들었던 일과 그 해결방법에 대해 말해 보시오.
- 상사의 부당한 지시가 반복된다면 어떻게 행동할 것인지 말해 보시오.
- 한전을 잘 모르는 사람에게 한전을 설명한다면 어떻게 할 것인지 말해 보시오.
- 한전의 최근 이슈에 대해 말해 보시오.
- 업무상 민간 사업자가 불만을 제기한다면 어떻게 설득할 것인지 말해 보시오.
- 자신이 조직에 피해를 주고 있는지 파악하는 본인만의 기준에 대해 말해 보시오.
- 본인의 분석력이 어떻다고 생각하는지 말해 보시오.
- 취미는 무엇인지 말해 보시오.
- 본인은 리더인가? 팔로워인가?
- 좋은 리더는 무엇이라고 생각하는지 말해 보시오.
- 리더로서 성공적으로 프로젝트를 완료한 경험에 대해 말해 보시오.
- 한국전력공사에서 받고 싶은 가치와 한국전력공사에 주고 싶은 자신의 가치는 무엇인지 말해 보시오.
- 상사가 개인적인 일에 회사 공금을 썼다고 자랑한다면 상사에게 어떻게 말할 것인가?
- 출근길에 옆집에서 물이 새서 도와달라고 한다. 그러나 도와준다면 회사에 지각을 할 것이다. 어떻게 대처하겠는가?
- 입사 후 자기주도적으로 일할 수 없는 상황일 때는 어떻게 할 것인가?
- 실패 가능성이 있거나 불확실한 일을 한 경험과 결과를 말해 보시오.
- 인턴활동 당시 개인적으로 노력했던 부분은 무엇인가?
- 갈등과 관련한 경험과 해결방법에 대해 말해 보시오.
- 마지막으로 할 말이 있는가?

대기업 최신기출문제

01 / CJ그룹

1. 언어

01 다음 글의 주제로 가장 적절한 것은?

> 우리는 주변에서 신호등 음성 안내기, 휠체어 리프트, 점자 블록 등의 장애인 편의시설을 많이 볼 수 있다. 우리는 이런 편의시설을 장애인들이 지니고 있는 국민으로서의 기본 권리를 인정한 것이라는 시각에서 바라보고 있다. 물론, 장애인의 일상생활 보장이라는 측면에서 이 시각은 당연한 것이다. 하지만 이를 바라보는 또 다른 시각이 필요하다. 그것은 바로 장애인만을 위한 것이 아니라 일상생활에서 활동에 불편을 겪는 모두를 위한 것이라는 시각이다. 편리하고 안전한 시설은 장애인뿐만 아니라 우리 모두에게 유용하기 때문이다. 예를 들어, 건물의 출입구에 설치되어 있는 경사로는 장애인들의 휠체어만 다닐 수 있도록 설치해 놓은 것이 아니라, 몸이 불편해서 계단을 오르내릴 수 없는 노인이나 유모차를 끌고 다니는 사람들도 편하게 다닐 수 있도록 만들어 놓은 시설이다. 결국, 이 경사로는 우리 모두에게 유용한 시설인 것이다.
>
> 그런 의미에서 근래에 대두되고 있는 '보편적 디자인', 즉 '유니버설 디자인(Universal Design)'이라는 개념은 우리에게 좋은 시사점을 제공해 준다. 보편적 디자인이란 가능한 모든 사람이 이용할 수 있도록 제품, 건물, 공간을 디자인한다는 의미를 가지고 있기 때문이다. 이러한 시각으로 바라본다면 장애인 편의시설이 우리 모두에게 편리하고 안전한 시설로 인식될 것이다.

① 우리 주변에서는 장애인 편의시설을 많이 볼 수 있다.

② 보편적 디자인은 근래에 대두되고 있는 중요한 개념이다.

③ 어떤 집단의 사람들이라도 이용할 수 있는 제품을 만들어야 한다.

④ 보편적 디자인이라는 관점에서 장애인 편의시설을 바라볼 필요가 있다.

⑤ 장애인들의 기본 권리를 보장하기 위해 장애인 편의시설을 확충해야 한다.

> **해설** 제시문의 첫 문단에서 '장애인 편의시설에 대한 새로운 시각'이 필요하다고 밝히고, 두 번째 문단에서 장애인 편의시설이 '우리 모두에게 유용함'을 강조했으며, 마지막 부분에서 보편적 디자인의 시각으로 바라볼 때 '장애인 편의시설은 우리 모두에게 편리하고 안전한 시설로 인식될 것'이라고 했다. 따라서 글의 주제로 ④가 가장 적절하다.

02 다음 문단을 논리적 순서대로 적절하게 나열한 것은?

> (가) 논리실증주의자와 포퍼는 지식을 수학 지식이나 논리학 지식처럼 경험과 무관한 것과 과학적 지식처럼 경험에 의존하는 것으로 구분한다. 그 과학적 지식은 과학적 방법에 의해 누적된다고 주장하며, 가설이 과학적 지식의 후보가 된다고 보았다.
>
> (나) 하지만 콰인은 가설만 가지고서 예측을 논리적으로 도출할 수 없다고 본다. 예를 들어 새롭게 발견된 금속 M은 열을 받으면 팽창한다는 가설만 가지고는 열을 받은 M이 팽창할 것이라는 예측을 이끌어낼 수 없다. 먼저 지금까지 관찰한 모든 금속은 열을 받으면 팽창한다는 기존의 지식과 M에 열을 가했다는 조건 등이 필요하다.
>
> (다) 그들은 가설로부터 논리적으로 도출된 예측을 관찰이나 실험 등의 경험을 통해 맞는지 틀리는지 판단함으로써 그 가설을 시험하는 과학적 방법을 제시한다. 논리실증주의자는 예측이 맞을 경우에, 포퍼는 예측이 틀리지 않는 한, 그 예측을 도출한 가설이 하나씩 새로운 지식으로 추가된다고 주장한다.
>
> (라) 이렇게 예측은 가설, 기존의 지식들, 여러 조건 등을 모두 합쳐야만 논리적으로 도출된다. 그러므로 예측이 거짓으로 밝혀지면 정확히 무엇 때문에 예측에 실패한 것인지 알 수 없다는 것이다. 이로부터 콰인은 개별 가설뿐만 아니라 기존의 지식들과 여러 조건 등을 모두 포함하는 전체 지식이 경험을 통한 시험의 대상이 된다는 총체주의를 제안한다.

① (가) - (라) - (나) - (다)

② (가) - (나) - (다) - (라)

③ (가) - (다) - (나) - (라)

④ (나) - (다) - (라) - (가)

⑤ (나) - (라) - (다) - (가)

해설 먼저 지식에 대한 논리실증주의자와 포퍼의 의견을 제시하는 (가) 문단이 오는 것이 적절하며, 그들의 가설을 판단하는 과학적 방법에 대한 (다) 문단이 그 뒤에 오는 것이 적절하다. 이어서 논리실증주의자와 포퍼와 달리 가설만 가지고서 예측을 도출할 수 없다는 콰인의 의견인 (나) 문단이 오는 것이 적절하며, 마지막으로는 이를 통한 콰인의 총체주의적 입장의 (라) 문단이 오는 것이 적절하다.

03 연속하는 세 자연수를 모두 더하면 129일 때, 가장 큰 자연수는?

① 41   ② 42

③ 43   ④ 44

⑤ 45

> **해설** 연속하는 세 자연수를 각각 $x-1, x, x+1$이라고 하면,
> $(x-1)+x+(x+1)=129 \rightarrow 3x=129$
> $\therefore x=43$
> 따라서 가장 큰 자연수는 44이다.

04 S씨는 뒷산에 등산을 하러 갔다. 오르막길 A는 1.5km/h로 이동했고, 내리막길 B는 4km/h로 이동했다. A로 올라가 정상에서 쉬고, B로 내려오는 데 총 6시간 30분이 걸렸고, 정상에서 30분 동안 휴식을 취했다. 다음 중 오르막길과 내리막길이 총 14km일 때, A의 거리는?

① 2km   ② 4km

③ 6km   ④ 8km

⑤ 10km

> **해설** 총 6시간 30분 중 30분은 정상에서 휴식을 취했으므로, 오르막길과 내리막길의 실제 이동시간은 6시간이다. 총 14km의 길이 중 a는 오르막길에서 걸린 시간, b는 내리막길에서 걸린 시간이라 하면, 다음과 같은 식으로 나타낼 수 있다.
> a+b=6 … ㉠
> 1.5a+4b=14…㉡
> 두 식을 연립하면 a는 4시간, b는 2시간이 소요된다. 따라서 오르막길 A의 거리는 1.5km×4=6km이다.

05 은경이는 태국 여행에서 A, B, C, D 네 종류의 손수건을 총 9장 구매했으며, 그 중 B손수건은 3장, 나머지는 각각 같은 개수를 구매했다. 다음 중 기념품으로 친구 3명에게 종류가 다른 손수건 3장씩 나눠줬을 때, 가능한 경우의 수는?

① 5가지   ② 6가지

③ 7가지   ④ 8가지

⑤ 9가지

> **해설** 총 9장의 손수건을 구매했으므로 B손수건 3장을 제외한 나머지 A, C, D손수건은 각각 $\frac{9-3}{3}=2$장씩 구매했다. 먼저 3명의 친구들에게 서로 다른 손수건 3장씩 나눠줘야 하므로 B손수건을 1장씩 나눠준다. 나머지 A, C, D손수건을 서로 다른 손수건으로 2장씩 나누면 (A, C), (A, D), (C, D)로 묶을 수 있다. 이 세 묶음을 3명에게 나눠주는 방법은 3!=3×2=6가지가 나온다. 따라서 친구 3명에게 종류가 다른 손수건 3장씩 나눠주는 경우의 수는 6가지이다.

※ 일정한 규칙으로 수를 나열할 때, 빈칸에 들어가기에 적절한 것을 고르시오. [06~07]

06

| 3 | −10 | −4 | −7 | 10 | −1 | ( ) | 8 |

① 4　　　　　　　　　　　　　② −12
③ 8　　　　　　　　　　　　　④ −18
⑤ 2

해설 홀수 항은 $\times(-2)+2$, 짝수 항은 $+3$, $+6$, $+9$, …인 수열이다. 따라서 ( )$=10\times(-2)+2=-18$이다.

07

| 7 | 2 | 9 | 11 | 20 | ( ) |

① 29　　　　　　　　　　　　　② 31
③ 33　　　　　　　　　　　　　④ 24
⑤ 35

해설 n을 자연수라고 하면 n항과 $(n+1)$항을 더한 값이 $(n+2)$항인 수열이다. 따라서 ( )$=11+20=31$이다.

08 다음 명제가 참일 때, 항상 적절한 것은?

- 서울에 있는 어떤 공원은 사람이 많지 않다.
- 분위기가 있지 않으면 사람이 많지 않다.
- 모든 공원은 분위기가 있다.

① 분위기가 있지 않은 서울의 모든 공원은 사람이 많다.
② 분위기가 있는 서울의 어떤 공원은 사람이 많지 않다.
③ 분위기가 있는 서울의 모든 공원은 사람이 많지 않다.
④ 분위기가 있지 않은 서울의 어떤 공원은 사람이 많지 않다.
⑤ 분위기가 있지 않은 서울의 어떤 공원은 사람이 많다.

해설 모든 공원은 분위기가 있고, 서울에 있는 어떤 공원은 사람이 많지 않다. 즉, 서울에 있는 어떤 공원은 분위기가 있으면서 사람이 많지 않다.

🔒 03 ④　04 ③　05 ②　06 ④　07 ②　08 ②

1. L-TAB

※ **다음은 청년실업 문제에 대한 기사와 정부 관계자들의 주장이다. 제시문을 읽고 이어지는 질문에 답하시오.**
　　[01~02]

정부가 향후 3~4년을 청년실업 위기로 판단한 것은 에코세대(1991~1996년생ㆍ베이비부머의 자녀세대)의 노동시장 진입 때문이다. 에코세대가 본격적으로 취업전선에 뛰어들면서 일시적으로 청년실업 상황이 더 악화할 것이란 인식이 강화된 것이다.

2021년을 기점으로 청년인구가 감소하기 시작하면 청년실업 문제가 일부 해소될 것이란 정부 전망도 이런 맥락에서 나왔다. 고용노동부 고용정책실장은 15일 "2021년 이후 인구문제와 맞물리면 청년 고용시장 여건은 좀 더 나아질 것이라 생각한다"라고 말했다.

그러나 청년인구 감소가 청년실업 문제 완화로 이어질 것이란 생각은 지나치게 낙관적이라는 지적이다. 한국노동연구원 부연구위원은 "지금의 대기업과 중소기업, 정규직과 비정규직 간 일자리 질의 격차를 해소하지 않는 한 청년실업 문제는 더 심각해질 수 있다"라고 우려했다. 일자리 격차가 메워지지 않는 한, 질 좋은 직장을 구하기 위해 자발적 실업상황조차 감내하는 현 청년들의 상황이 개선되지 않을 것이란 설명이다.

한국보다 먼저 청년실업 사태를 경험한 일본을 비교대상으로 거론하는 것도 적절치 않다는 지적이 나온다. 일본의 경우 청년인구가 줄면서 청년실업 문제는 상당 부분 해결됐다. 하지만 이는 '단카이세대(1947~1949년에 태어난 일본의 베이비부머)'가 노동시장에서 빠져나오는 시점과 맞물렸기 때문에 가능했다. 베이비부머가 1~2차에 걸쳐 넓게 포진된 한국과는 상황이 다르다는 얘기다.

부연구위원은 "일본에서도 (일자리) 질적 문제는 나타나고 있다"며 "일자리 격차가 큰 한국에선 문제가 더 심각하게 나타날 수 있어 중장기적 대책이 필요하다"라고 말했다.

- (○○○ 기재부 1차관) '구구팔팔(국내 사업체 중 중소기업 숫자가 99%, 중기 종사자가 88%란 뜻)'이란 말이 있다. 중소기업을 새로운 성장동력으로 만들어야 한다. 취업에서 중소기업 선호도는 높지 않다. 여러 가지 이유 중 임금 격차도 있다. 청년에게 중소기업에 취업하고자 하는 유인을 줄 수 있는 수단이 없다. 그 갭을 메워 의사결정의 패턴을 바꾸자는 것이다. 계속 지속할 수는 없다. 앞으로 에코세대가 노동시장에 진입하는 4년 정도가 중요한 시기다.

- (○○○ 고용노동부 고용정책실장) 2021년부터 3~4년은 인구 문제가 크다. 수요ㆍ공급 문제가 있다. 개선되는 방향으로 가더라도 '에코세대' 대응까지 맞추기 쉽지 않다. 집중 투자해야 한다. 3~4년 후에는 갭을 줄여가기 위한 대책도 병행하겠다. 이후부터는 청년의 공급이 줄어들기 때문에 인구 측면에서 노동시장에 유리한 조건이 된다.

01 다음 제시문의 내용으로 미루어 볼 때, 정부 관계자들은 청년 고용시장에 대해 어떠한 태도를 취하고 있다고 볼 수 있는가?

① 2021년을 가장 좋지 않은 시기로 평가하고 있다.

② 현재 회복국면에 있다고 판단하고 있다.

③ 실제 전망은 어둡지만, 밝은 면을 강조하여 말하고 있다.

④ 에코세대의 노동시장 진입을 통해 청년실업 위기가 해소될 것으로 기대한다.

⑤ 한국의 상황이 일본보다 낫다고 평가한다.

해설 기사에서는 청년실업 문제에 대해 긍정적인 부분을 거의 제시하고 있지 않다. 반면 정부 당국 관계자는 향후 청년의 공급이 줄어들게 되는 인구구조의 변화가 문제 해결에 유리한 조건을 형성한다고 발언했다. 하지만 이러한 인구구조의 변화가 곧 문제 해결이나 완화로 이어지지 않는다는 것이 기사에 나타나 있다.

① · ② 2021년부터 3~4년간 인구 문제가 부정적으로 작용할 것이라고 발언하였으나, 2021년이 가장 좋지 않다거나 현재 문제가 해결 중에 있다는 내용은 말한 적이 없다.

④ 에코세대의 노동시장 진입으로 인한 청년 공급 증가에 대응해야 함을 인식하고 있다.

⑤ 일본의 상황을 참고하여 한국도 장차 상황이 좋아질 것이라고 예측하고 있을 뿐, 한국의 상황이 일본보다 낫다고 생각하고 있다는 근거는 찾을 수 없다.

02 청년실업 문제를 해결하고자 다음 〈조건〉에 따라 L사 채용을 진행한다. 전체 지원자가 120명이라면, 이 중 회계 부서 지원자는 몇 명인가?

• 조건 •

• L사는 기획, 영업, 회계 부서에서 채용모집을 공고하였으며, 전체 지원자 중 신입직은 경력직의 2배였다.
• 신입직 중 기획 부서에 지원한 사람은 30%이다.
• 신입직 중 영업 부서와 회계 부서에 지원한 사람의 비율은 3:1이다.
• 기획 부서에 지원한 경력직은 전체의 5%이다.
• 전체 지원자 중 50%는 영업 부서에 지원했다.

① 14명   ② 16명

③ 28명   ④ 30명

⑤ 45명

해설 • 첫 번째 조건 : 전체 지원자 120명 중 신입직은 경력직의 2배이므로, 신입직 지원자는 80명, 경력직 지원자는 40명이다.
• 두 번째 조건 : 신입직 중 기획 부서에 지원한 사람이 30%라고 했으므로 $80 \times 0.3 = 24$명이 되므로 신입직 중 영업 부서와 회계 부서에 지원한 사람은 $80 - 24 = 56$명이 된다.
• 세 번째 조건 : 신입직 중 영업 부서와 회계 부서에 지원한 사람의 비율이 3:1이므로,

영업 부서에 지원한 신입직은 $56 \times \dfrac{3}{3+1} = 42$명, 회계 부서에 지원한 신입직은 $56 \times \dfrac{1}{3+1} = 14$명이 된다.

• 네 번째 조건 : 기획 부서에 지원한 경력직 지원자가 전체의 5%라고 했으므로 $120 \times 0.05 = 6$명이다.
• 다섯 번째 조건 : 전체 지원자 120명 중 50%에 해당하는 60명이 영업 부서에 지원했다.
이에 따라 영업 부서 지원자 중 경력직 지원자는 세 번째 조건에서 구한 신입직 지원자 42명을 제외한 $60 - 42 = 18$명이 되고, 회계 부서에 지원한 경력직 지원자는 전체 경력직 지원자 중 기획 부서와 영업 부서의 지원자를 제외한 $40 - (6 + 18) = 16$명이 된다. 따라서 회계 부서 지원자는 $14 + 16 = 30$명이다.

🔒 01 ③   02 ④

※ 다음은 L사의 '리튬이온배터리 취급 시 주의사항에 대한 소비자 안내사항' 초안이다. 다음을 읽고 이어지는 질문에 답하시오. [03~04]

사용 및 취급 시 주의사항

❶ 배터리를 장착한 장비 사용 시, 사용자 매뉴얼을 참조하시오.

❷ 배터리 충전 전에 충전기 설명서를 참조하십시오.

❸ 충전시간은 매뉴얼에 기재된 시간을 초과해선 안됩니다.

❹ 배터리가 장시간 동안 충전기로 충전이 되지 않을 시, 충전을 멈추십시오.

❺ 배터리는 반드시 동작 온도 범위 (0~50℃)에서 충전해야 합니다.

❻ 배터리는 반드시 동작 온도 범위 (−20~75℃, 배터리 표면 온도 기준)에서 사용해야 합니다.

❼ 팩 제조 시 양극(+)과 음극(−) 방향을 확인하십시오.

❽ 배터리 연결용 금속판 또는 wire가 팩 조립을 위해 연결되었을 때, 단락되지 않도록 절연 상태를 확인하십시오.

❾ 배터리는 반드시 낱개로 분리하여 따로 보관해야 합니다.

❿ 배터리를 장기간 보관하기 위해서는 반드시 저온 저습한 곳에 두어야 합니다.

⓫ 배터리를 직사광선 및 열에 노출시키지 마십시오.

⓬ 배터리는 보호장치가 손상될 수 있는 고전압 환경에서 사용하지 마십시오.

⓭ 처음 사용할 때 배터리에 녹이나 냄새가 감지되면 즉시 제품을 판매자에게 반품하십시오.

⓮ 배터리를 어린 아이나 애완동물에게 주지 마십시오.

⓯ 장기간 사용으로 배터리 수명이 짧아졌을 시, 새로운 배터리로 교체하십시오.

⓰ 배터리 연결용 금속판과 배터리 혹은 다른 부품들이 전기적 단락을 일으키지 않도록 절연처리 하십시오.

⓱ 배터리는 오직 팩 또는 시스템 제조 회사에서 취급 · 사용될 수 있습니다.

⓲ 배터리는 오직 배터리 팩 제조사 또는 시스템 통합 사업자에게만 판매될 수 있습니다. 개인 소비자가 배터리를 취급할 수 없으며, 개별 시장에서 개인 소비자에게 판매될 수 없습니다(특히, 모든 종류의 전자담배 장치에 사용하는 것을 엄격하게 금지합니다).

⓳ 해당 배터리를 사용하여 다른 제품을 만들거나, 해당 배터리를 구매 또는 다른 장비에 사용하기 전에, 세부사항을 설명하는 최신 제품사양을 사전에 요청하고 확인하십시오.

---

03 다음 중 주의사항에 대해 이해한 것으로 적절한 것은?

① 배터리는 애완동물에게는 위험요소로 작용하지 않는다.

② 개인용 전자담배에 사용하는 경우, 예외적으로 개인이 배터리를 취급할 수 있다.

③ 배터리 충전 시 메뉴얼 상 충전시간을 초과하여 충전해선 안 된다.

④ 제품의 수명이 다하기 이전이라면, 배터리 교체는 불필요하다.

⑤ 배터리는 배터리 표면 온도 기준 0~50℃의 범위에서 사용되어야 한다.

> **해설** 충전시간은 매뉴얼에 기재된 시간을 초과하면 안 된다.
> ① 14번에 따르면 애완동물에게도 배터리를 주지 말라고 안내되어 있다.
> ② 18번에 따르면 전자담배의 경우를 포함하여 개인은 절대 배터리를 취급할 수 없다.
> ④ 15번에 따르면 제품의 수명이 다하지 않아도 배터리 수명이 짧아졌을 때 교체하는 것이 바람직하다.
> ⑤ 6번에 따르면 배터리는 배터리 표면 온도 기준 −20~75℃의 범위에서 사용되어야 한다.

04 다음은 배터리 취급과 관련하여 보증이 적용되지 않는 법적 제외사항에 대한 안내 자료이다. 다음 〈보기〉 중 적절하지 않은 것을 모두 고르면?

법적 제외사항

L사 에너지솔루션이 아닌 제3자 혹은 L사 에너지솔루션의 허가를 받은 L사 에너지솔루션 대리인에 의한 배터리 또는 팩의 정상적인 마모, 부적절한 유지 보수, 취급, 보관 결함이 있는 수리, 수정으로 인한 결함 및 본문에 제공된 제품사양을 준수하지 않거나 다음을 포함하되 이에 국한되지 않는 부적절한 사용 또는 설치에 대해서는 보증이 적용되지 않습니다.

❶ 운송 또는 보관 중 손상
❷ 팩 또는 시스템 내에 부적절하게 배터리를 결합한 경우
❸ 부적절한 환경에서 배터리 또는 팩을 사용한 경우
❹ 본문에 명시되지 않은 제품 회로 또는 부적절하거나 부정확한 충·방전 시
❺ 부정확하거나 부적절한 사용의 경우
❻ 불충분한 환기
❼ 적용 가능한 안전경고 및 지시사항 무시
❽ 허가받지 않은 직원에 의한 수리 또는 변경 시도
❾ 불가항력의 경우(예 번개, 폭풍우, 홍수, 화재, 지진 등)
본문에 명시된 것 이외의 묵시적 또는 명시적 보증은 없습니다. L사 에너지솔루션은 제품사양, 배터리 또는 팩과 관련하여 발생하는 필연적 또는 간접적인 손해에 대해 책임지지 않습니다.

● 보기 ●

ㄱ. 장기간 정상적인 사용에 따른 배터리 성능 저하의 경우, 보증을 적용받을 수 있다.
ㄴ. 사설 수리업체에서 배터리 관련 수리를 받던 중 파손된 경우에도 보증을 적용받을 수 있다.
ㄷ. 지진 발생에 따른 사물 간 충격으로 배터리에 화재가 발생한 경우는 보증 적용대상에 해당한다.
ㄹ. 운송 중 배터리가 물리적으로 파손된 경우에는 보증을 적용받을 수 없다.

---

① ㄱ, ㄴ

② ㄱ, ㄷ

③ ㄴ, ㄷ

④ ㄴ, ㄹ

⑤ ㄷ, ㄹ

해설 ㄴ. 8번에 따라 허가받지 않은 직원에 의한 경우에 해당되므로 보증이 적용되지 않는다.
ㄷ. 9번에 따라 불가항력에 의한 경우로 분류되어 보증을 받을 수 없다.
ㄱ. 위 사항에서 보증 미적용 항목에 해당하는 것이 없으므로, 보증기한 이내라면 보증을 받을 수 있다.
ㄹ. 1번에 적용되는 사안이다.

🔒 03 ③ 04 ③

1. 언어

01 다음은 사물인터넷에 관한 글이다. 글의 문단을 논리적 순서대로 바르게 나열한 것은?

> (가) 이러한 수평적 연결은 사물인터넷 서비스로 새로운 성장동력을 모색할 수 있다. 예를 들어, 스마트 컵인 프라임베실(개인에 필요한 수분 섭취량을 알려줌), 스마트 접시인 탑뷰(음식의 양을 측정함), 스마트 포크인 해피포크(식사습관 개선을 돕는 스마트 포크. 식사 속도와 시간, 1분간 떠먹는 횟수 등을 계산해 식사습관을 분석함)를 연결하면 식생활 습관을 관리할 수 있을 것이다. 이를 식당, 병원, 헬스케어 센터에서 이용하면 고객의 식생활을 부가 서비스로 관리할 수 있다.
>
> (나) 마치 100m 달리기를 하듯 각자의 트랙에서 목표를 향해 전력 질주하던 시대가 있었다. 선택과 집중의 논리로 수직 계열화를 통해 효율을 확보하고, 성능을 개선하고자 했었다. 그런데 세상이 변하고 있다. 고객 혹은 사용자를 중심으로 기존의 제품과 서비스가 재정의되고 있는 것이다. 이러한 산업의 패러다임적 전환을 신성장 동력이라 말한다.
>
> (다) 기존의 가스경보기를 만들려면 미세한 가스도 놓치지 않는 센서의 성능, 오래 지속되는 배터리, 크게 알릴 수 있는 알람 소리, 인테리어에 잘 어울리는 멋진 제품 디자인이 필요하다. 그런데 아무리 좋은 가스경보기를 만들어도 사람의 안전을 담보하지는 못한다. 만약 집에서 가스경보기가 울리면 아마 창문을 열어 환기시키고, 가스 밸브를 잠그고, 119에 신고를 해야 할 것이다. 사람의 안전을 담보하는, 즉 연결지배성이 높은 가스경보기는 이런 일을 모두 해내야 한다. 이런 가스경보기를 만들려면 전기, 전자, 통신, 기계, 인테리어, 디자인 등의 도메인들이 사용자 경험을 중심으로 연결돼야 한다. 이를 수평적 연결이라 부른다.
>
> (라) 똑똑한 사물인터넷은 점점 더 다양해진다. SK텔레콤의 '누구'나 아마존 '에코' 같은 스마트 스피커는 사용자가 언제 어디든, 일상에서 인공 비서로 사용되는 시대가 되었다. 그리고 귀뚜라미 보일러의 사물인터넷 서비스는 보일러 쪽으로 직접 가지 않아도 스마트폰 전용 앱으로 보일러를 관리한다. 이제 보일러가 언제, 얼마나, 어떻게 쓰이는지, 그리고 보일러의 상태는 어떠한지, 사용하는 방식과 에너지 소모 등의 정보도 얻을 수 있다. 4차 산업혁명의 전진기지 역할을 하는 사물인터넷 서비스는 이제 거스를 수 없는 대세이다.

① (나) - (가) - (다) - (라)

② (나) - (다) - (가) - (라)

③ (다) - (가) - (라) - (나)

④ (다) - (나) - (가) - (라)

⑤ (라) - (나) - (가) - (다)

해설 수직 계열화에서 사용자 중심으로 산업 패러다임이 변화되고 있음을 제시하는 (나) 문단이 가장 먼저 오는 것이 적절하며, 그다음으로 가스경보기를 예로 들어 수평적 연결에 대해 설명하는 (다) 문단이 적절하다. 그 뒤를 이어 이러한 수평적 연결이 사물인터넷 서비스로 새롭게 성장한다는 (가) 문단이, 마지막으로는 다양해지는 사물인터넷 서비스에 대해 설명하는 (라) 문단이 적절하다.

02 (가)∼(마)의 핵심 화제로 적절하지 않은 것은?

> (가) 한 아이가 길을 가다가 골목에서 갑자기 튀어나온 큰 개에게 발목을 물렸다. 아이는 이 일을 겪은 뒤 개에 대한 극심한 불안에 시달렸다. 멀리 있는 강아지만 봐도 몸이 경직되고 호흡곤란을 느꼈으며 심할 경우 응급실을 찾기도 했다. 이것은 한 번의 부정적인 경험이 공포증으로 이어진 경우라고 할 수 있다.
>
> (나) '공포증'이란 위의 경우에서 보듯이 특정 대상에 대한 과도한 두려움으로 그 대상을 계속해서 피하게 되는 증세를 말한다. 특정한 동물, 높은 곳, 비행기나 엘리베이터 등이 공포증을 유발하는 대상이 될 수 있다. 물론 일반적인 사람들도 이런 대상을 접해 부정적인 경험을 할 수 있지만, 공포증으로까지 이어지는 경우는 드물다.
>
> (다) 심리학자 와이너는 부정적인 경험을 한 상황을 어떻게 해석하느냐에 따라 이러한 공포증이 생길 수도 있고 그렇지 않을 수도 있으며, 공포증이 지속될 수도 있고 극복될 수도 있다고 했다. 그는 상황을 해석하는 방식을 설명하기 위해 상황의 원인을 어디에서 찾느냐, 상황의 변화가능성에 대해 어떻게 인식하느냐의 두 가지 기준을 제시했다. 상황의 원인을 자신에게서 찾으면 '내부적'으로 해석한 것이고, 자신이 아닌 다른 것에서 찾으면 '외부적'으로 해석한 것이다. 또 상황이 바뀔 가능성이 전혀 없다고 생각하면 '고정적'으로 인식한 것이고, 상황이 충분히 바뀔 수 있다고 생각하면 '가변적'으로 인식한 것이다.
>
> (라) 와이너에 의하면, 큰 개에게 물렸지만 공포증에 시달리지 않는 사람들은 개에게 물린 상황에 대해 '내 대처방식이 잘못되었어'라며 내부적이고 가변적으로 해석한다. 이것은 나의 대처방식에 따라 상황이 충분히 바뀔 수 있다고 생각하는 것이므로 이들은 개와 마주치는 상황을 굳이 피하지 않는다. 그 후 개에게 물리지 않는 상황이 반복되면 '나도 어떤 경우라도 개를 감당할 수 있어'라며 내부적이고 고정적으로 해석하는 단계로 나아가게 된다.
>
> (마) 반면에 공포증을 겪는 사람들은 개에 물린 상황에 대해 '나는 약해서 개를 감당하지 못해'라며 내부적이고 고정적으로 해석하거나 '개는 위험한 동물이야'라며 외부적이고 고정적으로 해석한다. 자신의 힘이 개보다 약하다고 생각하거나 개를 맹수로 여기는 것이므로 이들은 자신이 개에게 물린 것을 당연한 일로 받아들인다. 하지만 공포증에 시달리지 않는 사람들처럼 상황을 해석하고 개를 피하지 않는 노력을 기울이면 공포증에서 벗어날 수 있다.

① (가) : 공포증이 생긴 구체적 상황

② (나) : 공포증의 개념과 공포증을 유발하는 대상

③ (다) : 와이너가 제시한 상황해석의 기준

④ (라) : 공포증을 겪지 않는 사람들의 상황해석 방식

⑤ (마) : 공포증을 겪는 사람들의 행동 유형

해설 (마)는 공포증을 겪는 사람들의 상황해석 방식과 공포증에서 벗어나는 방법이 핵심 화제이다. 공포증을 겪는 사람들의 행동 유형은 나타나 있지 않다.

03 다음 명제가 모두 참일 때, 반드시 참인 명제는?

> • A카페에 가면 타르트를 주문한다.
> • 빙수를 주문하면 타르트를 주문하지 않는다.
> • 타르트를 주문하면 아메리카노를 주문한다.

① 아메리카노를 주문하면 빙수를 주문하지 않는다.

② 빙수를 주문하지 않으면 A카페를 가지 않았다는 것이다.

③ 아메리카노를 주문하지 않으면 A카페를 가지 않았다는 것이다.

④ 타르트를 주문하지 않으면 빙수를 주문한다.

⑤ 빙수를 주문하는 사람은 아메리카노를 싫어한다.

해설 'A카페에 간다'를 p, '타르트를 주문한다'를 q, '빙수를 주문한다'를 r, '아메리카노를 주문한다'를 s라고 하면, $p \rightarrow q \rightarrow \sim r$, $p \rightarrow q \rightarrow s$의 관계가 성립한다. 따라서 'A카페를 가면 아메리카노를 주문한다'는 참인 명제이므로 이의 대우 명제인 '아메리카노를 주문하지 않으면 A카페를 가지 않았다는 것이다' 역시 참이다.

04 A~D국의 각 기상청은 최근 태평양에서 발생한 태풍의 이동경로를 다음과 같이 예측했고, 이들 중 단 두 국가의 예측만이 실제 태풍의 이동경로와 일치했다. 다음 중 실제 태풍의 이동경로를 바르게 예측한 나라로 옳은 것은?(단, 예측이 틀린 국가는 모든 예측에 실패했다)

> • A국 : 8호 태풍 바비는 일본에 상륙하고, 9호 태풍 마이삭은 한국에 상륙할 것입니다.
> • B국 : 9호 태풍 마이삭이 한국에 상륙한다면, 10호 태풍 하이선은 중국에 상륙할 것입니다.
> • C국 : 8호 태풍 바비의 이동 경로와 관계없이 10호 태풍 하이선은 중국에 상륙하지 않을 것입니다.
> • D국 : 10호 태풍 하이선은 중국에 상륙하지 않고, 8호 태풍 바비는 일본에 상륙하지 않을 것입니다.

① A국, B국   ② A국, C국   ③ B국, C국   ④ B국, D국   ⑤ C국, D국

해설 먼저 8호 태풍 바비의 이동경로에 관한 A국과 D국의 예측이 서로 어긋나므로 둘 중 한 국가의 예측만 옳은 것을 알 수 있다.

ⅰ) A국의 예측이 옳은 경우

A국의 예측에 따라 8호 태풍 바비는 일본에 상륙하고, 9호 태풍 마이삭은 한국에 상륙한다. D국의 예측은 옳지 않으므로 10호 태풍 하이선이 중국에 상륙하지 않을 것이라는 C국의 예측 역시 옳지 않음을 알 수 있다. 따라서 B국의 예측에 따라 10호 태풍 하이선은 중국에 상륙하며, 태풍의 이동경로를 바르게 예측한 나라는 A국과 B국이다.

ⅱ) D국의 예측이 옳은 경우

D국의 예측에 따라 10호 태풍 하이선은 중국에 상륙하지 않으며, 8호 태풍 바비가 일본에 상륙한다는 A국의 예측이 옳지 않게 되므로 9호 태풍 마이삭은 한국에 상륙하지 않는다. 따라서 B국이 예측한 결과의 대우인 '태풍 하이선이 중국에 상륙하지 않으면, 9호 태풍 마이삭은 한국에 상륙하지 않는다'가 성립하므로 B국의 예측 역시 옳은 것을 알 수 있다. 그런데 이때 10호 태풍 하이선은 중국에 상륙하지 않는다는 C국의 예측 역시 성립하므로 두 국가의 예측만이 실제 태풍의 이동경로와 일치했다는 조건에 어긋난다.

따라서 태풍의 이동경로를 바르게 예측한 나라는 A국과 B국이다.

05 비가 온 다음 날 비가 올 확률은 $\frac{1}{3}$, 비가 안 온 다음 날 비가 올 확률은 $\frac{1}{8}$이다. 내일 비가 올 확률이 $\frac{1}{5}$일 때, 모레 비가 안 올 확률은?

① $\frac{1}{4}$

② $\frac{5}{6}$

③ $\frac{5}{7}$

④ $\frac{6}{11}$

⑤ $\frac{7}{11}$

해설 내일 비가 오고 모레 비가 안 올 확률은 $\frac{1}{5} \times \frac{2}{3} = \frac{2}{15}$이고, 내일 비가 안 오고 모레 비가 안 올 확률은 $\frac{4}{5} \times \frac{7}{8} = \frac{7}{10}$이다. 따라서 모레 비가 안 올 확률은 $\frac{2}{15} + \frac{7}{10} = \frac{5}{6}$이다.

06 K사원이 처리해야 할 업무는 발송업무, 비용정산업무 외에 5가지가 있다. 이 중에서 발송업무, 비용정산업무를 포함한 5가지의 업무를 오늘 처리하려고 하는데 상사의 지시로 발송업무를 비용정산업무보다 먼저 처리해야 한다. 오늘 처리할 업무를 택하고, 택한 업무의 처리 순서를 정하는 경우의 수는?

① 600가지

② 720가지

③ 840가지

④ 960가지

⑤ 1080가지

해설 오늘 처리할 업무를 선택하는 방법은 발송업무, 비용정산업무를 제외한 5가지 업무 중 3가지를 택하는 조합이다. 즉, $_5C_3 = {_5C_2} = \frac{5 \times 4}{2 \times 1} = 10$가지이다. 따라서 선택할 수 있는 5가지 업무 중 발송업무와 비용정산업무는 순서가 정해져 있으므로 두 업무를 같은 업무로 생각하면, 5가지 업무의 처리 순서를 정하는 경우의 수는 $\frac{5!}{2!} = \frac{5 \times 4 \times 3 \times 2 \times 1}{2 \times 1} = 60$가지이며, 따라서 구하는 경우의 수는 $10 \times 60 = 600$가지이다.

07 다정이네 집에는 화분 2개가 있다. 두 화분에 있는 식물 나이의 합은 8세이고, 각 나이 제곱의 합은 34세가 된다. 이때 두 식물의 나이 차는?(단, 식물의 나이는 자연수이다)

① 2세

② 3세

③ 4세

④ 5세

⑤ 6세

해설 식물의 나이를 각각 x, y세라고 한다면,
$x + y = 8$ … ㉠
$x^2 + y^2 = 34$ … ㉡
㉡을 변형하면 $x^2 + y^2 = (x+y)^2 - 2xy$가 되는데, 이에 $x+y=8$을 대입하면 $34 = 64 - 2xy \rightarrow xy = 15$ … ㉢
㉠과 ㉢을 만족하는 자연수 순서쌍은 $(x, y) = (5, 3), (3, 5)$이다. 따라서 두 식물의 나이 차는 2세이다.

1. 언어논리

01 다음 글의 내용과 일치하지 않는 것은?

> 1879년 8월 23일 400명의 포르투갈 이민족을 태운 레이븐슨 클라크호가 하와이왕국 호놀룰루항에 도착했다. 당시 많은 노동력이 필요했던 하와이왕국은 일본을 비롯한 다른 여러 나라의 이민을 받아들이고 있었다. 포르투갈 이주민들을 태운 배가 도착하고, 무사 도착을 알리는 축하연을 열었는데 당시 배에 타고 있던 뮤지션 출신의 호안 페르난데스(Joan Fernandez)가 포르투갈 민속악기인 브라기냐(Braguinha)를 연주했다. 당시 브라기냐 연주를 처음 본 하와이 사람들은 이 작고 귀여운 이국의 악기에 관심을 갖게 되었고, 연주하는 손 모양이 마치 벼룩이 통통 튀는 것 같다고 하여 'Uke(벼룩)Lele(통통 튀다)'라는 하와이어를 붙여 우쿨렐레라고 이름 짓게 되었다.
>
> 레이븐슨 클라크호에는 마누엘 누네스(Manuel Nunes)라는 악기와 가구를 만드는 장인도 타고 있었는데, 호놀룰루에 정착한 누네스는 브라기냐를 개량하여 우쿨렐레를 제작하기 시작했다. 세계 최초로 우쿨렐레를 제작한 마누엘 누네스는 바이올린과 만돌린에 사용되던 5도 튜닝을 기타와 비슷한 4도 튜닝으로 바꾸어 코드폼을 심플하게 바꾸는 데 기여했다. 그리고 금속줄을 거트현으로 바꾸고, 하와이산 코아나무를 사용하여 악기를 제작했다. 당시 하와이 국왕이었던 칼라카우에와 마지막 여왕이었던 릴리우오칼라니도 직접 우쿨렐레를 연주하고 이를 보급하는 데에 많은 노력을 기울였다.
>
> 하와이가 미국에 합병된 후 우쿨렐레는 하와이를 넘어 미국 본토에까지 알려지기 시작하면서 큰 붐을 일으켰다. 레이븐슨 클라크호가 호놀룰루항에 도착한 지 100년 후인 1979년 8월 23일 미국 주정부는 이날을 우쿨렐레의 날로 지정했고, 그 덕분에 우쿨렐레는 하와이의 전통악기로서 전 세계에 널리 알려지게 되었다. 우쿨렐레는 외관상 기타와 매우 비슷하지만 기타의 현이 6줄로 이루어져 있는 반면, 우쿨렐레는 4줄로 구성되어 있다. 그리고 우쿨렐레는 크기에 따라 소프라노(Soprano), 콘서트(Concert), 테너(Tenor), 바리톤(Baritone)과 같은 네 가지 종류로 나뉜다. 우쿨렐레의 오리지널 사이즈인 소프라노는 가장 작은 사이즈로 통통 튀듯 밝고 귀여운 소리가 특징이다. '스탠다드(Standard)'라고도 불리며 전형적인 클래식 우쿨렐레의 소리를 낸다. 콘서트는 우리나라에서 가장 보편적으로 사용되는 종류로 플랫수와 울림이 적은 소프라노의 단점을 보완하여 만들어졌다. 사이즈도 울림도 적당하여 우쿨렐레 입문용으로 많이 사용된다. 테너는 소프라노나 콘서트에 비해 고전적인 기타 소리에 가깝다. 음량이 풍부하여 우쿨렐레 뮤지션 다수가 사용하고 있으며, 연주곡에 많이 사용된다. 바리톤은 우쿨렐레 중 가장 큰 사이즈로 기타와 같이 깊고 중후한 소리가 난다.

① 우쿨렐레는 포르투갈의 민속악기에서 기원했다.

② 우쿨렐레는 4개의 현으로 이루어진 기타보다 현의 수가 적다.

③ 우쿨렐레는 그 크기에 따라 총 4가지 종류로 나뉜다.

④ 우리나라에서 가장 대중적으로 사용되는 우쿨렐레는 콘서트(Concert)이다.

⑤ 우쿨렐레가 전 세계적으로 유명세를 타게 된 데에는 미국의 힘이 컸다.

해설 마지막 문단에 의하면 우쿨렐레는 4개의 현으로 구성되어 있다.

02 다음 중 문장 구조가 다른 하나는?

① 죽이 되직하다. ② 낙엽이 떨어지다.

③ 해가 뜨다. ④ 새가 날다.

⑤ 꽃이 피다.

해설 ①은 주어＋형용사의 구조이고 ② · ③ · ④ · ⑤는 주어＋동사의 구조이다.

03 다음 밑줄 친 부분과 같은 의미로 쓰인 것을 고르면?

> 재개발 지역으로 지정된 곳에 아파트가 <u>들어섰다</u>.

① 아이가 잠들고 나니 할머니가 사는 마을 어귀에 <u>들어섰다</u>.

② 어떤 학생도 교장선생님께 <u>들어서지</u> 못했다.

③ 만수의 아내는 아이가 <u>들어섰는지</u> 입덧이 심하다.

④ 영수네 집 근처에 공장이 <u>들어설</u> 예정이다.

⑤ 가을에 <u>들어서니</u> 지리산에 단풍이 들었다.

해설 밑줄 친 '들어서다'는 '어떤 곳에 자리 잡고 서다'를 의미한다. 따라서 '어떤 곳에 자리 잡고 서다'의 의미로 쓰인 ④가 적절하다.
① 밖에서 안쪽으로 옮겨 서다.
② 대들어서 버티고 서다.
③ 아이가 뱃속에 생기다.
⑤ 어떤 상태나 시기가 시작되다.

04 다음 중 〈보기〉의 단어를 모두 포괄할 수 있는 단어를 고르면?

• 보기 •				
얻다	앓다	맞이하다	받다	구하다

① 얻다 ② 앓다

③ 맞이하다 ④ 받다

⑤ 구하다

해설 ② 병을 얻다(앓다).
③ 며느리를 얻다(맞이하다).
④ 거울 하나를 친구에게서 얻었다(받았다).
⑤ 일자리를 얻다(구하다).

05 A충전기로 스마트폰을 충전할 때 사용하지 않으면서 충전만 할 경우 분당 2%씩 충전이 되고, 충전기에 연결한 상태로 스마트폰을 사용하면 분당 1%씩 충전이 된다. 배터리가 20% 남아있는 상태에서 스마트폰을 충전하기 시작했더니 48분 후에 충전이 완료됐다면 충전 중 스마트폰을 사용한 시간은 몇 분인가?

① 13분 ② 14분 ③ 15분
④ 16분 ⑤ 17분

> **해설** 스마트폰을 사용하지 않고 충전만 한 시간을 x분, 사용하면서 충전한 시간을 y분이라고 하면
> $x+y=48 \cdots$ ㉠
> $2x+y=100-20 \cdots$ ㉡
> ㉠, ㉡을 연립하여 풀면 $x=32$, $y=16$이다.
> 따라서 충전 중 스마트폰을 사용한 시간은 16분이다.

06 농도 10% 소금물과 농도 8% 소금물을 섞어서 농도 9.2%의 소금물을 만들었다. 농도 8% 소금물이 40g이라면 농도 10% 소금물의 양은 얼마인가?

① 50g ② 54g ③ 60g
④ 64g ⑤ 70g

> **해설** 농도 10%인 소금물의 양을 xg이라 하면
> $$\frac{0.1x+3.2}{x+40} \times 100 = 9.2 \rightarrow 0.1x+3.2 = 0.092(x+40) \rightarrow 0.008x = 0.48$$
> $x=60$
> 따라서 농도 10% 소금물의 양은 60g이다.

07 둘레가 20km인 운동장의 반은 시속 20km로 달리고, 나머지 반은 시속 $x$km로 달렸더니 운동장 전체를 완주하기까지 평균 24km/h의 속력으로 달린 셈이 되었다. x의 값을 구하면?

① 24 ② 26 ③ 28
④ 30 ⑤ 32

> **해설** (속력)$=\dfrac{(거리)}{(시간)}$이므로 평균 속력과 관련하여 식을 세우면 $24=\dfrac{20}{\dfrac{10}{20}+\dfrac{10}{x}}$이다.
> $24=\dfrac{400x}{10x+200} \rightarrow 400x=240x+4,800 \rightarrow 160x=4,800$
> $\therefore x=30$

08 마지막 명제가 참일 때, 다음 빈칸에 들어갈 명제로 가장 적절한 것은?

> 전제 1 : 비가 오는 날에는 개구리가 울지 않는다.
> 전제 2 : _____
> 결론 : 비가 오는 날에는 제비가 낮게 난다.

① 제비가 낮게 날지 않으면 개구리가 운다.

② 비가 오는 날에는 개구리가 운다.

③ 비가 오지 않는 날에는 제비가 낮게 난다.

④ 제비가 낮게 날면 개구리가 운다.

⑤ 개구리가 울지 않으면 제비가 낮게 날지 않는다.

> **해설** '비가 오는 날'을 p, '개구리가 운다'를 q, '제비가 낮게 난다'를 r이라고 하면 전제 1은 $p \rightarrow \sim q$이고 결론은 $p \rightarrow r$이므로 $\sim q \rightarrow r$
> 이 전제 2에 와야 한다. 따라서 $\sim q \rightarrow r$의 대우 명제인 '제비가 낮게 날지 않으면 개구리가 운다'가 전제 2로 가장 적절하다.

09 S그룹 H부서에는 차장 1명, 부장 1명, 과장 1명, 대리 1명, 사원 몇 명이 있다. 부서원들의 출근 시각이 다음 〈조건〉을 만족할 때 옳지 않은 것은?

> **• 조건 •**
>
> ㄱ. A는 7시 35분에 도착했다.
> ㄴ. B는 7시와 8시 사이에 시침과 분침이 일치하는 시각에 도착했다.
> ㄷ. 사원은 부장보다 빨리 도착했다.
> ㄹ. C는 세 번째에 도착했다.
> ㅁ. 차장보다 먼저 도착한 사람은 3명이다.

① A는 B보다 빨리 도착했다.

② 사원이 3명 이상이라면 부장은 차장보다 늦게 도착했다.

③ 차장이 세 번째로 도착했다.

④ A가 두 번째로 도착했다면 B는 C보다 늦게 도착했다.

⑤ C가 부장이고 7시 40분에 도착했다면 A와 B 중에 사원이 있다.

> **해설** ㅁ. 조건에 의해 차장보다 3명이 먼저 도착해야 하므로 차장은 네 번째로 도착했음을 알 수 있다.
> ① ㄴ. 조건에 의해 B는 7시 35분보다 늦게 도착했음을 알 수 있으므로 7시 35분에 도착한 A보다 늦게 도착했음을 알 수 있다.
> ② ㅁ. 조건에 의해 차장이 네 번째로 도착했고, ㄷ. 조건에 의해 사원은 부장보다 빨리 도착했음을 알 수 있다. 따라서 차장보다
> 일찍 온 사람은 3명이므로 부장이 차장보다 일찍 오면 나머지 사원은 부장보다 일찍 와야 하는데, 부장보다 일찍 올 수 있는
> 사람은 2명뿐이다. 따라서 사원이 3명 이상이면 부장은 차장보다 늦게 도착했음을 알 수 있다.
> ④ A는 B보다 늦게 도착했으므로 A가 C보다 빨리 도착했다면 B는 C보다 늦게 도착했음을 알 수 있다.
> ⑤ C가 부장이고 7시 40분에 도착했다면 A와 B는 C보다 일찍 온 것을 알 수 있다. 사원은 부장보다 빨리 도착했으므로 A와
> B 중에 사원이 있음을 알 수 있다.

1. 의사소통능력

01 다음 글을 논리적 순서대로 바르게 나열한 것은?

> (A) 국민건강보험공단 이사장은 "공단은 보건의료 데이터 관리기관으로서 소비자의 권익을 최우선으로 하는 안전한 보건의료 데이터 활용을 위해 최선을 다할 것"이라고 밝혔으며, "이번 협약을 계기로 데이터에 대한 소비자 주권이 더욱 강화되고, 소비자가 더욱 편리하고 안전하게 이용할 수 있도록 보건의료 마이데이터의 활용이 진전되길 바란다"고 기대감을 보였다.
>
> (B) 이번 업무협약은 소비자 데이터 주권 인식을 강화하고 소비자 중심의 보건의료 마이데이터 활성화를 위하여 양 기관이 협력하고자 뜻을 모은 것으로, 협약서에는 보건의료 마이데이터에 대한 소비자 권익 보호 및 신뢰를 기반으로 한 보건의료 마이데이터 활용 확산을 위해 양 기관이 상호 소통하고, 공공기반 보건의료 마이데이터 활용 확산을 위한 협력방안을 모색하는 내용이 담겼다.
>
> (C) 국민건강보험공단과 한국소비자연맹은 소비자 중심의 의료 마이데이터 활성화를 위해 업무협약을 체결하고, '의료데이터 수집과 활용, 소비자 관점에서의 도전과 과제'라는 주제로 국회 토론회를 공동으로 개최했다.
>
> (D) 이어서 공단과 한국소비자연맹이 공동으로 개최한 토론회에서는 소비자중심건강포럼의 대표를 맡고 있는 D대학교 S교수가 좌장을 맡아, 보건의료 및 빅데이터 분야 전문가들의 발제와 패널 토론을 통해 소비자 데이터 주권 개념을 중심으로 한 의료 마이데이터 활성화 방향에 대하여 심도 있는 논의가 이어졌다. H대 의과대학 A교수의 '의료 마이데이터 현황과 소비자 혜택 강화를 위한 개선안'을 시작으로 공단 빅데이터 B전략본부장의 '소비자 권익 보호를 위한 건강보험 마이데이터 전략'에 대한 발제가 이어졌고, 국립암센터 C교수의 '소비자 중심의 나의 건강기록 활용'에 대한 발제가 진행됐다.

① (C) - (B) - (A) - (D)   ② (A) - (C) - (B) - (D)

③ (C) - (B) - (D) - (A)   ④ (A) - (D) - (B) - (C)

해설 제시문은 국민건강보험공단의 의료데이터 활용 협력 업무협약을 소개하는 글이다. 따라서 (C) 업무협약 체결 → (B) 업무협약의 내용 → (D) 토론회의 내용 → (A) 업무협약의 효과에 대한 기대 순으로 연결하는 것이 가장 적절하다.

02 다음 기사에 대한 내용으로 옳지 않은 것은?

> 보건복지부가 청년을 위해 내놓은 적립식 금융상품인 '청년내일저축계좌'가 H은행을 통해 단독 판매된다. 이번 사업은 월 10만원씩 3년 저축하면 정부가 지원금 월 10만원씩 추가 적립하는 방식으로 진행된다. 3년 만기 시 본인 납입액 360만원을 포함해 720만원의 지원과 적금 이자를 합쳐 최대 1,440만원까지 받을 수 있다.
>
> 보건복지부에 따르면 기존 자산형성지원사업은 당초 기초생활수급자 · 차상위 청년만을 대상으로 했으나 올해부터 가입대상이 일정 기준을 충족하는 저소득 청년으로 확대됐다. 이에 따라 가입대상은 지난해 1만 8천명에서 올해 10만 4천명으로 대폭 늘어났다.
>
> 청년내일저축계좌의 가입 · 신청 대상은 신청 당시 만 19~34세의 근로 · 사업소득이 있는 수급자 · 차상위가구 및 가구중위소득 100% 이하의 청년이다.
>
> 이 상품은 청년 대상자가 매월 납입하는 금액 10만원에 대해 정부가 동일 금액의 적립금을 추가 지원한다. 수급자 · 차상위가구 청년의 경우 30만원의 적립금을 추가 지원한다. 청년내일저축계좌의 가입금액은 10만원 이상 50만원 이하(만원 단위)까지 가능하며, 가입기간은 3년이다. 금리는 기본금리 연 2.0%에 최대 연 3.0%p의 우대금리를 더해 최대 연 5.0%까지 적용 가능하다. 우대금리 혜택은 급여 및 주거래 이체 연 1.2%, 주택청약종합저축 신규 · 보유 시 연 1.0%, 마케팅 동의 연 0.5%, '하나 합' 서비스 등록 연 0.3% 등 조건에 부합하면 받을 수 있다. 청년들은 오는 18일부터 8월 5일까지 보건복지부 복지포털 사이트인 '복지로'를 통해 청년내일저축계좌 가입 신청을 하고, 10월 중 대상자가 확정되면 H은행 영업점과 모바일 애플리케이션(앱) 'H원큐' 등을 통해 상품 가입을 할 수 있다. 12일 H은행은 자격 대상 여부를 빠르게 확인할 수 있도록 H원큐를 통해 '간편자격조회 서비스'를 시행한다고 밝혔다.
>
> 이어 "만약 가입대상이 아니라도 자격 요건에 따라 H은행의 '급여H 월복리적금' 상품에 대한 금리우대 쿠폰을 받을 수 있다"고 덧붙였다.
>
> 한편 유사한 사업에 앞서 신청한 경우, 중복 신청이 가능한지에 대한 여부도 관심이 높아지고 있다. 금융위원회에서 시행한 청년희망적금에 가입한 경우에는 중복 가입할 수 있다. 다만, 서울시 희망두배 청년통장과 고용노동부 청년내일채움공제 등에 가입한 이들은 중복 신청이 불가하다.

① 청년내일저축계좌의 신청 대상자는 신청 당시 만 19~34세의 근로 · 사업소득이 있는 수급자 · 차상위가구 및 가구중위소득 100% 이하의 청년들이다.

② 청년내일저축계좌의 가입금액은 10만원 이상 최대 100만원 이하(만원 단위)까지 가능하다.

③ 청년들은 8월 5일까지 보건복지부 복지포털 사이트인 '복지로'를 통해 가입 신청을 할 수 있다.

④ 금융위원회에서 시행한 청년희망적금에 가입한 경우에는 청년내일저축계좌를 중복 가입할 수 있다.

해설 네 번째 문단에서 '청년내일저축계좌의 가입금액은 10만원 이상 50만원 이하(만원 단위)까지 가능하며, 가입기간은 3년이다.'라는 글을 통해, ②의 내용이 옳지 않음을 알 수 있다.

※ 다음은 G공단에서 시니어 인턴십에 참여하고 있는 인턴들에 대한 성과 평가결과이다. G공단은 이를 바탕으로 근로장려금을 차등 지급하려고 한다. 자료를 읽고 이어지는 질문에 답하시오. [03~04]

장려금 지급 기준

- 직원들의 장려금은 성과점수에 따라 지급한다.
- 성과점수는 각 인턴들의 업무 평가결과에 해당하는 기준점수의 합으로 계산한다.
- 평가결과는 탁월 – 우수 – 보통 3단계로 구분한다.

업무 평가결과

인턴	업무량	업무효율성	업무협조성	업무정확성	근무태도
A인턴	우수	탁월	보통	보통	우수
B인턴	보통	보통	우수	우수	보통
C인턴	탁월	보통	탁월	탁월	보통
D인턴	보통	우수	탁월	탁월	우수

기준점수

구분	업무량	업무효율성	업무협조성	업무정확성	근무태도
탁월	10	20	30	20	20
우수	8	16	20	16	10
보통	6	10	16	10	8

성과점수별 장려금

구분	50~60점	61~70점	71~80점	81~90점	91~100점
지급금액	10만원	20만원	30만원	40만원	50만원

03 시니어 인턴십에 참여한 A~D인턴 중 장려금을 가장 많이 받는 사람은?

① A인턴

② B인턴

③ C인턴

④ D인턴

해설 각 인턴들의 업무 평가결과에 따라 점수를 계산하면 다음과 같다.

인턴	업무량	업무효율성	업무협조성	업무정확성	근무태도	합계
A인턴	우수-8점	탁월-20점	보통-16점	보통-10점	우수-10점	64점
B인턴	보통-6점	보통-10점	우수-20점	우수-16점	보통-8점	60점
C인턴	탁월-10점	보통-10점	탁월-30점	탁월-20점	보통-8점	78점
D인턴	보통-6점	우수-16점	탁월-30점	탁월-20점	우수-10점	82점

A인턴은 20만원, B인턴은 10만원, C인턴은 30만원, D인턴은 40만원을 받으므로 D인턴이 가장 많은 장려금을 받는다.

04 각 인턴들의 업무 평가결과가 다음 〈조건〉과 같이 변경되었을 때, 장려금을 가장 많이 받는 사람은?

● 조건 ●

- A인턴의 업무정확성 평가 : 보통 → 우수
- B인턴의 근무태도 평가 : 보통 → 우수
- C인턴의 업무효율성 평가 : 보통 → 탁월
- D인턴의 업무협조성 평가 : 탁월 → 우수

① A인턴

② B인턴

③ C인턴

④ D인턴

해설 변경된 평가 결과에 따라 점수를 계산하면 다음과 같다.

인턴	업무량	업무효율성	업무협조성	업무정확성	근무태도	합계
A인턴	우수-8점	탁월-20점	보통-16점	우수-16점	우수-10점	70점
B인턴	보통-6점	보통-10점	우수-20점	우수-16점	우수-10점	62점
C인턴	탁월-10점	탁월-20점	탁월-30점	탁월-20점	보통-8점	88점
D인턴	보통-6점	우수-16점	우수-20점	탁월-20점	우수-10점	72점

A인턴은 20만원, B인턴은 20만원, C인턴은 40만원, D인턴은 30만원을 받으므로 C인턴이 가장 많은 장려금을 받는다.

🔒 03 ④ 04 ③

---

1. 의사소통능력

01 다음 글의 주제로 가장 적절한 것은?

> 이제 2023년 6월부터 민법과 행정 분야에서 나이를 따질 때 기존 계산하는 방식에 따라 1~2살까지 차이가 났던 우리나라 특유의 나이 계산법이 국제적으로 통용되는 '만 나이'로 일원화된다. 이는 태어난 해를 0살로 보고 정확하게 1년이 지날 때마다 한 살씩 더하는 방식을 말한다.
>
> 이에 대해 여론은 대체적으로 긍정적이나, 일각에서는 모두에게 익숙한 관습을 벗어나 새로운 방식에 적응해야 한다는 점을 우려하고 있다. 특히 지금 제공되고 있는 행정서비스에 급격한 변화가 일어나 혹시라도 손해를 보거나 미리 따져 봐야 할 부분이 있는 건 아닌지, 또 다른 혼선이 야기되는 건 아닌지 하는 것들이 이에 해당한다. 한국의 나이 기준은 우리가 관습적으로 쓰는 '세는 나이'와 민법 등에서 법적으로 규정한 '만 나이', 일부 법령이 적용하고 있는 '연 나이' 등 세 가지로 되어 있다. 이처럼 국회가 법적 나이 규정을 만 나이로 정비한 이유는 한 사람의 나이가 계산 방식에 따라 최대 2살이 달라져 '나이 불일치'로 인한 각종 행정서비스 이용과 계약체결 과정에서 혼선과 법적 다툼이 발생했기 때문이다.
>
> 더군다나 법적 나이를 규정한 민법에서조차 표현상으로 만 나이와 일반 나이가 혼재되어 있어 문구를 통일해야 한다는 지적이 나왔다. 표현상 '만 ○○세'로 돼 있지 않아도 기본적으로 만 나이로 보는 게 관례이지만, 법적 분쟁 발생 시 이는 해석의 여지를 줄 수 있기 때문이다. 다른 법에서 특별히 나이의 기준을 따로 두지 않았다면 민법의 나이 규정을 따르도록 되어 있는데, 실상은 민법도 명확하지 않았던 것이다.
>
> 정부는 2023년부터 개정된 법이 시행되면 우선 그동안 문제로 지적됐던 법적·사회적 분쟁이 크게 줄어들 것으로 기대하고 있지만, 국민 전체가 일상적으로 체감하는 변화는 크지 않을 것으로 보고 있다. 이번 법 개정의 취지 자체가 나이 계산법 혼용에 따른 분쟁을 해소하는 데 맞춰져 있고, 오랜 세월 확립된 나이에 대한 사회적 인식이 법 개정으로 단번에 바뀔 수 있는 건 아니기 때문이다.
>
> 또한 여야와 정부는 연 나이를 채택해 또래 집단과 동일한 기준을 적용하는 것이 오히려 혼선을 막을 수 있고 법 집행의 효율성이 담보된다고 합의한 병역법, 청소년보호법, 민방위기본법 등 52개 법령에 대해서는 연 나이 규정의 필요성이 크다면 굳이 만 나이 적용을 하지 않겠다고 밝혔다.

① 연 나이 계산법 유지의 필요성

② 우리나라 나이 계산법의 문제점

③ 기존 나이 계산법 개정의 필요성

④ 나이 계산법 혼용에 따른 분쟁 해소 방안

⑤ 나이 계산법의 변화로 달라지는 행정서비스

> **해설** 제시문의 중심 내용은 나이 계산법 방식이 세 가지로 혼재되어 있어 '나이 불일치'로 인한 행정서비스 및 계약상의 혼선과 법적 다툼이 발생해 이를 해소하고자 나이 방식을 하나로 통합하자는 것이다. 이에 덧붙여 나이 방식이 통합되어도 일상에는 변화가 없으며 일부 법에 대해서는 기존 방식이 유지될 수 있다고 하였다. 따라서 제시문의 주제로 가장 적절한 것은 ③이다.

02 다음 글의 빈칸에 들어갈 내용으로 가장 적절한 것은?

> 제주 한라산 천연보호구역에 있는 한 조립식 건물에서 불이 나 3명의 사상자가 발생했다. 이 건물은 무속 신을 모시는 신당으로 수십 년 동안 운영된 곳이었으나, 실상은 허가 없이 지은 불법건축물이었다. 특히 해당 건물은 조립식 샌드위치 패널로 지어져 있어 이번 화재는 자칫 대형 산불로 이어져 한라산까지 타버릴 아찔한 사고였지만, 행정당국은 불이 난 뒤에야 이 건축물의 존재를 파악했다.
>
> 해당 건물에서의 화재는 30여 분 만에 빠르게 진화되었지만, 이 불로 건물 안에 있던 40대 남성이 숨지고, 60대 여성 2명이 화상을 입어 병원으로 이송됐다. 이는 해당 건물이 _____ 불이 삽시간에 번져 나갔기 때문이었다.
>
> 행정당국인 서귀포시는 산림이 울창하고 인적이 드문 곳이어서 관련 신고가 접수되지 않는 등 단속에 한계가 있다고 밝히며 행정의 손이 미치지 않는 취약한 지역, 산지나 으슥한 지역은 관련 부서와 협의를 거쳐 점검할 필요가 있다고 말했다.

① 화재에 취약한 구조로 지어져 있어

② 산지에 위치해 기후가 건조했기 때문에

③ 안정성을 검증받지 못한 가건물에 해당돼

④ 소방시설과 거리가 있는 곳에 위치하고 있어

⑤ 인적이 드문 지역에 위치하여 발견이 쉽지 않아

해설 첫 번째 문단의 '특히 해당 건물은 조립식 샌드위치 패널로 지어져 있어 이번 화재는 자칫 대형 산불로 이어져'라는 내용과 빈칸 앞뒤의 '빠르게 진화되었지만', '불이 삽시간에 번져'라는 내용을 미루어 볼 때, 해당 건물의 화재가 빠르게 진화되었음에도 사상자가 발생한 것은 조립식 샌드위치 패널로 이루어진 화재에 취약한 구조이기 때문으로 볼 수 있다. 따라서 빈칸에 들어갈 내용으로 가장 적절한 것은 ①이다.

03 다음 ㉠, ㉡에 들어갈 접속어가 차례로 연결된 것은?

> 도덕적 명분관은 인간의 모든 행위에 대해 인간의 본성에 근거하는 도덕적 정당성의 기준을 제시함으로써 개인의 정의감이나 용기를 뒷받침한다. 즉, 불의에 대한 비판 의식이라든가 타협을 거부하는 선비의 강직한 정신 같은 것이 바로 그것인데, 이는 우리 사회를 도덕적으로 건전하게 이끌어 오는 데 기여했다. 또한 사회적 행위에 적용되는 도덕적 명분은 공동체의 정당성을 확고하게 하여 사회를 통합하는 데 기여해 왔다. ㉠ 자신의 정당성에 대한 신념이 지나친 나머지 경직된 비판 의식을 발휘하게 되면 사회적 긴장과 분열을 초래할 수도 있다. ㉡ 조선 후기의 당쟁(黨爭)은 경직된 명분론의 대립으로 말미암아 심화한 측면이 있는 것이다.

① 게다가, 예컨대

② 그리고, 왜냐하면

③ 하지만, 그리고

④ 그러나, 예컨대

해설 첫 번째 빈칸에는 앞뒤 문장의 내용이 반대이기 때문에 '그러나'가 와야 한다. 두 번째 빈칸에는 앞 문장의 예시가 뒤 문장에 제시되고 있기 때문에 '예컨대'가 적절하다.

04 석훈이와 소영이는 운동장에 있는 달리기 트랙에서 같은 지점에서 출발해 반대 방향으로 달리기 시작했다. 석훈이는 평균 6m/s의 속력으로, 소영이는 평균 4m/s의 속력으로 달렸는데 처음 만날 때를 제외하고 두 번째 만날 때까지 걸린 시간이 1분 15초일 때, 운동장 트랙의 길이는 얼마인가?

① 315m   ② 325m

③ 355m   ④ 375m

> **해설** 석훈이는 평균 6m/s로 소영이는 4m/s의 속도로 달리기 때문에 1초에 10m씩 가까워진다. 점점 가까워지다가 만나게 되고 그 과정을 한 번 더 반복하게 되는데, 두 번째 만날 때까지 둘이 달린 거리는 트랙의 길이의 2배와 같다. 따라서 1분 15초 동안 달린 거리는 10m/s×75sec=750m이며, 트랙의 길이는 그 절반인 375m이다.

05 세현이의 몸무게는 체지방량과 근육량을 합하여 65kg이었다. 세현이는 운동을 통해 체지방량은 20% 줄이고, 근육량은 25% 늘려서 전체적으로 몸무게를 4kg 줄였다. 이때 체지방량과 근육량을 각각 구하면?

① 36kg, 25kg   ② 34kg, 25kg

③ 36kg, 23kg   ④ 32kg, 25kg

⑤ 36kg, 22kg

> **해설** 체지방량을 $x$kg, 근육량을 $y$kg이라 하면,
> $x+y=65$ ⋯ ㉠
> $-0.2x+0.25y=-4$ ⋯ ㉡
> ㉡×20을 하면 $-4x+5y=-80$ ⋯ ㉢
> ㉠×4+㉢을 풀면 $9y=180$, $y=20$이고, 이 값을 ㉠에 대입하면 $x=45$이다.
> 따라서 운동을 한 후 체지방량은 운동 전에 비해 20%인 9kg이 줄어 36kg이고, 근육량은 운동 전에 비해 25%인 5kg이 늘어 25kg이다.

06 가로의 길이가 140m, 세로의 길이가 100m인 직사각형 모양의 공터 둘레에 일정한 간격으로 꽃을 심기로 했다. 네 모퉁이에 반드시 꽃을 심고, 심는 꽃의 수를 최소로 하고자 할 때, 꽃은 몇 송이를 심어야 하는가?

① 21송이   ② 22송이

③ 23송이   ④ 24송이

⑤ 25송이

> **해설** 둘레에 심는 꽃의 수가 최소가 되려면 꽃 사이의 간격이 최대가 되어야 하므로 꽃 사이의 간격은
> $140=2^2×5×7$, $100=2^2×5^2$의 최대공약수인 $2^2×5=20$m가 된다.
> 따라서 이때 심어야 하는 꽃은 $2×[(140+100)÷20]=24$송이다.

07 A휴게소의 물품 보관함에는 자물쇠로 잠긴 채 오랫동안 방치되고 있는 보관함 네 개가 있다. 휴게소 관리 직원인 L씨는 방치 중인 보관함을 정리하기 위해 사무실에서 보유하고 있는 1~6번까지의 열쇠로 네 개의 자물쇠를 모두 열어 보았다. 그 결과가 〈조건〉과 같이 나왔을 때, 다음 중 항상 참인 것은?(단, 하나의 자물쇠는 정해진 하나의 열쇠로만 열린다)

● **조건** ●

- 첫 번째 자물쇠는 1번 또는 2번 열쇠로 열렸다.
- 두 번째 자물쇠와 네 번째 자물쇠는 3번 열쇠로 열리지 않았다.
- 6번 열쇠로는 어떤 자물쇠도 열지 못했다.
- 두 번째 또는 세 번째 자물쇠는 4번 열쇠로 열렸다.
- 세 번째 자물쇠는 4번 또는 5번 열쇠로 열렸다.

---

① 첫 번째 자물쇠는 반드시 1번 열쇠로 열린다.

② 두 번째 자물쇠가 2번 열쇠로 열리면, 세 번째 자물쇠는 5번 열쇠로 열린다.

③ 세 번째 자물쇠가 5번 열쇠로 열리면, 네 번째 자물쇠는 2번 열쇠로 열린다.

④ 3번 열쇠로는 어떤 자물쇠도 열지 못한다.

해설 주어진 조건에 따라 자물쇠를 열 수 없는 열쇠를 정리하면 다음과 같다.

구분	1번 열쇠	2번 열쇠	3번 열쇠	4번 열쇠	5번 열쇠	6번 열쇠
첫 번째 자물쇠			×	×	×	×
두 번째 자물쇠			×			×
세 번째 자물쇠	×	×	×			×
네 번째 자물쇠			×	×		×

따라서 3번 열쇠로는 어떤 자물쇠도 열지 못하는 것을 알 수 있다.
① 첫 번째 자물쇠는 1번 또는 2번 열쇠로 열릴 수 있다.
② 두 번째 자물쇠가 2번 열쇠로 열리면, 세 번째 자물쇠는 4번 열쇠로 열린다.
③ 세 번째 자물쇠가 5번 열쇠로 열리면, 네 번째 자물쇠는 1번 또는 2번 열쇠로 열린다.

1. 자원관리능력

01 다음 주 당직 근무에 대한 일정표를 작성하고 있는데, 작성하고 봤더니 잘못된 점이 보여 수정을 하려 한다. 한 사람만 옮겨 일정표를 완성하려고 할 때, 일정을 변경해야 하는 사람은?

당직 근무 규칙

- 낮에 2명, 야간에 2명은 항상 당직을 서야 하고, 더 많은 사람이 당직을 설 수도 있다.
- 낮과 야간을 합하여 하루에 최대 6명까지 당직을 설 수 있다.
- 같은 날에 낮과 야간 당직 근무는 함께 설 수 없다.
- 낮과 야간 당직을 합하여 주에 세 번 이상 다섯 번 미만으로 당직을 서야 한다.
- 월요일부터 일요일까지 모두 당직을 선다.

당직 근무 일정

직원	낮	야간	직원	낮	야간
가	월요일	수요일, 목요일	바	금요일, 일요일	화요일, 수요일
나	월요일, 화요일	수요일, 금요일	사	토요일	수요일, 목요일
다	화요일, 수요일	금요일, 일요일	아	목요일	화요일, 금요일
라	토요일	월요일, 수요일	자	목요일, 금요일	화요일, 토요일
마	월요일, 수요일	화요일, 토요일	차	토요일	목요일, 일요일

① 나   ② 라
③ 마   ④ 바
⑤ 사

 해설

구분	월요일	화요일	수요일	목요일	금요일	토요일	일요일
낮	가, 나, 마	나, 다	다, 마	아, 자	바, 자	라, 사, 차	바
야간	라	마, 바, 아, 자	가, 나, 라, 바, 사	가, 사, 차	나, 다, 아	마, 자	다, 차

일정표를 보면 일요일 낮에 한 명, 월요일 야간에 한 명이 필요하고, 수요일 야간에 한 명이 빠져야 한다. 따라서 가, 나, 라, 바, 사 중 한 명이 일정을 옮겨야 하는데, 이때 세 번째 당직 근무 규칙에 따라 같은 날에 낮과 야간 당직 근무는 함께 설 수 없으므로 월요일에 근무하는 '가, 나, 라, 마'와 일요일에 근무하는 '다, 바, 차'는 제외된다. 따라서 일정을 변경해야 하는 사람은 '사'이다.

02 H팀은 정기행사를 진행하기 위해 공연장을 대여하려 한다. H팀의 상황을 고려하여 공연장을 대여한다고 할 때, 비용은 얼마인가?

공연장 대여비용

구분	공연 준비비	공연장 대여비	소품 대여비	보조진행요원 고용비
단가	50만원	20만원(1시간)	5만원(1세트)	5만원(1인, 1시간)
할인	총비용 150만원 이상 : 10%	2시간 이상 : 3% 5시간 이상 : 10% 12시간 이상 : 20%	3세트 : 4% 6세트 : 10% 10세트 : 25%	2시간 이상 : 5% 4시간 이상 : 12% 8시간 이상 : 25%

H팀 상황

A : 저희 총예산은 수입보다 많으면 안 됩니다. 티켓은 4만원이고, 50명 정도 관람할 것으로 예상됩니다.

B : 공연은 2시간이고, 리허설 시간 2시간이 필요하며, 공연 준비 및 정리를 위해 공연 앞뒤로 1시간씩은 필요합니다.

C : 소품은 공연 때 2세트 필요한데, 예비로 1세트 더 준비하도록 하죠.

D : 진행은 저희끼리 다 못하니까 주차장을 관리할 인원 1명을 고용해서 공연시간 동안과 공연 앞뒤로 1시간씩은 공연장 주변을 정리하게 하죠. 총예산이 모자라면 예비 소품 1세트 취소, 보조진행요원 미고용, 리허설 시간 1시간 축소 순서로 줄이도록 하죠.

① 1,800,000원

② 1,850,000원

③ 1,900,000원

④ 2,050,000원

⑤ 2,100,000원

해설
- 예상수입 : $40,000 \times 50 = 2,000,000$원
- 공연 준비비 : 500,000원
- 공연장 대여비 : $6 \times 200,000 \times 0.9 = 1,080,000$원
- 소품 대여비 : $50,000 \times 3 \times 0.96 = 144,000$원
- 보조진행요원 고용비 : $50,000 \times 4 \times 0.88 = 176,000$원
- 총비용 : $500,000 + 1,080,000 + 144,000 + 176,000 = 1,900,000$원

총비용이 150만원 이상이므로 공연 준비비에서 10%가 할인되어 50,000원이 할인된다. 따라서 할인이 적용된 비용은 $1,900,000 - 50,000 = 1,850,000$원이다.

※ K부서는 보안을 위해 부서원들만 알 수 있는 비밀번호를 생성하려고 한다. 이를 위해 부서원에게 다음과 같은 메일을 보냈다. 이어지는 질문에 답하시오. [03~04]

신규 비밀번호 생성방법

• 각자의 컴퓨터에 보안을 위해 새로운 비밀번호를 생성하십시오.
• 비밀번호 생성방법은 다음과 같습니다.
❶ 앞 두 자리는 성을 제외한 이름의 첫 자음으로 합니다. → 마동석 = ㄷㅅ
❷ 한글의 경우 대응되는 알파벳으로 변형합니다. → ㄷ = C, ㅅ = G
❸ 세 번째와 네 번째 자리는 생년월일의 일로 합니다. → 10월 3일 = 03
❹ 다섯 번째와 여섯 번째 자리는 첫 번째와 두 번째 자리의 알파벳에 3을 더한 알파벳으로 합니다. → C = F, G = J
❺ 가장 마지막 자리에는 직급의 번호로 합니다. → (사원 = 01, 대리 = 11, 과장 = 12, 차장 = 22, 부장 = 03)

---

03 새로 발령을 받은 공효주 사원은 9월 13일생이다. 이 사원이 생성할 비밀번호로 옳은 것은?

① NI13QL11
② NI13QL01
③ NI13JV01
④ NI45QL01
⑤ WK13QL01

해설 • 앞 두 자리 : ㅎ, ㅈ → N, I
• 세 번째, 네 번째 자리 : 1, 3
• 다섯 번째, 여섯 번째 자리 : Q, L
• 마지막 자리 : 01
따라서 생성할 비밀번호는 'NI13QL01'이다.

04 부서원들이 만든 비밀번호 중 잘못 만들어진 비밀번호는?

① 김민경 사원(12월 6일생) → EA06HD01
② 유오성 대리(2월 25일생) → HG25KJ11
③ 손흥민 과장(3월 30일생) → NE30QH12
④ 김연경 차장(11월 14일생) → HA14KD22
⑤ 황희찬 부장(4월 8일생) → NJ08QN03

해설 황희찬 부장(4월 8일생)의 비밀번호는 'NJ08QM03'이다.

05 둘레 길이가 456m인 호수 둘레를 따라 가로수가 4m 간격으로 일정하게 심어져 있다. 출입구에 심어져 있는 가로수를 기준으로 6m 간격으로 재배치하려고 할 때, 새롭게 옮겨 심어야 하는 가로수는 최소 몇 그루인가?(단, 불필요한 가로수는 제거한다)

① 38그루

② 37그루

③ 36그루

④ 35그루

> **해설** 입구와 출구가 같고, 둘레의 길이가 456m인 타원 모양의 호수 둘레를 따라 4m 간격으로 일정하게 심어져 있는 가로수는 $456 \div 4 = 114$그루이며, 입구에 심어져 있는 가로수를 기준으로 6m 간격으로 가로수를 옮겨 심으려고 할 때, 4m와 6m의 최소공배수인 12m 간격의 가로수 $456 \div 12 = 38$그루는 그 자리를 유지하게 된다. 이때 호수 둘레를 따라 6m 간격으로 일정하게 가로수를 심을 때, 필요한 가로수는 $456 \div 6 = 76$그루이므로 그대로 두는 가로수 38그루를 제외한 $76 - 38 = 38$그루를 새롭게 옮겨 심어야 한다.

06 A씨는 기간제로 6년을 일했고, 시간제로 6개월을 근무했다. 다음의 연차 계산법을 활용했을 때, A씨의 연차는 며칠인가?(단, 소수점 첫째 자리에서 올림한다)

〔 연차 계산법 〕

• 기간제 : [(근무 연수)×(연간 근무 일수)]÷365일×15
• 시간제 : (근무 총 시간)÷365
※ 근무는 1개월을 30일, 1년을 365일로, 1일 8시간 근무로 계산한다.

---

① 86일

② 88일

③ 92일

④ 94일

⑤ 100일

> **해설** • 기간제 : $(6 \times 365) \div 365$일 $\times 15 = 90$일
> • 시간제 : $(8 \times 30 \times 6) \div 365 \fallingdotseq 4$일
> 따라서 $90 + 4 = 94$일이다.

1. 의사소통능력

01 다음 중 그리스 수학에 대한 내용으로 옳은 것은?

> '20세기 최고의 수학자'로 불리는 프랑스의 장피에르 세르 명예교수는 경북 포항시 효자동에 위치한 포스텍 수리과학관 3층 교수 휴게실에서 '수학이 우리에게 왜 필요한가'를 묻는 첫 질문에 이같이 대답했다.
> "교수님은 평생 수학의 즐거움, 학문(공부)하는 기쁨에 빠져 있었죠. 후회는 없나요? 수학자가 안 됐으면 어떤 인생을 살았을까요?"
> "내가 굉장히 좋아했던 선배 수학자가 있었어요. 지금은 돌아가셨죠. 그분은 라틴어와 그리스어 등 언어에 굉장히 뛰어났습니다. 그만큼 재능이 풍부했지만 본인은 수학 외엔 다른 일을 안 하셨어요. 나보다 스무 살 위의 앙드레 베유 같은 이는 뛰어난 수학적 재능을 타고 태어났습니다. 하지만 나는 수학적 재능은 없는 대신 호기심이 많았습니다. 누가 써놓은 걸 이해하려 하기보다 새로운 걸 발견하는 데 관심이 있었죠. 남이 이미 해놓은 것에는 별로 흥미가 없었어요. 수학 논문들도 재미있어 보이는 것만 골라서 읽었으니까요."
> "학문이란 과거의 거인들로부터 받은 선물을 미래의 아이들에게 전달하는 일이라고 누군가 이야기했습니다. 그 비유에 대해 어떻게 생각하세요?"
> "학자의 첫 번째 임무는 새로운 것을 발견하려는 진리의 추구입니다. 전달(교육)은 그다음이죠. 우리는 발견한 진리를 혼자만 알고 있을 게 아니라, 출판(Publish : 넓은 의미의 '보급'에 해당하는 원로학자의 비유)해서 퍼트릴 의무는 갖고 있습니다."
> 장피에르 교수는 고대부터 이어져 온 고대 그리스 수학자의 정신을 잘 나타내고 있다고 볼 수 있다. 그가 생각하는 학자에 대한 입장처럼 고대 그리스 수학자들에게 수학과 과학은 사람들에게 새로운 진리를 알려주고 놀라움을 주는 것이었다. 이때의 수학자들에게 수학이라는 학문은 순수한 앎의 기쁨을 깨닫게 해주는 것이었다. 그래서 고대 그리스에서는 수학을 연구하는 다양한 학파가 등장했을 뿐만 아니라 많은 사람의 연구를 통해 짧은 시간에 폭발적인 혁신을 이룩할 수 있었다.

① 그리스 수학을 연구하는 학파는 그리 많지 않았다.

② 그리스의 수학자들은 학문적 성취보다는 교육을 통해 후대를 양성하는 것에 집중했다.

③ 그리스 수학은 장기간에 걸쳐 점진적으로 발전했다.

④ 고대 수학자들에게 수학은 새로운 사실을 발견하는 순수한 학문적 기쁨이었다.

⑤ 그리스 수학은 도형 위주로 특히 폭발적인 발전을 했다.

해설 장피에르 교수 외 고대 그리스 수학자들의 학문에 대한 공통적 입장은 새로운 진리를 찾는 기쁨이라는 것이다.
　　① · ③ 제시문과 반대되는 내용이므로 옳지 않다.
　　② · ⑤ 제시문에 언급되어 있지 않아 알 수 없다.

02 다음 글의 논지를 강화하기 위한 내용으로 옳지 않은 것은?

> 뉴턴은 이렇게 말했다. "플라톤은 내 친구이다. 아리스토텔레스는 내 친구이다. 하지만 진리야말로 누구보다 소중한 내 친구이다" 케임브리지에서 뉴턴에게 새로운 전환점을 준 사람이 있다. 수학자이며 당대 최고의 교수였던 아이작 배로우(Isaac Barrow)였다. 배로우는 뉴턴에게 수학과 기하학을 가르치고 그의 탁월함을 발견하여 후원자가 됐다. 이처럼 뉴턴은 타고난 천재가 아니라, 자신의 피나는 노력과 위대한 스승들의 도움을 통해 후천적으로 키워진 것이다.
>
> 뉴턴이 시대를 관통하는 천재로 여겨진 것은 "사과는 왜 땅에 수직으로 떨어질까?"라는 질문에서 시작했다. 이질문을 던진 지 20여 년이 지나고 마침내 모든 물체가 땅으로 떨어지는 것은 지구 중력에 의한 만유인력이라는 개념을 발견한 것이 계기가 됐다. 사과가 떨어지는 것을 관찰하여 온갖 질문을 던지고, 새로운 가설을 만든 후에 그것을 증명하기 위해 오랜 시간 연구하고 실험을 한 결과가 위대한 발견으로 이어진 것이다. 위대한 발명이나 발견은 어느 한 순간 섬광처럼 오는 것이 아니다. 시작 단계의 작은 아이디어가 질문과 논쟁을 통해 점차 다른 아이디어들과 충돌하고 합쳐지면서 숙성의 시간을 갖고, 그런 후에야 세상에 유익한 발명이나 발견이 나오는 것이다.
>
> 이전부터 천재가 선천적인 것인지, 후천적인 것인지에 관한 논란은 계속되어 왔다. 과거에는 천재가 신적인 영감을 받아 선천적으로 탄생한다는 주장이 힘을 얻었다. 플라톤의 저서 〈이온〉에도 음유 시인이 기술이나 지식이아닌 신적인 힘과 영감을 받는 존재임이 언급된다. 그러나 아리스토텔레스의 〈시학〉은 〈이온〉과 조금 다른 관점을 취하고 있다. 기본적으로 시가 모방미학이라는 입장은 같지만, 아리스토텔레스는 이것이 신적인 힘을 모방한 것이 아닌 인간의 모방이라고 믿었다.
>
> 최근 연구에 의하면 천재라 불리는 모든 사람들이 선천적으로 타고난 것이 아니고 후천적인 학습을 통해 수준을 점차 더 높은 단계로 발전시켰다고 한다. 선천적 재능과 후천적 학습을 모두 거친 절충적 천재가 각광받는 것이다. 이것이 우리에게 주는 시사점은 비록 지금은 창의적이지 않더라도 꾸준히 포기하지 말고 창의성을 개발하고 실현하는 방법을 배워서 실천한다면 모두가 창의적인 사람이 될 수 있다는 교훈이다. 타고난 천재가 아니고 훈련과 노력으로 새롭게 태어나는 창재(창의적인 인재)로 거듭나야 한다.

① 칸트는 천재가 선천적인 것이라고 말했다.

② 세계적인 발레리나 강수진은 고된 연습으로 발이 기형적으로 변해버렸다.

③ 1만시간의 법칙은 한 분야에서 전문가가 되기 위해서는 최소 1만시간의 훈련이 필요하다는 것이다.

④ 뉴턴뿐만 아니라 아인슈타인 역시 끊임없는 연구와 노력을 통해 천재로 인정받았다.

⑤ 신적인 것보다 연습이 영감을 가져다주는 경우가 있다.

해설 제시문에서는 천재가 선천적인 재능뿐만 아니라 후천적인 노력에 의해서 만들어지는 존재라고 주장하고 있기 때문에 ①은 옳지 않다.
  ② · ③ · ④ 제시문에서 언급된 절충적 천재(선천적 재능과 후천적 노력이 결합한 천재)에 대한 내용이다.
  ⑤ 영감을 가져다주는 것은 신적인 힘보다도 연습이라는 논지이므로 제시문과 같은 입장이다.

🔒 01 ④ 02 ①

※ 다음은 A기업이 1분기에 해외로부터 반도체를 수입한 거래내역과 거래일의 환율이다. 이어지는 질문에 답하시오. [03~04]

날짜	수입	환율
1월	4달러	1,000원/달러
2월	3달러	1,120원/달러
3월	2달러	1,180원/달러

※ (평균환율) = $\dfrac{(총\ 원화금액)}{(환전된\ 총\ 달러금액)}$

03 1분기 평균환율은 얼마인가?

① 1,180원/달러

② 1,120원/달러

③ 1,100원/달러

④ 1,080원/달러

해설 • 총 원화금액 : $(4 \times 1,000) + (3 \times 1,120) + (2 \times 1,180) = 9,720원$
• 평균환율 : $\dfrac{9,720}{9} = 1,080원/달러$

04 현재 창고에 A기업이 수입한 반도체 재고가 200달러만큼 존재할 때, 앞에서 구한 평균환율로 환산한 창고 재고금액은 얼마인가?

① 200,000원

② 216,000원

③ 245,000원

④ 268,000원

해설 $200 \times 1,080 = 216,000원$

※ 다음 자료를 보고 이어지는 질문에 답하시오. [05~06]

항공	숙박(1박)		교통비	일비	식비
실비	▪ 1·2급 : 실비 ▪ 3급 : 80,000원 ▪ 4·5·6급 : 50,000원		▪ 서울·경기 지역 : 1일 10,000원 ▪ 나머지 지역 : 1일 15,000원	30,000원/일	20,000원/일

※ 2급 이상 차이 나는 등급과 출장에 동행하게 된 경우, 높은 등급이 묵는 호텔에서 묵을 수 있는 금액을 지원한다.

1급	2급	3급	4급	5급	6급
이사장	이사	부장	차장	과장	대리

※ 부장, 차장, 과장, 대리의 출장비는 이사장, 이사>부장>차장>과장>대리의 순서로 차등하다(부장부터 일비 만원씩 감소).
※ 항공은 외국으로 출장을 갈 경우에 해당한다.

05 다음 중 자료에 대한 설명으로 옳은 것은?

① 외국으로 출장을 다니는 B과장이 항상 같은 객실에서 묵는다면 총비용은 언제나 같다.
② 서울·경기 지역으로 1박 2일 출장을 가는 C차장의 출장비는 20만원 이상이다.
③ 같은 조건으로 출장을 간다면 이사장이 이사보다 출장비를 많이 받는다.
④ 이사장과 함께 출장을 가게 된 A대리는 이사장과 같은 호텔, 같은 등급의 객실에서 묵을 수 있다.
⑤ 자동차를 이용해 무박으로 지방 출장을 가는 부장과 차장의 비용은 같다.

> **해설** 대리와 이사장은 2급 이상이 차이 나기 때문에 A대리는 이사장과 같은 호텔 등급의 객실에서 묵을 수 있다.
> ① 비행기 요금은 실비이기 때문에 총비용은 변동이 있을 수 있다.
> ② 숙박비 5만원, 교통비 2만원, 일비 6만원, 식비 4만원으로 C차장의 출장비는 17만원이다.
> ③ 같은 조건이라면 이사장과 이사는 출장비가 같다.
> ⑤ 부장과 차장은 출장비가 다르기 때문에 부장이 더 많이 받는다.

06 K부장과 P차장이 9박 10일로 함께 제주도 출장을 가게 되었다. 동일한 출장비를 제공하기 위하여 P차장의 호텔을 한 단계 업그레이드할 때, P차장이 원래 묵을 수 있는 호텔보다 얼마나 이득인가?

① 230,000원   ② 250,000원   ③ 270,000원

④ 290,000원   ⑤ 310,000원

> **해설** • K부장의 숙박비 : 80,000×9＝720,000원
> • P차장의 숙박비 : 50,000×9＝450,000원
> 따라서 P차장의 호텔을 한 단계 업그레이드했을 때,
> 720,000−450,000＝270,000원 이득이다.

🔒 03 ④ 04 ② 05 ④ 06 ③

한국사능력검정시험

01 (가)에 들어갈 내용으로 옳은 것은? [2점]

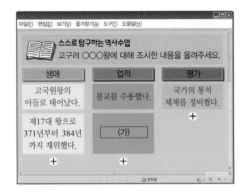

스스로 탐구하는 역사수업
고구려 ○○○왕에 대해 조사한 내용을 올려주세요.

생애	업적	평가
고국원왕의 아들로 태어났다.	불교를 수용했다.	국가의 통치 체제를 정비했다. +
제17대 왕으로 371년부터 384년 까지 재위했다. +	(가) +	

① 태학을 설립했다.
② 병부를 설치했다.
③ 화랑도를 정비했다.
④ 웅진으로 천도했다.

기출 태그 #고구려 소수림왕 #율령 반포 #불교 수용
#태학 설립

해설
고구려 소수림왕은 고국원왕이 백제와의 평양성 전투에서 전사하자 그 뒤를 이어 왕위에 올랐다. 이후 중앙집권적 국가의 기틀을 세우기 위해 율령을 반포하고 통치 체제를 정비했다. 또한, 중국 전진의 승려 순도를 통해 불교를 수용해 왕실의 권위를 높이고자 했다.
① 고구려 소수림왕은 국가교육기관인 태학을 설립해 인 재를 양성했다.

02 (가) 나라에 대한 탐구 활동으로 가장 적절한 것은? [3점]

뚜벅뚜벅 역사여행

김수로가 세운 (가) 의 역사

답사 일정

09:00 학교 출발

10:00~12:00
국립김해박물관 견학

12:00~13:00
맛있는 점심식사

13:00~15:00
김해 대성동 고분군 및 박물관 답사

15:00 집으로!

① 사비로 천도한 이유를 파악한다.
② 우산국을 복속한 과정을 살펴본다.
③ 청해진을 설치한 목적을 조사한다.
④ 구지가가 나오는 건국신화를 분석한다.

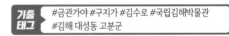

기출 태그 #금관가야 #구지가 #김수로 #국립김해박물관
#김해 대성동 고분군

해설
국립김해박물관은 금관가야의 철기유물 등이 전시된 박물관이며, 김해 대성동 고분군은 3~5세기 금관가야의 덧널무덤, 널무덤 등 여러 양식의 무덤이 모여 있다.
④ 〈구지가〉는 금관가야 시조 김수로의 건국신화에서 전해져 내려오는 고대가요이다. 〈삼국유사〉에 따르면 구지봉에서 사람들이 〈구지가〉를 부르자 하늘에서 6개의 황금알이 내려왔는데 그 중 제일 큰 알에서 나온 사람이 김수로라고 전해진다.

03 다음의 가상 인터뷰에 나타난 사건으로 옳은 것은? [2점]

서경에서 거사를 일으킨 이유가 무엇인가요?

저는 서경으로 수도를 옮기면 천하를 다스릴 수 있고, 금이 스스로 항복할 것이라고 주장해왔습니다. 그런데 조정에 반대하는 무리가 있어 뜻을 이룰 수 없었기 때문에 거사한 것입니다.

① 묘청의 난
② 김흠돌의 난
③ 홍경래의 난
④ 원종과 애노의 난

기출 태그 #서경천도운동 #묘청의 난 #김부식
#칭제건원, 금나라 정벌

해설

이자겸의 난 이후 인종은 왕권을 회복시키고자 정치개혁을 추진했다. 이 과정에서 묘청, 정지상을 중심으로 한 서경세력과 김부식을 중심으로 한 개경세력 간의 대립이 발생했다. 서경세력은 서경(평양)으로 천도하고 대화궁을 지으면 천하를 통일할 수 있고 금도 항복할 것이라고 주장했다. 하지만 대화궁 준공 뒤에도 달라진 것이 없고 인종의 서경행차에서 폭풍우로 수많은 사람들이 죽자 결국 서경 천도계획은 무산됐다. 그러자 묘청이 서경에서 반란을 일으켰고, 김부식의 관군에 의해 진압됐다.
① 묘청, 정지상 등을 중심으로 한 서경세력은 서경천도와 칭제건원, 금 정벌 등을 주장했으나 받아들여지지 않자 서경에서 반란을 일으켰다.

04 (가)에 들어갈 내용으로 옳은 것은? [2점]

다큐멘터리 기획안

숙종이 꿈꾸었던 고려

■ **기획의도**
왕권을 강화하고 문벌세력을 견제했던 고려 제15대 왕 숙종의 정책을 조명한다.

■ **내용**
제1회 서적포를 설치하다
제2회   (가)
제3회 남경에 궁궐을 세우다
제4회 별무반을 조직하다

① 규장각을 설치하다
② 해동통보를 제작하다
③ 노비안검법을 실시하다
④ 쌍성총관부를 공격하다

기출 태그 #고려 숙종 #국자감 서적포 #남경개창도감
#별무반 #주전도감

해설

고려 숙종은 비서성에 보관하던 책판이 많아지자 최고 국립 교육기관인 국자감에 서적포를 설치해 모든 책판을 옮기고 인쇄와 출판을 담당하게 했다. 또한, 도읍을 남경(서울)으로 옮길 것을 주장한 김위제의 건의에 따라 임시관서인 남경개창도감을 두어 궁궐을 세웠으며, 여진족이 고려의 국경을 자주 침입하자 윤관의 건의로 신기군, 신보군, 항마군으로 구성된 별무반을 편성했다.
② 고려 숙종 때 승려 의천의 건의에 따라 화폐주조를 전담하는 주전도감을 설치하고 해동통보와 삼한통보, 해동중보 등의 동전과 활구(은병)를 발행·유통했다.

05 (가) 인물의 활동으로 옳은 것은? [3점]

이 화폐에는 (가) 의 모습과 그가 태어난 강릉 오죽헌 등이 그려져 있습니다. 그는 조선시대 유학자이자 정치가로 수미법을 주장했습니다.

① 앙부일구를 제작했다.
② 성학집요를 저술했다.
③ 시무28조를 건의했다.
④ 화통도감 설치를 제안했다.

해설

이이는 강원도 강릉 오죽헌에서 태어났으며, 조선시대를 대표하는 유학자이다. 그는 공납제의 폐단을 시정하기 위해 선조에게 전국의 모든 공납을 쌀로 대신 납부하게 하는 대공수미법을 건의했으나 실현되지 못했다.
② 이이는 군주가 수양해야 할 덕목과 지식을 다룬 〈성학집요〉를 저술해 선조에게 바쳤다.

06 (가) 왕의 재위하는 동안에 있었던 사실로 옳은 것은? [2점]

이곳은 제주 행원포구입니다. 인조반정으로 폐위돼 강화도 등지로 유배됐던 (가) 은/는 이후 이곳을 통해 제주도로 들어와 유배생활을 이어가다가 생을 마감했습니다.

① 집현전이 설치됐다.
② 비변사가 폐지됐다.
③ 대동법이 시행됐다.
④ 4군6진이 개척됐다.

해설

조선 광해군 때 북인이 집권해 정계에서 밀려 있던 서인세력이 광해군의 중립외교정책과 폐모살제 문제를 빌미로 인조반정을 일으켰다(1623). 인조반정으로 인조가 왕위에 올랐으며 폐위된 광해군은 강화도로 유배됐다가 다시 제주도로 옮겨졌고 그곳에서 사망했다.
③ 조선 광해군 때 실시한 대동법은 공납을 전세화해 공물 대신 쌀이나 베, 동전 등으로 내도록 했다(1608).

07 (가)에 들어갈 기구로 옳은 것은? [2점]

주제: 갑오·을미개혁

1. 제1차 갑오개혁: <u>　　(가)　　</u> 을/를 중심으로 개혁을 추진해 과거제, 노비제, 연좌제 등 폐지

2. 제2차 갑오개혁: 홍범14조 반포, 지방행정조직을 23부로 개편, 교육입국조서 반포

3. 을미개혁: 태양력 채택, 건양연호 사용, 단발령 실시

① 정방

② 교정도감

③ 군국기무처

④ 통리기무아문

기출태그 #군국기무처 #제1차 갑오개혁 #김홍집
#과거·노비·연좌제 폐지

해설

제1차 갑오개혁을 통해 국정과 왕실사무를 분리해 국정은 의정부, 왕실사무는 궁내부가 담당하게 했다. 청의 연호를 폐지하고 개국기원을 사용했으며, 문벌을 폐지하고 재능에 따라 인재를 등용하기 위해 과거제를 폐지했다. 또한, 사회적으로는 공사노비법을 없애 신분제가 법적으로 폐지됐으며, 연좌제와 조혼 등 악습을 폐지했다.

③ 군국기무처는 갑오개혁을 시행하기 위해 설치한 기구로 김홍집이 총재관을 맡아 정치, 군사에 관한 모든 사무를 담당했다.

08 (가) 지역에서 있었던 독립운동에 대한 설명으로 옳은 것은? [3점]

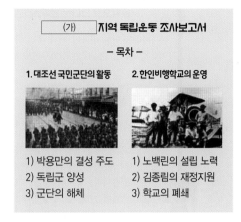

<u>　　(가)　　</u> **지역 독립운동 조사보고서**

－ 목차 －

1. 대조선 국민군단의 활동
   1) 박용만의 결성 주도
   2) 독립군 양성
   3) 군단의 해체

2. 한인비행학교의 운영
   1) 노백린의 설립 노력
   2) 김종림의 재정지원
   3) 학교의 폐쇄

① 서전서숙이 세워졌다.

② 권업회가 조직됐다.

③ 신흥강습소가 설립됐다.

④ 대한인 국민회가 결성됐다.

기출태그 #미주지역의 독립운동 #대조선 국민군단
#한인비행학교 #대한인 국민회

해설

- 대조선 국민군단: 박용만이 1914년 미국 하와이에서 결성한 항일군사단체로, 독립군 양성을 바탕으로 무장투쟁을 준비했다.
- 한인비행학교: 독립운동가 노백린은 미국 캘리포니아에서 공군의 중요성을 강조하며 비행사 양성을 주장했다. 이후 김종림의 재정지원을 받아 1920년 독립군 비행사 양성을 위한 한인비행학교를 세웠다.
- ④ 미국 샌프란시스코의 한인들은 한인사회를 구성해 학교와 교회 등을 세웠고, 자치단체인 대한인 국민회를 조직해 외교활동을 펼치며 독립운동을 전개했다.

09 밑줄 그은 '사건'으로 옳은 것은?   [2점]

문학으로 만나는 한국사

아, 떼죽음 당한 마을이 어디 우리 마을 뿐이던가. 이 섬 출신이거든 아무라도 붙잡고 물어보라. 필시 그의 가족 중에 누구 한 사람이, 아니면 적어도 사촌까지 중에 누구 한 사람이 그 북새통에 죽었다고 말하리라.

―「순이 삼촌」―

위 소설의 배경이 된 <u>사건</u>은 미군정기에 시작돼 이승만정부 수립 이후까지 지속됐습니다. 당시에 남한만의 단독정부수립에 반대하는 무장대와 토벌대 간의 무력충돌과 토벌대의 진압과정에서 많은 주민이 희생됐습니다.

① 간도참변
② 6 · 3시위
③ 제주4 · 3사건
④ 제암리학살사건

기출 태그 #제주4 · 3사건 #남한 단독정부수립 반대
#남로당 제주도당 #미군정 · 경찰 강경진압

해설

제주4 · 3사건은 1948년 남한만의 단독정부수립에 반대한 남로당 제주도당의 무장봉기를 미군정과 경찰이 강경진압하면서 발생했다. 진압과정에서 법적절차를 거치지 않고 총기 등을 사용해 무고한 민간인까지 사살하면서 제주도민들이 큰 피해를 입었다. 이후 1978년 현기영은 반공정권하에 왜곡되고 은폐됐던 제주4 · 3사건을 배경으로 한 소설 〈순이 삼촌〉을 발표했다.
③ 남한만의 단독정부수립에 반대한 남로당 제주도당이 무장봉기를 일으키자 미군정과 경찰이 이를 강경진압하면서 민간인을 학살한 제주4 · 3사건이 발생했다.

10 다음 퀴즈의 정답으로 옳은 것은?   [1점]

제시된 단계별 힌트를 종합해 추론할 수 있는 지역은 어디일까요?

1단계 장수왕이 새로운 도읍으로 삼은 곳
2단계 물산장려운동이 시작된 곳
3단계 남북정상회담이 최초로 개최된 곳

① 원산
② 서울
③ 파주
④ 평양

기출 태그 #평양 #고구려 장수왕의 평양 천도
#물산장려운동 #6 · 15남북공동선언

해설

• 고구려 장수왕은 광개토대왕의 뒤를 이어 즉위했으며, 평양으로 수도를 옮기고 남진정책을 추진해 영토를 확장했다.
• 일제강점기 때 평양에서 조만식, 이상재의 주도로 조선물산장려회가 발족돼 '내 살림 내 것으로' 등의 구호를 내세운 물산장려운동이 전국으로 확산됐다.
• 김대중정부는 2000년에 평양에서 분단 이후 최초로 남북정상회담을 개최해 6 · 15남북공동선언을 발표했다.

01 (가) 왕의 재위기간에 일어났던 사실로 옳은 것은? [2점]

백제 제25대 왕인 (가) 의 무덤발굴 50주년을 기념하는 행사가 공주시에서 열립니다. (가) 은/는 백제가의 난을 평정하고 22담로에 왕족을 파견했습니다. 그의 무덤은 피장자와 축조 연대가 확인된 유일한 백제왕릉입니다.

① 익산에 미륵사를 창건했다.

② 중국 남조의 양과 교류했다.

③ 고흥에게 서기를 편찬하게 했다.

④ 마라난타를 통해 불교를 수용했다.

⑤ 사비로 천도하고 행정조직을 재정비했다.

02 (가), (나) 사이의 시기에 있었던 사실로 옳은 것은? [3점]

(가) 고구려왕이 "마목현과 죽령은 본래 우리나라 땅이니 만약 이를 돌려주지 않는다면 돌아가지 못하리라"라고 말했다. 김춘추가 "국가의 영토는 신하가 마음대로 할 수 있는 것이 아니므로 신은 감히 명령을 따를 수 없습니다"라고 대답하니, 왕이 분노해 그를 가두었다.

(나) 관창이 "아까 내가 적진에 들어가서 장수를 베고 깃발을 빼앗지 못한 것이 심히 한스럽다. 다시 들어가면 반드시 성공하리라"라고 말했다. 관창은 적진에 돌입해 용감히 싸웠으나, 계백이 그를 사로잡아 머리를 베어 말 안장에 매달아서 돌려보냈다. 이를 본 신라군이 죽음을 각오하고 진격하니 백제군사가 대패했다.

① 안승이 보덕국왕으로 임명됐다.

② 신라가 당과 군사동맹을 체결했다.

③ 관산성 전투에서 백제왕이 피살됐다.

④ 흑치상지가 임존성에서 군사를 일으켰다.

⑤ 부여풍이 백강에서 왜군과 함께 당군과 맞서 싸웠다.

기출 태그 #백제 무령왕 #22담로에 왕족 파견 #무령왕릉 #중국 남조의 양과 교류

해설

백제 무령왕은 좌평 백가가 반란을 일으키자 이를 진압했으며, 지방에 설치한 22담로에 왕족을 파견해 지방세력을 통제하기도 했다. 또한, 무령왕릉은 웅진(공주) 백제시대 왕들의 무덤이 모여 있는 공주 송산리 고분군의 제7호분으로, 유일하게 묘지석이 발견돼 피장자와 축조연대를 확인할 수 있다.

② 무령왕릉은 널길과 널방을 벽돌로 쌓은 벽돌무덤으로, 이 고분양식을 통해 백제가 중국 남조의 양과 교류하며 영향을 받았음을 알 수 있다.

기출 태그 #삼국시대 대외관계 #신라 김춘추 #나당동맹 #백제 계백 #신라 화랑 관창

해설

(가) 백제가 신라를 지속적으로 공격하면서 대야성까지 함락되자 위기감을 느낀 김춘추가 고구려 보장왕을 만나 원병을 요청했으나 실패했다(642).

(나) 김유신이 이끄는 신라군은 화랑 관창 등이 참여한 황산벌전투에서 백제 계백의 결사대를 물리치고 승리해 백제를 멸망시켰다(660).

② 고구려와 지원교섭에 실패한 김춘추는 이후 당으로 건너가 고구려를 멸망시키고자 하는 당 태종으로부터 군사적 지원을 약속받는 데에 성공해 나당동맹을 결성했다(648).

🔒 09 ③ 10 ④ 01 ② 02 ②

03 다음 검색창에 들어갈 왕의 재위기간에 있었던 사실로 옳은 것은? [2점]

① 전국에 12목을 설치하고 관리를 파견했다.
② 주전도감을 설치해 해동통보를 발행했다.
③ 왕권 강화를 위해 노비안검법을 실시했다.
④ 거란침입에 대비해 개경에 나성을 축조했다.
⑤ 국자감에 출판을 담당하는 서적포를 두었다.

해설
고려 광종은 공신세력을 약화시키고 왕권을 강화하고자 국왕을 황제라 칭하고 광덕, 준풍 등의 독자적 연호를 사용했으며, 다양한 개혁을 실시해 백관의 공복을 제정했다. 또한, 후주에 토산물을 보내는 등 외교관계를 돈독히 했다. 한편, 불교에 깊은 관심을 기울여 혜거를 국사, 탄문을 왕사로 삼으며 고려 국사·왕사제도를 확립했다.
③ 광종은 노비안검법을 실시해(956) 억울하게 노비가 된 사람들을 해방시키고 호족의 세력을 약화시켰다.

---

04 밑줄 그은 '그'에 대한 설명으로 옳은 것은? [3점]

이것은 개경 흥왕사 터에서 출토된 대각국사의 묘지명 탁본입니다. 여기에는 문종의 넷째 아들인 그가 송에 유학하고 돌아온 후 국청사를 중심으로 천태종을 개창한 내용이 기록돼 있습니다.

① 정혜쌍수와 돈오점수를 주장했다.
② 무애가를 지어 불교 대중화에 힘썼다.
③ 황룡사 구층목탑의 건립을 건의했다.
④ 백련사 결사를 통해서 불교정화운동을 전개했다.
⑤ 교장도감을 설치하고 불교경전 주석서를 편찬했다.

해설
고려 문종의 넷째 아들로 승려가 된 의천은 송에서 유학하고 돌아와 개경(개성) 흥왕사에서 교종과 선종의 불교통합운동을 전개했으며, 국청사를 중심으로 해동 천태종을 개창했다. 이후 숙종 때 의천이 국사로 책봉됐고 대각국사로 불리게 됐다.
⑤ 의천은 교장도감을 통해 불교경전에 대한 주석서를 모은 〈교장〉을 편찬했다.

05
아래 대본에 밑줄 그은 '이 제도'에 대한 설명으로 옳은 것은? [2점]

> **#3. 궁궐 안**
>
> 성종이 경연에서 신하들과 토지제도개혁을 논의하고 있다.
>
> 성종: 그대들의 의견을 말해보도록 하라.
>
> 김유: 우리나라의 수신전, 휼양전 등은 진실로 아름다운 것이지만 오히려 일이 없는 자가 앉아서 그 이익을 누린다고 해 세조께서 과전을 없애고 <u>이 제도</u>를 만드셨습니다.

① 전지와 시지를 등급에 따라 지급했다.

② 풍흉에 관계없이 전세 부담액을 고정했다.

③ 현직관리에게만 토지의 수조권을 지급했다.

④ 관리에게는 녹봉을 지급하고 수조권을 폐지했다.

⑤ 개국공신에게 인성, 공로를 기준으로 토지를 지급했다.

06
밑줄 그은 '이 사절단'에 대한 설명으로 옳은 것은? [2점]

> 이 해사록은 김세렴이 <u>이 사절단</u>의 부사로 일본에 다녀온 후 작성한 책입니다. 여기에는 쓰시마, 교토를 거쳐 에도까지 간 여정, 당시 일본의 지형과 풍속, 쇼군을 만난 내용 등이 담겨 있습니다.

해사록

① 암행어사의 형태로 비밀리에 파견됐다.

② 해국도지, 영환지략을 국내에 소개했다.

③ 하정사, 성절사, 천추사 등으로 구분됐다.

④ 막부의 요청으로 파견돼 문물을 전했다.

⑤ 기기국에서 무기제조기술을 습득해 돌아왔다.

해설

③ 조선시대의 과전법 제도하에서는 전·현직관리에게 토지가 지급됐고, 수신전과 휼양전의 명목으로 세습까지 가능했다. 이로 인해 지급할 토지가 부족해지자 조선 세조 때 수신전과 휼양전을 폐지하고 직전법을 실시해 현직관리에게만 토지의 수조권을 지급했다.

해설

조선 인조 때의 문신 김세렴은 일본에 통신사로 파견돼 사행 일기인 〈동명해사록(해사록)〉을 저술했다. 주요 내용은 쓰시마, 교토를 거쳐 에도에 이르기까지의 여정과 일본의 산천, 지리, 풍속 등에 대해 보고들은 바를 기록한 것이며, 당시 통신사 일행의 명단과 일본지도가 포함돼 있다.

④ 임진왜란 이후 일본 에도막부는 꾸준히 조선에 국교 재개와 사절파견을 요청했다. 이에 조선은 선조 때인 1607년부터 1811년까지 12회에 걸쳐 일본에 통신사를 파견해 조선의 선진문물을 전파했다.

07 (가) 법전이 편찬된 시기에 볼 수 있는 모습으로 가장 적절한 것은? [3점]

○○박물관 소장품 (가) 검색

대전통편 이후 80여 년 만에 새롭게 편찬된 법전이다. 기존법전을 기본으로 삼고, 각종 조례 등을 보완해 체계적으로 정리한 조선시대 마지막 통일법전이다.

① 동의보감을 집필하는 의관
② 만동묘 복구를 건의하는 유생
③ 훈민정음을 연구하는 집현전 학자
④ 계해약조의 초안을 작성하는 관리
⑤ 성균관에 탕평비 건립을 명하는 국왕

기출 태그 #흥선대원군 #대전회통 #통치체제정비 #만동묘 #유생 집합소로 변질

해설

흥선대원군은 정조 때 편찬된 〈대전통편〉을 보완하고 각종 조례를 정리한 법전인 〈대전회통〉을 편찬해 통치체제를 정비했다(1865).

② 조선 후기에 명 황제인 신종과 의종의 제사를 지내기 위해 충북 괴산에 만동묘를 세웠다. 이후 만동묘가 유생들의 집합소로 변질돼 경제적·사회적 폐단이 지속되자 흥선대원군 때 철폐시켰고(1865), 이에 반대한 유생들이 복구를 요구하는 소를 올리기도 했다.

08 (가) 지역에서 일어났던 민족운동으로 옳은 것은? [2점]

이 사진은 1905년 ___(가)___ 의 유카탄반도로 계약노동이민자들을 수송했던 일포드호입니다. 주택무료임대, 높은 임금 등을 내건 모집광고를 믿고 이 화물선을 탄 천여 명의 한국인들은 한 달 넘게 걸려 에네켄 농장에 도착했습니다. 이들은 광고와 달리 사실상 노예와 다름없는 생활을 했습니다.

① 권업회의 기관지로 권업신문이 발간됐다.
② 독립군 양성을 위한 숭무학교가 설립됐다.
③ 북로군정서가 조직돼 무장투쟁을 실시했다.
④ 주권재민을 천명하는 대동단결선언서가 작성됐다.
⑤ 유학생들이 중심이 돼 2·8독립선언서를 발표했다.

기출 태그 #멕시코 지역의 민족운동 #에네켄 농장 #일포드호 #숭무학교

해설

② 멕시코 메리다 지역의 한인들은 한인사회를 중심으로 단결했고, 에네켄(애니깽) 농장에서 반노예적인 노동조건과 착취를 견디며 독립운동자금을 모았다. 특히 독립군 양성기관인 숭무학교를 설립해 무장투쟁을 준비하기도 했다(1910).

09 밑줄 그은 '그'의 활동으로 옳은 것은?　[2점]

이곳 난징의 천녕사 옛터는 독립군간부 양성을 위해 설립된 조선혁명 군사정치 간부학교의 훈련장소입니다. 의열단 단장이었던 그가 설립한 이 학교는 1932년부터 3년 동안 운영됐으며 윤세주, 이육사를 비롯한 수많은 졸업생을 배출했습니다.

① 연해주에서 대한광복군 정부를 수립했다.
② 대한광복회의 총사령으로 친일파를 처단했다.
③ 중국국민당과 협력해 조선의용대를 창설했다.
④ 만주사변 이후 대전자령 전투에서 일본군을 격퇴했다.
⑤ 민중의 직접혁명을 주장하는 조선혁명선언을 집필했다.

10 교사의 질문에 대한 학생의 답변으로 적절한 것은?　[1점]

이 노래는 새마을운동을 처음 시작한 정부에서 보급한 것입니다. 새마을운동은 도시와 농촌의 균형 있는 발전을 목표로 근면, 자조, 협동을 구호로 내걸었습니다. 이 정부시기의 경제상황에 대해 말해 볼까요?

새마을 노래
1. 새벽종이 울렸네 새아침이 밝았네 너도 나도 일어나 새마을을 가꾸세 살기 좋은 내 마을 우리 힘으로 만드세
2. 초가집도 없에고 마을길도 넓히고 푸른동산 만들어 알뜰살뜰 다듬세 살기 좋은 내 마을 우리 힘으로 만드세

① 포항제철소 1기 설비가 준공됐어요.
② 미국과 자유무역협정(FTA)을 체결했어요.
③ 3저호황으로 물가가 안정되고 수출이 증가했어요.
④ 대통령의 긴급명령으로 금융실명제를 실시했어요.
⑤ 대통령 직속자문기구로 노사정위원회가 구성됐어요.

기출태그 #김원봉 #의열단 #독립군간부 양성 #조선의용대 #중국관내 최초 한인무장부대

해설
일제강점기에 김원봉과 의열단 지도부는 난징에 조선혁명 군사정치 간부학교를 설립하고 독립군을 양성해 군사력을 강화했다(1932). 총 6개 대대로 편성돼 중국인과 한인이 군사교육을 받았으며, 1935년에 폐교되기까지 윤세주, 이육사 등 125명의 졸업생을 배출해 무장항일투쟁을 준비했다.
③ 조선의용대는 김원봉이 주도해 중국국민당의 지원을 받아 중국 관내에서 결성된 최초의 한인무장부대로, 조선민족전선연맹 산하에 있었다(1938).

기출태그 #박정희정부 #농어촌의 근대화 #새마을운동 #포항제철소 1기

해설
박정희정부 시기인 1970년대에 공업화로 인해 상대적으로 낙후된 농어촌을 근대화시켜 균형있는 발전을 이루기 위해 새마을운동이 추진됐다.
① 박정희정부 시기에 연간 산출 103만톤 규모의 포항제철소 1기 설비를 준공했다(1973).

07 ② 08 ② 09 ③ 10 ①

발췌 ▶ 2021 한국사능력검정시험 기출이 답이다 심화(1·2·3급)·기본(4·5·6급)

키워드로 살펴보는 채용면접
대인관계(갈등관리)란?

이번 칼럼에서는 면접에 대한 핵심키워드를 '대인관계'로 정해 보았습니다. 일반적으로 대인관계능력은 기업에서 가장 중요하게 고려하는 능력 중 하나입니다. 대부분의 직장인의 경우, 언제나 자신에게 주어지는 목표 또는 성과를 단순히 자신이 혼자서 잘한다는 것보다는, 다른 사람들과 잘 소통하고 협력하여 이루어야하기 때문입니다. 이번 글에서는 대인 관계능력 중에 특히 '설득'과 '갈등관리'를 중점으로 살펴보겠습니다.

직장인에게 있어서 대인관계능력은 그 범위가 매우 다양할 것입니다. 그래서 이번 호에서는 크게 내부 고객의 측면과 외부고객의 측면, 두 가지 관점으로 나누어서 생각해 보고자 합니다.

> **Q. 상대방을 설득하기 위한 귀하만의 방법이 있다면 말씀해 주시고, 그와 관련한 귀하의 경험을 소개해 주십시오.**

위의 질문과 관련하여, 가장 먼저 아래 네 가지 전제 조건을 염두에 두시길 바랍니다.

> **(가) 상대를 설득하기 위한 상황은 무엇일까?**
> **(나) 나에게 있어서 갈등상황은 무엇일까?**
> **(다) 상대를 설득하기 위한 구체적인 방법은 무엇일까?**
> **(라) 처음 보는 사람이나 잘 알지 못하는 사람을 설득한 경험이 있을까?**

물론 이외에도 고려해야 할 사항들이 많겠지만 우선 이 네 가지 요소를 조금 깊게 생각해 보겠습니다.

(가)의 질문은 본인에게 있어서 '갈등'은 무엇인지를 묻는 것입니다. 즉 대인관계능력이 상대방과 잘 협력하고 갈등을 관리하는 능력이라고 말한다면, 구체적으로 그러한 능력을 어떤 상황이나 환경에서 발휘해야 하는지를 스스로 알아야 합니다. 이러한 갈등의 상황을 구체적으로 제시할수록, 그에 따른 자신의 경험담 역시 면접위원들에게 공감대를 형성할 수 있을 것입니다.

(나)는 (가)와 거의 유사한 내용이라 할 수 있습니다. 다만 (가)와 (나)를 굳이 구별하자면, (가)는 이미 갈등이 생겨 설득이 필요한 구체적인 사건이나 상황을, (나)의 경우는 내가 스스로 판단하는 '갈등'의 기준을 의미하는 것입니다. 여기서 '갈등'이란 단어가 의미하는 사전적인 의미가 아니라, 나의 입장에서 갈등이라 판단이 되는 주관적인 의미입니다.

(다)의 질문은 앞선 질문의 구체적인 답안에 해당합니다. 만약 (가)와 (나)를 자신만의 구체적인 상황으로 인식하고 표현할 수 있다면, 실제 나는 어떻게 상대방과의 갈등을 해결하는지, 또는 상대방과 소통하여 좋은 결과 또는 성과를 만들어 낼 수 있는지를 의미하는 것입니다.

(라)는 (가), (나), (다)의 내용을 객관적으로 증명할 수 있는 자신의 경험담을 의미합니다. 따라서 (다)에서 말한 자신만의 구체적인 방법에 정확히 해당하는 경험담을 제시하는 것이 바람직합니다. 다만 (라)의 전제조건처럼 되도록 처음보는 사람, 또는 잘 알지 못하는 사람을 설득한 예시라면 더욱 공감도가 높은 경험담이 될 것입니다.

이와 같은 점을 고려해 제시된 질문에 대한 답변을 하나씩 살펴보겠습니다.

지원자 A

저는 동료들과 지내면서 항상 웃는 얼굴로 이야기하며, 긍정적인 모습으로 지내기 때문에 지금까지 단 한 번도 주위 사람들과 갈등이 생긴 적이 없습니다. 그럼에도 만약 갈등이 생기는 경우가 생긴다면, 저만의 친화력으로 갈등을 해결하고 주위 동료들과 좋은 관계를 이룰 것이라 확신합니다.

상기 답변의 경우는 흔하게 나올 수 있는 답변이기는 합니다만, 추천할 수 없는 유형의 답변입니다. 먼저 답변의 전반적인 내용이 덜 구체화됐습니다. 직장이라는 공간은 새로운 사람 또는 처음 보는 사람들과 근무해야 하고, 친목을 위한 모임처럼 '그저 좋은 게 좋은 것'이란 모임이 아니기 때문에 어떤 형태로든 갈등이나 대립이 발생할 수 있습니다. 그렇게 생각했을 때, '이때까지 갈등 자체가 없을 만큼 대인관계능력이 완벽한 사람이다'란 답변은 진정성이 떨어지며, 실제 면접위원의 질문의 취지와도 어긋난 답변입니다. 다시 말하면 지원자A의 답변이 무조건 잘못되었다기보다는, 면접위원의 입장에서는 위의 답변에서 추가적인 가점을 줄 수 있는 요소가 없다는 것을 의미합니다. 이와 비교하여 다른 답변을 살펴보겠습니다.

지원자 B

저는 학교를 다니면서 조별과제를 수행한 적이 있는데, 제가 조장역할을 맡아서 진행하게 됐습니다. 처음 만나는 조원들도 있어서 어색하다 보니 서로 소통이 원활히 되기는 어려웠고, 또 서로가 바빠서 일정을 조율하는 것이 어려울 때도 있었습니다. 하지만 제가 조장으로서 조원들의 이야기를 경청하고, 제가 손해를 본다는 생각으로 리더십을 발휘하여 조별과제를 잘 끝낸 경험이 있습니다.

지원자B의 답변은 자신의 경험담을 제시하고, 지원자A의 답변보다는 훨씬 구체적으로 답변을 했습니다. 실제 구체적인 사례를 제시함으로써 면접위원이 듣기에 공감대를 높인 부분은 좋습니다. 다만 경험담 자체가 그다지 참신하지 않다는 것이 아쉽습니다. 돌려 말하면 대학생이라면 당연한 의무 중 하나인 조별과제 제출이 특별한 경험담이라 보기에는 약간은 부족할 수도 있다는 의미이죠. 만약 이와 유사한 경험담을 다른 지원자들이 이미 많이 답변했다면, 면접위원의 입장에서는 위의 답변을 듣고서 특별한 가점을 주기에는 주저할 것입니다. 그런 점을 고려한 후, 지원자C의 답변을 살펴보겠습니다.

지원자 C

저는 혼자서 해외여행을 간 적이 있습니다. 혼자 외국에 처음 간 것이었기 때문에 때로는 두렵고 어려운 상황도 많았지만, 그때마다 용기를 내어 비록 완벽하지 않은 어학실력이지만 적극적인 모습으로 현지인에게 질문해서 어려움을 극복했습니다. 그리고 현지에서 새로운 친구를 알게 되어 지금까지도 연락하고 있습니다.

물론 지원자C의 답변이 반드시 모범답안이라 볼 수는 없습니다만, 위 세 사람의 답변 중에서는 상대적으로 가장 좋은 답변이라 생각합니다. 지원자C의 답변은 세 사람의 답변 중에서 가장 구체적이고, 개별적인 답변이라 말할 수 있습니다. 실제로 혼자인 새로운 환경에서 스스로의 힘으로 극복한 것과 그 과정에서 새로운 친구를 알게 됐다는 것은 면접위원의 관점에서도 지원자C의 적극적인 대인관계능력을 파악할 수 있는 좋은 근거가 될 것입니다. 따라서 위와 같은 관점에서 본다면 구체성과 독특성, 그 후의 결과까지 제시한 지원자C의 답변이 가장 높은 가점을 획득할 가능성이 높습니다. 또한 면접위원의 입장에서는 앞선 지원자A · B의 답변보다는 지원자C의 답변에 대해 추가 질문의 요소가 많다고 할 수 있습니다. 이제 본 주제와 관련하여 가장 흔하게 접할 수 있는 상황질문의 예시를 보겠습니다.

> **Q. 만약 상사가 귀하에게 어떤 업무지시를 하였는데, 귀하가 생각하기에 효율적인 지시가 아니라는 생각이 들면 어떻게 하시겠습니까?**

꼭 이와 동일하지 않더라도 유사한 질문은 자주 나오곤 합니다. 먼저 두 사람의 답변을 살펴 보겠습니다.

지원자 D

업무지시를 한 상사의 경우, 저보다 오래 직장생활을 하였고, 관련한 지식이나 경험이 풍부하기 때문에 제 생각과 다르더라도 당연히 지시에 따라야 한다고 생각합니다.

지원자 E

상사의 생각과 저의 생각이 다르다면, 그 자리에서 바로 상사에게 제가 다르게 생각하는 이유를 말씀드리고, 상사와 이야기를 하여 서로가 확실한 공감을 이루어 낸 상태에서 업무지시에 따르겠습니다.

정확히 말하면 어느 대답이 반드시 맞거나 틀리다의 개념이 아닙니다. 다만 질문의 의도를 조금 고민해 보도록 하겠습니다. 먼저 업무지시를 하는 상사는 그 업무에 대한 직속 상사임을 의미합니다. (대부

분의) 업무지시를 하는 상사의 입장으로 봤을 때, 나에게만 지시를 하는 것이 아니라, 각각의 담당자에게 업무지시를 했다고 가정해야 합니다. 즉 나만 특별히 예외적인 업무지시를 받은 것이 아니라는 의미입니다. 따라서 위 두 사람의 답변은 어느 한 쪽으로 보면 일견 타당하다고 말할 수 있습니다만, 조금 더 중도적인 관점에서 생각한 후 대답을 한다면 실제 일-현장에서 더욱 현실적으로 반영될 수 있을 것이라고 생각합니다. 물론 정해진 정답은 없겠지만 아래와 같은 답변을 고려해 볼 만 합니다.

지원자 F

업무지시를 하는 순간에서는 설사 상사와 의견이 다르더라도 일단 업무지시를 받고, 혹시 업무를 수행하는 입장에서 의문사항이 있으면 기존 자료를 찾아보거나 이 일을 예전에 담당했던 선배직원에게 문의를 하겠습니다. 되도록 업무가 잘 진행되도록 준비하고, 그럼에도 의문사항이 있으면 업무지시를 한 상사에게 모르는 점이나 이해가 완벽하게 안 되는 점을 문의드리겠습니다.

위 답변은 여러분께서 선택하실 수 있는 여러 유형의 답변 중에서 어느 정도 무난한 유형의 답변의 예시를 고른 것입니다.

> 첫째, 생각이 다르더라도 바로 그 자리에서 반박하거나 질문하지 않는다.
> 둘째, 자신이 생각하는 바를 기존 자료를 바탕으로 다시 판단하거나, 업무를 지시한 상사가 아닌 다른 선배직원에게 먼저 의견을 구한다.
> 셋째, 그럼에도 불구하고 생각이 정리되지 않으면 일정 시차를 두고 자신의 의견을 정리한 다음, 지시를 내린 상사에게 질문을 한다.

비록 짧은 답변이지만 위 세 가지 단계를 포함하고 있습니다. 또 무조건 업무지시를 따르겠다는 생각이

나, 자신의 생각을 섣부르게 판단해 상사에게 즉답하거나 반박하는 행동을 가급적 회피하려는 노력도 보입니다. 이와 같은 태도가 실제 직장에서 행동할 수 있는 무난한 모습이 아닐까 생각됩니다. 또 다른 상황을 전제하는 질문을 살펴보겠습니다. 직전의 질문이 내부고객과 관련된 질문이었다면, 이번 질문은 외부고객과 관련된 질문입니다.

> Q. 귀하께서 민원을 담당하는 담당자라고 가정해 보겠습니다. 소위 갑질을 하는 불만고객이 무례한 언사로 귀하에게 마구 요구를 할 때 귀하는 어떻게 행동하시겠습니까?

이러한 질문을 미리 염두에 두지 않고 답하려고 하면, 대부분 아래와 같이 답변하게 될 것입니다.

지원자 G

고객을 한분 한분 진심으로 대해야 합니다. 설사 갑질을 하는 불만고객을 응대하는 경우라도, 같이 화를 내거나 싸우면 안됩니다. 어떤 경우라도 웃는 얼굴로 응대해야 합니다.

위와 같은 답변이 반드시 틀린 답변이라는 것은 아닙니다. 하지만 위 답변은 불만고객을 응대하는 기본적인 응대방법을 기술한 것, 그 이상도 그 이하도 아닙니다. 평면적인 답변이라는 의미입니다. 먼저, 위와 같은 불만고객의 갑질은 그 한 사람에게서 끝나는 것이 아니라, 다른 고객들에게도 불쾌한 영향을 미칠 것입니다. 즉 그러한 상황을 무마시키기 위해 민원담당자로서 구체적인 행동을 해야 합니다. 만약 본인의 능력이나 권한만으로 해결할 수가 없다면 주위 동료나 상사를 통해 해결해야 합니다. 따라서 위의 답변보다는 아래와 같이 답변을 하는 것이 면접위원들이 보기에 공감대가 있을 것입니다.

지원자 H

만약 그러한 상황이 발생한다면, 무엇보다 주위 다른 고객들에게도 불편을 끼쳐드릴 수 있는 상황이므로 일단 고객의 불만사항을 듣고, 조금은 떨어진 다른 조용한 자리로 모셔서 (음료를 대접하는 등) 화를 조금이라도 누그러뜨립니다. 만약 저의 권한 밖의 이유로 계속 불만을 이야기하며 요구한다면 정중하게 양해를 구한 뒤에 선배직원이나 상급자에게 응대를 하게끔 유도합니다. (단 이럴 경우, 선배직원이나 상급자에게는 전후 상황을 명확하게 사전 설명을 합니다) (이하 생략)

생각해 볼 수 있는 예시답변을 구성해 보았습니다. 위 답변에서의 핵심적인 상황은 갑질을 하는 불만고객에 대해 상황해결을 위한 구체적인 행동을 제시했다는 것이며, 빠른 판단력으로 자신이 해결할 수준인지 아닌지에 따라 해결법을 나누어 제시했다는 것입니다. 이와 같은 답변은 실제 민원현장에서 발생할 수 있는 어느 정도의 현실적인 상황을 고려한 답변입니다. 따라서 이러한 답변을 들은 면접위원은 이렇게 추가 질문을 할 수도 있습니다.

> Q. 귀하의 답변을 잘 들었습니다. 그렇다면 귀하께서는 이와 유사한 경험이 있으십니까? 만약에 있다면 소개해 주시겠습니까?

만약 면접위원이 이러한 추가 질문을 했다면, 여러분의 답변이 면접위원에게 어느 정도 공감을 불러일으켰다는 것을 의미합니다. 이러한 질문을 만약 받게 될 가능성을 염두에 두어, 미리 자신의 경험이나 사례를 준비해 두는 것이 중요합니다. 시대

필자 소개

안쌤(안성수)
채용컨설팅 및 취업 관련 콘텐츠/과제 개발
NCS 채용 컨설팅, NCS 퍼실리테이터
취업·채용 관련 강의, 코칭, 경력 및 직업상담
공공기업 외부면접관/면접관 교육 등
취업/채용 관련 칼럼니스트, 자유기고가
저서 〈NCS와 창의적 사고기법으로 접근하기〉外

ESG 경영은 기업에
리스크인가 성장요인인가?

ESG 경영이 기업의 성장과 리스크에 미치는 영향

지속가능한 경영을 명목으로 전 세계 기업이 ESG 규범에 따르기 위한 개선 작업에 한창입니다. 장기 성장에 이롭다는 취지로 환경 · 사회 · 지배구조에 이르는 분야를 ESG 규범에 포괄하고 있는데, 이것이 기업에는 비용 상승과 불확실성 가중 요인으로 작용하고 있습니다.

기후위기에 대응하는 방안으로서 경제적 유인을 제공하는 ESG 경영은 응당 필요합니다. 하지만 대외 요건 변화로 인해 ESG 규범의 실효성과 지속성이 의문을 자아내고 있고, 기업의 시장 지위가 대응수준의 차이로 이어지고 있어 리스크 측면이 더욱 두드러진 상황입니다. 변화는 근본적으로 저항을 동반하고, 현재와 같은 경영방식으로는 미래를 낙관할 수 없다는 건 명약관화(明若觀火 · 불을 보듯 분명하고 뻔함)입니다. 지속가능한 경영과 기후위기에 대한 해결방안으로 등장한 ESG 경영이 기업의 성장과 리스크에 어떤 영향을 미치는지 기술해봅시다.

예시 답안 1

ESG 경영은 기업의 가치를 높여줄 근간으로 작용한다. 근시안적으로 단기 이익만 추구하는 경영전략으로는 기후위기를 극복할 수 없다. ESG 경영의 목표는 지속가능성이다. 이는 더 나은 환경, 기업의 사회적 가치 증대, 지배구조의 투명화를 아우른다. ESG 규범의 세분화를 통해 기업이 간과해 온 부분들을 바로잡을 수 있다면, 결과적으로 기업의 가치는 증가한다. 전제 조건은 변화에서 살아남아야 한다는 점이

다. 시장은 경쟁을 거듭하며 오늘날의 첨단 기술과 제도를 만들어 냈다. 그 과정에서 뒤처진 기업은 역사의 뒤안길로 사라지거나 인수합병으로 새롭게 태어났다.

ESG 경영은 종국적으로 기업의 가치를 높이며 성장에 동력을 더할 수 있지만, 다수의 기업이 시장에서 냉혹한 잣대에 어려움을 겪으며 도태로 접어들 위험 요소도 내포하고 있다. 이미 ESG는 제도적 여건을 갖춘 상태라 기업이 거부할 수는 없는 게 현실이다. 적자생존이 유일한 해답이라면, 빠르고 정확하게 환경을 수용하는 것이 현명한 처사다. ESG 규범을 대다수의 기업이 따르며 그에 대한 지속성을 보장할 경우, 긍정적인 외부 효과로 인해 기업은 성장한다. 문제는 현실이 제도의 견고함을 와해할 가능성이 농후하다는 데 있다. 국제기구와 주요 선진국이 규범의 이행을 강제하더라도 급작스러운 전 지구적 사태를 방지하지는 못한다. 대표적으로 러시아의 우크라이나 침공은 ESG 경영의 신뢰성과 지속성의 근간을 흔들고 있다. 러시아가 서방의 제재에 맞서 유럽으로 향하던 천연가스공급을 중단하자 러시아산 의존도가 높았던 유럽의 선진국들은 천연가스 부족으로 ESG 규범에 역행하는 에너지 정책을 공표하기도 했다.

그러나 선진국에서 변화를 주도하지 못한다면, 국제사회로부터 ESG 규범은 신뢰를 얻을 수 없다. 기업들은 ESG 경영에 대대적으로 투자하며 생산과 조직구조를 바꾸는 중인데, 지속성이 취약해질 경우에는 이러한 과정을 투자가 아닌, 비용으로 다룰 우려가 있다. 형식적으로 최소한의 규범 조건을 충족하는 행태로는 ESG 경영의 취지를 실현할 수 없다. 규범의 지속성이 중요한 이유다.

지속가능한 사회에 대한 공감대는 ESG 경영이 기업의 브랜드 신뢰도 향상을 이뤄낼 동인을 제공한다. 가치 있는 브랜드는 경영의 안정성을 강화할 수 있기 때문에 성장에 긍정적인 요소로 작용할 수 있다. 2022년에 시행한 **중대재해처벌법❶**에 대한 대응을 비롯해 세제 및 금리 혜택을 보장받기 위해서라도 기업의 사회적 책임과 지배구조 차원에서 ESG 경영을 전사적으로 진행해야 한다. 이러한 조치는 사회가 기업에 기대하는 역할을 기업이 적극적으로 수행하도록 이끄는 효과가 있다.

사회와 맞닿은 공간에서 제품과 서비스를 만드는 기업이 더 나은 미래를 제시하는 데 앞장서고, 협력사와 상생을 추구하며 이로움을 확대해야 하는 시대다. 브랜드와 ESG 경영을 연결한 마케팅은 시장 반응에 따라 결과가 달라질 수 있다. 소비자의 선택이 ESG 경영의 확산과 발전에 영향을 미칠 수 있으므로 구매 시 소비자는 지속가능성에 주의를 기울여야 한다. ESG 경영으로 창출할 가치는 기업의 전유물이 아니라 사회 전반의 개선에 영향을 미치는 공유재에 가깝다. 합리적인 소비에 ESG 요소를 포함해야 한다.

납품단가 낮추기, 불투명한 지배구조, 제도적 허점을 이용한 환경 파괴 등은 기업의 성장을 가로막는 병폐다. 발각 시 불이익이 막대함에도 불구하고 이와 같은 행태를 보이는 기업이 매년 언론 일면에 빠짐없이 등장하고 있다. ESG 규범은 투명한 경영과 사회적 책임을 강화해 이러한 위험요소를 최소화하고, 그 과정에서 조직의 위기대응 능력도 높인다. 2030년까지 모든 상장사는 ESG 공시를 의무화해야 하고, 당장 2023년에는 기업의 가치사슬에서 발생하는 **스코프3❷** 탄소배출량을 관리하고 공시해야 한다.

ESG 경영은 기업의 가치를 높여줄 패러다임이지만, 경기침체 상황에서 새로운 의무를 이행하는 것은 자칫 기업의 역성장으로 이어질 우려가 있다. 규제 도입으로 기업의 ESG 경영 확대를 이끌어내는 것보다 다양한 인센티브 제공을 통해 개별 기업이 상황에 맞게 탄력적으로 제도를 운영할 수 있는 환경을 조성하는 것이 성장에 더욱 효과적일 수 있다. ESG 경영도 기업이 성장해야 가능하므로 안정적인 경기 주기에 접어들 때까지 규제와 인센티브의 혼합 운영으로 속도를 조절해야 한다. 적자생존의 냉혹함으로 기업을 마냥 내몰아서 얻을 것은 없다. ESG 경영은 분명 기업 성장의 단초다. 다만, 기업 간 경쟁이 가능한 수준까지 시간적 여유가 필요할 뿐이다.

---

❶ **중대재해처벌법** : 중대산업재해 또는 중대시민재해가 발생한 경우 안전조치를 소홀히 한 사업주 또는 경영책임자에게 1년 이상의 징역형을 내리도록 한 법안이다. 2021년 1월 8일 국회 본회의를 통과했으며 2022년 1월 27일부터 근로자 50인 이상의 기업에 적용되고 있다.

❷ **스코프3** : 기업의 자체 공장이나 사용전력의 온실가스 배출량뿐만 아니라 공급망에서 발생하는 탄소배출량까지 포함하는 개념으로 직접 배출량 외에 제품 생애주기 전체에서 발생하는 탄소배출량을 말한다.

답안 분석

ESG 경영은 성장과 리스크를 동반하고 있어 두 요소를 균형 있게 다루는 게 중요합니다. 찬반을 묻는 주제가 아니므로 성장 혹은 리스크만 강조하는 기술 방식은 출제 의도에 부합하지 않습니다. ESG 규범과 경영 사례는 대표성 있는 소재 위주로 적시했습니다.

ESG 경영의 도입 시기와 범위는 기업 간 차이가 있는데, 이를 경쟁으로 바라보며 '적자생존'을 언급했습니다. 도입부와 종결부에 등장한 적자생존은 맥락을 형성하며 주장을 상호 보완하는 역할을 합니다.

앞부분에서는 경쟁력 강화를 위해 기업이 ESG 경영을 적극적으로 도입할 것을 촉구했고, 뒷부분에서는 과도한 경쟁보다 공정한 경쟁이 가능한 환경 마련이 우선임을 강조했습니다. 또한 규범의 지속성은 ESG 경영의 전제 조건입니다. 그에 대한 이유를 서술하며 근거를 제시했습니다.

사회적 책임과 지배구조 개선은 기업의 브랜드와 밀접한 연관성을 보입니다. 소비자는 ESG 경영 내용을 토대로 제품과 서비스를 선택해 사회적 가치 신장에 일조할 수 있습니다. 기업, 정부, 기관 등의 역할만 강조하는 구조에 소비자를 추가하며 ESG 경영의 결실이 공공이익과 결부된다는 인식을 드러냈습니다.

마지막 단락에서는 전술한 성장 측면과 대조를 이루는 리스크 측면을 부각했습니다. 인센티브 중심의 ESG 규범 도입이 단락의 핵심 주장에 해당합니다.

예시 답안 2

'착한기업' 만들기 프로젝트는 강제성 없이 결코 성공할 수 없다. CSR[1]을 실천하는 기업이 부쩍 늘어났지만, 마케팅의 일부일 뿐 지속가능성을 염두에 두고 확대해 나아간 사례는 실상 많지 않다. 철저한 이윤추구 집단인 기업이 이해관계에 있어 효과가 크지 않다고 판단할 경우, CSR은 선택사항일 따름이다. 기업이 착한기업이 되고자 자발적 개선에 앞장서는 사례는 극히 일부에 지나지 않고, 그러한 시도가 시장논리에 따라 냉정한 평가를 받아 오히려 역효과를 초래하기도 한다.

이제는 그에 대한 강화 버전인 ESG 규범이 등장해 시장의 변혁을 추구하고 있다. 경제적 유인이 워낙 강력해 기업 입장에서는 ESG 경영을 도입하지 않을 수가 없다. 게다가 팬데믹을 계기로 지속가능성에 대한 논의가 기업의 영역에서 개인으로까지 확장됐다. 국경 폐쇄, 무역 제한 등으로 사회에 내재한 불평

등과 불균형이 고스란히 드러났기 때문이다. 방 안의 코끼리[a]를 명확히 지적하는 시대 흐름이 형성되며 기업이 그동안 마케팅으로 치부했던 환경·사회·지배구조에 대한 개선이 ESG 규범으로 힘을 얻기 시작했다.

자본주의로 구동하는 사회에서 경제적 유인보다 강력한 방안은 찾기 어렵다. 소비자부터 투자사까지 기업의 ESG 경영 여부를 들춰보는 시대는 분명 의미 있는 변화의 신호다. 실제로 세계 최대 자산운영사 블랙록의 선언에 힘입어 기업의 ESG 경영 참여가 잇따랐다. 자본주의가 주주 이익을 위시하며 그간 미뤄뒀던 문제를 자본주의로 해결한다는 점에서 ESG 경영은 아이러니한 부분이 있지만, 자본주의답게 글로벌 기업에 대한 블랙록의 지분이 막강한 위력의 시발점으로 작용했다.

이처럼 투자사와 정부의 합세에 떠밀려 기업이 ESG 경영을 시작했지만, 장밋빛 미래와는 달리 단기적으로는 기업에 적지 않은 부담이다. 제조사는 자사뿐만 아니라 협력사부터 물류까지 생산과 유통에 이르는 전 과정에서 발생하는 탄소배출량을 감축해야 한다. 이는 탄소제로와 동반해 진행하므로 생산 방식과 소재, 전력까지 아우른다. 사회 부문에서는 기업의 이해관계자들을 중심으로 다양성, 포용성, 공정성 등의 개선을 이뤄내야 한다. 지배구조 부문에서는 투명성과 청렴도로 기업의 건전한 성장의 토대를 형성해야 한다. 대응 인력과 자본이 충분한 대기업은 경쟁하듯 변화를 선도할 수 있어 ESG 규범의 긍정적 측면을 부각한다. 하지만 시장의 대다수를 이루는 중소기업에 ESG 경영은 도입 자체가 도전이자 위기다. 자본, 인력 등의 요소가 총체적으로 부족한데, 대기업의 협력사 지위를 유지하며 정부가 제시한 규범까지 따라야 하는 상황이 결코 녹록할 리가 없다. 심지어 규범 이행만이 전부가 아니다. 자본주의 환경에서 장단기 평가가 뒤따르기 마련이라 방향과 속도까지 제대로 조절해야 성장할 수 있다.

다국적 기업 '다논'은 ESG 경영을 대대적으로 시행하며 그 분야에서 앞서 나아갔지만, 경영 방향이 시장과 어긋나 경쟁사가 승승장구하는 동안 성장 정체를 겪었다. 주가는 폭락했고, ESG 경영을 선도했던

수장도 바뀌었다. 이처럼 대기업에 위기로 작용할 수 있는 ESG 경영이 하물며 중소기업에는 더욱 버거울 수밖에 없다. ESG 경영은 패러다임의 변화다. 이 과정을 중소기업이 위기가 아닌, 성장으로 이끌어내기 위해서는 정부의 조율이 필요하다. ESG 규범을 계량화하고 측정하는 단계부터 정부와 기업이 협의하며 현실성을 강화해야 할 때다. 자칫 안일한 ESG 경영으로 탄소국경세❸와 같은 보호장벽에 막혀 수출 산업의 경쟁력을 잃을 수 있기 때문이다. ESG 공시 의무가 산업의 성장 동력을 저해하지 않도록 속도와 방향에 주의를 기울여야 한다.

---

❶ CSR(Corporate Social Responsibility) : 기업의 사회적 책임이라는 뜻으로 기업이 경제적·법적 책임 외에도 폭넓은 사회적 책임을 적극 수행해야 한다는 것을 의미한다.

❷ 방 안의 코끼리 : 모두가 잘못됐다는 사실을 알면서도 그 말을 먼저 하게 됐을 때 초래될 위험이 두려워 그 누구도 먼저 이야기를 꺼내지 않는 상황을 비유하는 표현이다.

❸ 탄소국경세 : 수입국보다 이산화탄소를 많이 배출하는 국가에서 수출하는 제품에 부과하는 관세

답안 분석

CSR의 한계를 전면에 배치해 ESG 경영의 강점을 강조했습니다. ESG 경영이 추세를 형성한 이유를 팬데믹 환경에서 찾으며 배경지식을 소재로 사용했습니다. 첫 문단에는 후속 문단의 방향을 나타내는 어휘로 시장논리와 경제적 유인을 기재했습니다.

본문에서 언급한 것처럼 블랙록의 ESG 경영에 대한 선언은 기업의 참여를 이끌어냈습니다. 그 이후 기후결의안에 반대하며 입장을 모호하게 바꿨지만, ESG 경영의 시작에 영향을 미친 것은 부인할 수 없는 사실입니다. 또한 블랙록의 변심 내용까지 기술하면 전개가 매끄럽지 않습니다. 경제적 유인과 연결해 자본주의 운영을 강조하는 단락이므로 흐름을 고려해 초기 선언 부분만 기재했습니다.

시장논리는 중소기업의 열악한 상황을 나타내는 데 활용했습니다. 대기업과 비교해 중소기업은 ESG 경영 도입이 결코 쉽지 않습니다. ESG 경영을 선도했던 글로벌 기업이 방향보다 속도를 중시해 참담한 결과를 초래하기도 했습니다. 이러한 사실을 소재로 삼아 중소기업의 어려움을 부각했습니다. 핵심 주장은 ESG 경영의 속도와 방향 조절입니다. 글로벌 기업의 ESG 규범 대응은 한국을 앞서고 있습니다. 도입이 시급한 과제이지만, 방향이 맞아야 속도 상향의 의의가 있음을 사례를 통해 강조했습니다. [시대]

자기소개서 작성 팁을 유튜브로 만나자!

필자 소개

정승재(peoy19@gmail.com)
홈페이지 오로지첨삭(www.오로지첨삭.한국)
오로지면접(fabinterview.com)
유튜브 채널 : 오로지첨삭
저서 <합격하는 편입자소서 & 학업계획서>
<합격하는 취업, 자소서로 스펙 뛰어넘기>

금융권 종사자라면 필수!
투자자산운용사

투자자산운용사란?

최근 경제 규모가 증가하면서 기본적인 보유자산이 증가하고, 투자상품에 관심을 갖는 사람들이 늘어나면서 금융업계의 규모도 점점 커지는 추세다. 이에 관련 기업에서는 전문자격증을 보유하고 있는 사람들을 채용하려는 움직임이 활발해졌다. 여러 FP(자산관리사) 관련 자격증 중에서도 투자자산운용사 자격은 고객의 자산을 관리·운용하기 위해 꼭 필요한 자격이기 때문에 민간자격임에도 불구하고 금융권에 종사하는 이들을 중심으로 시험응시율이 높은 편이다.

투자자산운용사는 고객별 종합적인 자산운용전략을 수립해 맞춤형 자산관리서비스를 제공하고, 고객의 투자성향에 맞춰서 다양한 자산운용서비스를 제공하는 랩어카운트(Wrap Account) 업무를 수행한다. 펀드매니저라고도 하는데, 이처럼 투자자산운용사로 활동하기 위해서는 자격시험에 합격한 후 금융투자협회에 금융투자전문인력 또는 투자권유대행인으로 등록해야 한다.

자격증 취득정보

투자자산운용사 시험은 민간자격으로 한국금융투자협회에서 시행하고 있으며, 응시자격에 제한이 없다. 다만 시험에 합격한 후 동일 시험에 재응시하려는 자,

관련 규정에 의해 시험응시가 제한된 자는 해당 시험에 응시할 수 없으며, 합격하더라도 추후 응시 부적격자로 판명돼 합격이 무효 처리될 수 있다. 과거 일임투자자산운용사(증권FP) 시험과 집합투자자산운용사 시험으로 나눠 치러지던 것이 2010년 통합되어 시행되고 있으며, 통합 전의 자격요건을 갖춘 자에 한해 투자자산운용사 시험의 일부 과목을 면제하고 있다.

시험과목은 금융상품 및 세제, 투자운용 및 전략Ⅱ 및 투자분석, 직무윤리 및 법규/투자운용 및 전략Ⅰ 등의 3과목으로 구성돼 있으며, 객관식으로 100문항이 출제된다. 이중 종전의 일임투자자산운용사의 자격을 갖춘 자는 제1·3과목, 집합투자자산운용사의 자격을 갖춘 자는 제2·3과목이 면제된다. 응시과목별 정답비율이 40% 이상인 사람 중 응시과목의

전체 정답비율이 70% 이상이어야 합격할 수 있다. 평균 합격률이 36% 정도로 낮은 편이기 때문에 충분한 준비기간을 두고 공부하는 것이 좋다. 특히 비전공자일 경우 내용이 어렵게 느껴질 수 있어 조금 더 여유 있게 준비해야 한다. 시험 자체는 난이도가 높은 편은 아니지만 시험범위가 방대해 공부하는 데 많은 시간이 소요되므로 모든 내용을 정독하고 외우려고 하기 보다는 전체 내용을 가볍게 정독한 후 시험에 나오는 핵심내용을 중심으로 공부하고, 최대한 많은 문제를 풀어보면서 내용을 익히는 방법이 효율적이다.

자격전망 및 시험일정

투자자산운용사 자격을 취득하면 투자신탁상품매매중개인, 자산운용가, 투자 및 신용분석가, 채권관리사무원 등으로 활동할 수 있으며, 금융기관이나 연금관리기관 등에 취업할 수 있다. 일반적으로는 자산운용가(펀드매니저)를 많이 선택하는데, 투자신탁, 연금 등의 기관투자가나 개인투자가의 자산을 기반으로 최대한 투자 수익을 올릴 수 있도록 정보를 제공해 주고 계획을 세워 운용해 주는 업무를 담당한다. 이밖에 간접투자 상품 개발 및 펀드 관리·운용 업무도 맡아서 수행하게 된다.

투자자산운용사 자격은 금융권뿐만 아니라 은행권과 일부 공기업에서도 우대 자격증으로 활용되고 있으며, 특히 자산을 운용하는 펀드매니저나 증권사 투자관리팀 지원 시 꼭 필요한 자격이다. 투자자산운용사 자격을 취득하지 못한 경우 증권사 또는 금융사 창구에서 집합투자재산, 신탁재산 또는 투자일임재산을 운용하는 업무를 수행하지 못하기 때문이다. 따라서 증권 또는 금융 관련 회사에서 자산관리 업무를 수행하기 위해서는 취업 후에라도 반드시 투자자산운용사 자격을 취득해야 한다. 민간자격이지만 다른 FP 관련 자격과 달리 면허로서의 성격을 가지고 있는 것이다. 시대

제34회 투자자산운용사 시험일정

원서접수기간	시험일자	합격자발표
1. 16(월) ~ 1. 20(금)	2. 12(일)	2. 23(목)

2023 투자자산운용사 한권으로 끝내기 ver 9.0

투자자산운용사 시험 합격을 위한 최종정리서로 핵심이론 및 2019년~2022년 11월 시험이 반영돼 있다. 또 최근 3년간 기출경향 분석을 반영해 이론과 기출문제에 중요도를 표시하여 효율적 학습이 가능하다.

편저 유창호

상식
더하기 +

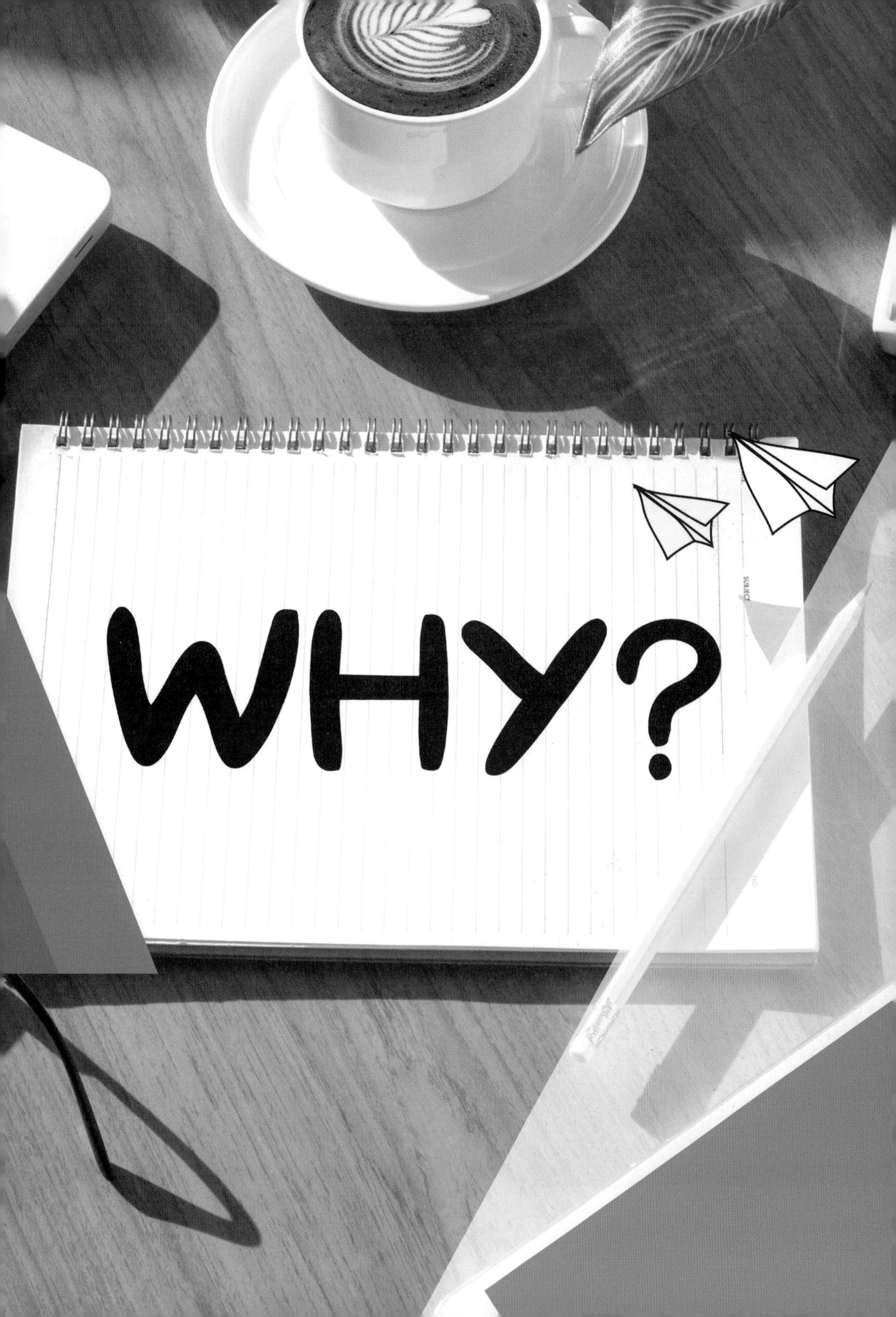
WHY?
SUBJECT

고민과 불안, 증가하는
청년 우울증

젊은이들의 불안감이 우울로 …

취업난과 고용불안, 내 집 마련 문제 등으로 일상생활 속에서 많은 청년들이 불안감을 호소하고 있습니다. 최근 우울증을 앓는 청년들의 수도 다른 세대와 비교해 크게 늘고 있는데요. 건강보험심사평가원에 따르면 20대 우울증 환자 수는 5년 새 (2017~2021) 127% 증가했고, 10대와 30대의 우울증도 적신호를 보이고 있습니다. 또한 10대와 20대는 정신건강의 지표 중 하나인 자살률도 늘었죠. 그렇다면 청년층에서 우울증 발생이 왜 이토록 많아진 걸까요?

코로나19로 인한 고립과 무너진 생활리듬

전문가들은 코로나19 사태 이후 늘어난 고립된 시간과 미래에 대한 불안감 때문이라고 진단합니다. 명우재 분당서울대병원 정신건강의학과 교수는 "코

로나 시대가 되면서 대면수업과 약속이 줄어들고 규칙적인 생활리듬이 무너진 게 크다"며 "또 우리 사회가 사람의 실수를 기다려주는 분위기가 아니다 보니 이를 견뎌나가는 힘이 점점 부족해지는 것 같다"고 말했습니다. 특히 일조량과 신체활동량이 줄어드는 겨울에는 우울한 감정이 더 커질 수 있습니다.

우울한 기분이 2주 이상 지속된다면 우울증을 의심해봐야 합니다. 삶에 대한 흥미와 관심사가 사라지는 것이 우울증의 주요 증상인데요. 또 우울증에 걸리면 식욕과 체중의 변화가 생기고 불면증이 나타날 수도 있습니다. 아울러 생각하기와 말하기, 신체 움직임이 둔화되거나 집중력과 판단력, 기억이 흐려지기도 합니다. 그러나 일부 환자들은 자신이 우울증이라고 인지하지 못해 일상이 위축되고 자신의 기분에 대해 잘 털어놓지 않기도 하죠. 우울증이 심화되다 끝내 극단적 선택을 하게 되는 경우도 많습니다.

우울증의 예방법은?

우울증을 예방하려면 어떻게 해야 할까요? 친구, 가족과 교류하며 감정을 표현하는 것이 좋고, 우울감을 해소하기 위해 술과 담배, 마약성 약물을 이용하는 것은 피해야 합니다. 과일, 채소 위주의 건강하고 규칙적인 식사가 필요하고 매일 30분씩 가벼운 운동

을 하며 햇볕을 쬐는 것도 도움이 됩니다. 우울증이 의심된다면 병원에서 약물치료와 심리치료를 받는 것이 가장 효과적인데요. 가벼운 우울증은 심리치료만으로도 호전이 가능합니다. 공완지 세브란스병원 정신건강의학과 교수는 "(청년들이) 자기 생각과 감정을 잘 살펴보는 등 스스로에 대해 관심을 가지는 게 중요하다"며 "우울증이 지속된다면 전문가의 도움을 받는 게 필요하다"고 설명했습니다. 시대

수면부족·교대근무 …
'잠의 질' 안 좋으면 우울해져요

수면이 부족한 교대근무자가 우울증을 겪을 확률이 적정수면(6~8시간)을 취하는 주간근무군보다 최대 3배 넘게 높을 수 있다는 연구결과가 나왔습니다. 1월 8일 대한보건연구에 게재된 한 보고서에 따르면 만 19세 이상 근로자 1만 3,191명을 조사한 결과 601명(4.36%)이 우울군으로 분류됐는데요.

이들의 수면과 근무형태를 조합해 관련성을 분석한 결과 수면부족 교대근무군은 적정수면 주간근무군보다 우울증을 겪는 경우가 약 2.3배 많았습니다. 이를 연령·근무형태별로 세분화해보니 교대근무·수면부족인 30대 근로자가 우울감을 느끼는 비율이 그렇지 않은 경우보다 3.9배 높았죠. 주간근무자만 놓고 봐도 30대와 40대 모두 수면이 부족한 사람의 우울비율이 각각 3.7배, 3.6배인 것으로 분석됐습니다. 20대를 제외하고는 30~50대 근로자에게서 수면시간과 우울감이 모두 유의미한 관계로 나타났죠.

우리나라 국민의 수면시간은 다른 나라보다 유독 짧고 수면의 질도 낮은 편인데요. 전문가들은 평일에 적정시간을 자기 어렵다면 주말에라도 수면을 보충하는 게 좋다고 말합니다. 주말 수면보충이 우울증 위험을 줄인다는 분석도 나왔죠. 또 우울증뿐 아니라 여타 질병예방·개선에도 도움이 된다는 연구결과도 있었습니다. 역시 잠이 최고의 보약이 아닌가 싶습니다.

두 번째 수업
싱글 레그 스트레치

필라테스 수업에서 '시선'이라는 단어는 매우 중요한 역할을 합니다. 수업을 할 때 동작을 설명하거나 자세교정이 필요한 경우가 있는데, 강사의 입장에서는 신체접촉 시 수강생의 머리를 터치하기가 매우 조심스럽기 때문입니다. 그래서 머리와 목, 가슴과 관련된 동작을 설명할 때는 시선에 대한 이야기를 많이 하게 됩니다. 시선이 어디로 향하느냐에 따라 우리가 흔히 '데콜테', 즉 목과 어깨, 쇄골로 이어지는 신체 부위가 전체적으로 이동한다는 것을 느낄 수 있을 겁니다.

필라테스 수업을 듣는 수강생들이 강사에게 간혹 농담조로 이렇게 이야기할 때가 있습니다.

"머리만 내려놓게 해주면 시키는 대로 다 할게요!"

하지만 안타깝게도 이런 농담을 하게 되는 복부 동작들은 머리를 올리고 있어야만 합니다. 그래야 복부근육이 강화되기 때문입니다. 복부근육(복근)은 크게 복직근, 외복사근, 내복사근, 복횡근의 네 종류로 나뉘는데, 이들 모두가 상체를 구부리는 일을 담당하고 있습니다.

복직근은 '곧게 뻗은 복부 근육'으로 흔히 '식스팩'이라고도 불립니다. 테스토스테론(남성호르몬)의 영향으로 근육이 쉽게 만들어지는 남성들은 식스팩의 형태로 근육의 모양이 선명하게 드러납니다. 상대적으로 테스토스테론의 분비가 적은 여성들은 '11자 복근'의 형태로 나타나거나 복부 중간에 세로선 하나만 두드러져 '1자 복근'의 형태로 보이기도 합니다.

외복사근과 내복사근은 복부 바깥쪽과 안쪽에 비스듬하게 자리 잡은 복근을 말합니다. 이 두 근육은 몸통의 회전, 즉 몸을 비트는 움직임과 몸통을 옆으로 기울이는 움직임을 주로 담당하고 있습니다. 또 복횡근은 복대나 코르셋처럼 가로로 복부를 감싸는 형태를 가진 근육을 말합니다.

그러나 사실상 근육들을 '따로' 사용하는 것은 불가능합니다. 의학적으로는 이러한 분류가 의미 있을지 몰라도 필라테스를 할 때는 특정 복근만을 골라서 사용할 수 없기 때문입니다. 또한 복근 사이에 있는 '근막 공간'을 살펴보면 복근의 배열순서를 따지면서 무엇이 더 외부에 있고 내부에 있는지 단정해서 말하기 매우 어렵다는 사실을 알 수 있습니다. 시대

⌂OME PILATES

싱글 레그 스트레치(Single Leg Stretch)

❶ 누운 상태에서 머리를 들어 올리고 시선은 배꼽을 바라봅니다.

❷ 두 다리를 들어 올립니다.

❸ 오른쪽 무릎을 가슴 쪽으로 당겨와 오른손으로 오른쪽 발목을, 왼손은 오른쪽 무릎 아래를 잡습니다.

❹ 왼쪽 다리는 대각선 방향으로 최대한 멀리 뻗습니다.

❺ 오른쪽 다리를 꼭 끌어안고 왼쪽 다리는 먼 곳을 향해 최대한 길게 뻗습니다.

❻ ❸~❺의 동작을 모두 수행한 다음 다리와 손의 방향을 빠르게 바꿔줍니다.

❼ 이번에는 왼쪽 다리를 끌어안고 오른쪽 다리를 뻗습니다.

❽ 오른쪽 다리 1번, 왼쪽 다리 1번 왕복하면 1회입니다.
❶~❼ 동작들을 6~10회 정도 빠르게 반복해주세요.

필라테스로 배우는 근육의 세계

쉽게 배우는 필라테스! 강사의 지도 없이 혼자서도 따라 할 수 있는 필라테스 동작들과 우리 몸에서 중요한 근육들을 소개한다.

저자 김다은
필라테스 강사이자 아들러를 전공한 상담 전문가. 새로운 프로그램을 만들어 제공하는 콘텐츠 크리에이터로도 활동하고 있다.

다시 찾아온 전성기
트로트

"음악은
인간이 현재를 인식하는
유일한 영역이다"

- 미국 작곡가, 스트라빈스키

최근 우리 가요가 K-POP이라는 이름으로 세계적으로 주목을 받으면서 중·장년층의 전유물로 여겨지던 트로트 장르에도 변화가 시작됐다. 2019년 개그맨 유재석이 '유산슬'이라는 부캐(부캐릭터)로 트로트 '합정역 5번 출구'를 불러 MBC 연예대상 신인상을 수상하더니, 모 종편채널에서 트로트 신인가수 발굴 프로그램을 통해 송가인, 임영웅, 영탁, 양지은 등 새로운 스타가 탄생했고, 왕년의 대스타 나훈아가 2020년 추석 언택트 공연으로 건재함을 과시하는 등 트로트 열풍이 불고 있는 것이다. 그렇다면 트로트는 언제, 어떻게 시작된 음악일까?

트로트의 탄생

트로트는 '빠르게 걷다', '4분의 2박자'라는 의미로 1910년대 미국과 유럽에서 유행한 4분의 4박자의 춤곡 '폭스트롯(Foxtrot)'에서 유래했다. 이 폭스트롯이 일본으로 건너오면서 일본식 발음구조로 굳어졌고, 일제강점기에 우리나라에까지 진출하면서 '트로트'라는 이름으로 자리 잡았다. 트로트는 1920년대에 탄생해 100년에 가까운 역사를 갖고 있는데, 서양음악과 당대 일본에서 크게 유행하던 '엔카'의 영향을 받았다.

서양음악과 일본 전통민요가 혼합해 생겨난 엔카는 1880년대 처음 등장했다. 초기의 엔카는 사회혁명을 꿈꾸던 일본 청년들이 만든 터라 '노래'의 개념보다는 '투쟁가'로서의 성격이 강했으나 이후 기성 음악가들이 이를 애환과 실연, 비참한 심정을 노래하는 가사를 가진 대중적인 노래로 바꿔 부르기 시작하면서 확산했다. 이 시기에 일제의 식민지였던 우리나라에 엔카가 유입됐고, 1920년대 레코드산업이 활기를 띠면서 일본 엔카와 우리나라 전통민요가 혼합한 새로운 음악이 탄생했다. 이것이 1950년대 들어 독자적인 정체성을 확립하면서 '트로트'라는 이름으로 불리게 됐다. 시대적으로 일본을 통해 우리나라에 전해진 것은 맞지만 트로트는 엄연히 우리나라의 음악장르라는 의미다.

트로트 전성기, 그리고 현재

1950년대 주류 음악으로 인정받은 트로트는 1960년대 라디오의 보급과 함께 전국적으로 확산하면서 대중화됐다. 이 시기에 '엘레지의 여왕'으로 불리는 가수 이미자가 등장했고, 가수들의 지방 리사이틀 공연이 주 수입원이 되자 특정 지역 이름을 넣거나 민요와 결합한 노래들이 잇따라 나타났다. 이후 대학가를 중심으로 포크음악과 록, 팝이 유행하면서 구

세대 음악으로 밀려나긴 했으나 1970~1980년대까지 남진과 나훈아의 라이벌 구도에 이어 김연자를 비롯한 여성가수들이 세련된 트로트를 선보이며 인기를 이어나갔다.

1980년대 들어서는 디스코가 유행하고, 소방차, 박남정, 김완선 등 댄스가수들이 활약하면서 입지가 좁아졌다. 이에 트로트는 새로운 길을 모색하게 된다. 유로 댄스풍을 가미한 흥겨운 트로트가 인기를 끌면서 점차 기존의 애절한 분위기가 아닌 흥겨운 분위기의 트로트로 변모한 것이다. 그러나 당시 '성인가요'로 불리며 부활하는 듯했던 트로트는 1990년대 서태지와 아이들이 랩 음악으로 소위 '대한민국 가요계에 혁명을 불러'일으키고, 뒤이어 듀스, H.O.T.(에이치오티), 젝스키스 등 아이돌그룹이 잇따라 등장하면서 다시 침체에 빠졌다.

2000년대 들어서는 장윤정, 박현빈, 홍진영 등 젊은 가수들이 이름을 알리며 트로트의 명맥을 이어오다가 최근 여러 TV 프로그램을 통해 새로운 신예 가수들이 주목받으면서 다시 한 번 열풍이 불고 있다. 아이돌 음악이 주류를 이루던 음원시장과 각종 음악 시상식에서 존재감을 드러내며 그 인기를 입증하고 있다. 이러한 트로트 열풍의 배경에는 TV를 시청하는 연령대가 장·노년층으로 옮겨가면서 이들이 좋아하는 트로트의 부활을 시도한 것이 시의적절하게 잘 맞아떨어졌다는 분석이 나왔다. 시대

알아두면 쓸데 있는 유쾌한 상식사전 -우리말·우리글편-

내가 알고 있는 상식은 과연 진짜일까?
단순한 호기심에서 출발할 수 있는 많은 의문들을 수많은 책과 연구 자료를 바탕으로 파헤친다!

저자 조홍석
아폴로 11호가 달에 도착하던 해에 태어났다.
유쾌한 지식 큐레이터로서
'한국의 빌 브라이슨'이라 불리길 원하고 있다.

실수였지만 세상을 달리다
타이어고무

로마신화에서 불을 다루는 신이 있다. 비너스의 남편이자 화산, 사막, 금속세공, 대장간 등을 포함한 불의 신 불카누스(Vulcanus)다. 화산을 뜻하는 'volcano'도 그의 이름에서 유래했다. 또 가황(加黃)을 뜻하는 영어단어 'vulcanization'도 마찬가지다. 이때 가황이란 한자 그대로 황을 더한다는 의미로 일반적으로는 고무에 황을 첨가하고 열을 가하는 것을 말한다.

천연고무는 탄력성 고분자로 이뤄져 있어 적당히 힘을 가해 잡아 늘이면 늘어나고 힘을 멈추면 다시 본래 상태로 돌아간다. 하지만 고열이 가해지면 엿처럼 늘어져 끊어지고 냉기가 가해지면 굳어서 부스러지는 등 온도변화에 매우 민감하여 산업용으로 쓰기엔 거추장스러웠다. 때문에 1800년대 이전까지 그저 지우개 정도의 역할밖에 하지 못했다. 그런데 천연고무에 황과 열이 더해지면 상황이 달라진다. 분자결합이 변하면서 탄성이 더욱 강해지는 것이다.

증기가황을 위한 대형가마(1870, 프랑스)

이런 고무의 환골탈태에는 어이없는 실수가 있었다. 그 실수는 1839년 어느 추운 겨울에 일어났다. 미국의 발명가 찰스 굿이어(Charles Goodyear, 1800~1860)에 의해서.

찰스 굿이어

본래 굿이어는 가업이었던 철물점을 운영하던 사업가였다. 그러나 영업부진으로 문을 닫은 후 빚을 갚기 위해 고무에 눈을 돌렸다. 남아메리카에서 수입된 고무신발은 수년 전부터 큰 인기를 끌고 있었다. 많은 다른 사람들처럼 고무사업에 뛰어들었고, 굿이어도 구명조끼에 쓸 방수밸브를 개발하기로 결정했다. 하지만 고무의 유행이 빠르게 시들해졌다. 방수성이라는 매력을 지니고 있긴 했지만 열과 냉기에 취약했기 때문이었다. 포기할 수 없었던 굿이어는 나다니엘 헤이워드(Nathaniel Manley Hayward,

1808~1865)로부터 고무가황과 관련한 특허를 사들여서는 고무를 안정화시키는 실험을 이어나갔다. 헤이워드의 가황법으로 고무의 탄성이 개선된 만큼 온도변화에 강해지기만 한다면 많은 용도로 유용하게 사용할 수 있을 것이라고 생각한 것이다.

그는 고무를 안정화시키는 데 필요한 최적의 온도와 가열시간을 밝히는 데 집중했다. 1839년에는 연방 우체국과 계약을 맺고 황에 처리한 고무로 만든 우편행낭도 납품했다. 그러나 문제가 발생했다. 우편행낭이 여름의 열기에 노출되자 녹아내리면서 쓸 수 없게 돼버린 것이다. 결국 굿이어는 또다시 파산했고, 빚더미에 올라앉았다. 아내와 12명이나 되는 아이들은 이웃들의 동정으로 먹고살아야 했다.

그러던 1840년 1월의 어느 날이었다. 빚쟁이들과 한바탕 말다툼을 벌이던 굿이어는 화가 난 나머지 주변에 널려 있던 황에 처리한 고무조각들을 마구 내던졌다. 내동댕이쳐진 고무조각들 가운데는 뜨거운 난로 위에 떨어진 것도 있었다. 그로부터 약 1시간 후 빚쟁이들이 돌아가자 실내에 가득해진 퀴퀴한 냄새의 원인을 제거하기 위해 난로로 갔다. 그런데 열에 녹아내렸을 줄 알았던 그 고무조각이 놀랍게도 멀쩡한 모습을 유지하고 있었다. 황에 처리한 고무가 열에 강하다는 가황법의 원리가 우연히 밝혀진 것이다.

굿이어는 이를 바탕으로 연구를 거듭해 1843년 봄, 고무를 압축증기를 이용해 단단하게 만드는 데 성공했다. 1844년에는 '고무가황법'으로 특허도 받았다. 질산으로 고무의 표면을 처리하는 기술도 개발했다. 그러나 그사이 12명의 아이들 중 6명이 영양실조로 세상을 떠났고, 실험 중에 들이마신 수많은 물질 때문에 그의 폐도 망가질 대로 망가졌다.

프랭크 사이벌링

그럼에도 그는 1855년 파리 세계박람회에서 고무를 활용해 만든 가구, 시곗줄, 목걸이, 반지, 안경, 상자, 단추, 칼자루, 빗, 모자, 바이올린, 클라리넷, 플루트, 장난감 등 다양한 일상용품들을 선보였고, 박람회 위원회로부터 찬사를 받았다. 하지만 그는 사업 쪽으로 아는 게 전혀 없었고, 자신의 발명품을 제대로 보호하는 법도 몰랐다. 그래서 잘못된 특허계약을 맺었고, 이를 바로잡기 위한 재판을 하는 데 말년을 바쳐야 했다. 결국 굿이어는 고무산업이 한창 무르익던 1860년에 세상을 떠나고 말았다.

하지만 그의 발명 덕에 자전거를 비롯해 자동차, 항공기 등 교통수단의 혁혁한 발전이 이뤄졌다. 그리고 굿이어는 반세기 후인 20세기 초, 자신과 아무 관계도 없는 프랭크 사이벌링(Frank Seiberling, 1859~1955)이 설립한 타이어 제조회사의 회사명으로 다시 태어났다. 미국의 사업가 사이벌링이 설립한 굿이어타이어앤드러버 컴퍼니. 브리지스톤, 미쉐린과 함께 오늘날 세계 3대 타이어인 굿이어의 탄생이었다. 그러니까 곰은 굿이어, 사이벌링은 조련사였달까? 시대

하나로 다 된다!
슈퍼앱 전성시대

잘나가는 기업들은 누구나 몸집을 불리고 싶어 한다. 주력사업과 연계되는 영역을 끊임없이 탐색해 개발하고, 때론 아무런 관계가 없어 보이는 사업을 뜬금없이 들고 나오기도 한다. 최근 우리나라를 주름 잡고 있는 IT기업·플랫폼은 대개 손가락으로 다 꼽지 못할 만큼 다양한 서비스를 제공하고 있다. 플랫폼이 보유한 애플리케이션의 무게도 점점 무거워지고 있는 것이다. 기업들이 너도나도 부풀리고 있는 이런 '슈퍼앱' 경쟁은 갈수록 뜨거워지고 있다.

'슈퍼앱'은 어렵거나 이해하기 어려운 개념은 아니다. 이미 우리도 모르는 사이에 마치 '스며든' 것처럼 많은 이들의 일상에서 위력을 발휘하고 있다. 슈퍼앱은 하나의 앱에서 쇼핑·송금·예매 등 다양한 서비스를 제공하는 것을 말한다. 여러 가지 앱을 각각 설치할 필요 없이 슈퍼앱 하나만으로도 여러 기능을 사용할 수 있다는 것이 강점이다. 슈퍼앱의 시작이라 볼 수 있는 것은 중국 IT기업 텐센트가 개발한 메신저앱 '위챗(WeChat)'이다.

중국판 '카카오톡'이라고 할 수 있는 위챗의 전 세계 사용자는 2023년 1월 기준 12억 6,000만명에 이른다. 메신저였던 위챗은 2012년 친구의 게시물에 댓글이나 좋아요 등 반응을 표시할 수 있는 '모멘트'를 내놓으면서 소셜네트워크 종합서비스로 떠올랐다. 그리고 이어 2013년에는 QR코드로 오프라인에서도 상품결제를 할 수 있는 '위챗 페이' 서비스를 출시하면서 중국의 진정한 '국민앱'으로 발돋움했다. 현재 위챗은 티켓팅과 차량호출, 음식배달, 게임 등 다양한 영역으로 보폭을 넓혀 운영 중이다. 그리고 우리나라를 비롯한 아시아, 북미 등지에서도 이러한 전략을 따라가고 있다. 특히나 2020년 초부터 유니콘 IT기업들을 무섭게 배출하고 있는 우리나라에서도 슈퍼앱을 향한 주목할 만한 움직임이 속속 나타나고 있다.

이 앱에서 이것도 된다고?
슈퍼앱 전략은 특히 금융권에서 도드라지게 나타나고 있다. 2015년 핀테크 스타트업 비바리퍼블리카가 출시한 금융앱 '토스(TOSS)'는 인터넷전문은행 시대의 신호탄이었다. 송금과 계좌·신용 등 금융정보를 제공하는 것으로 시작한 토스는 점차 슈퍼앱 전략을 구사하며 서비스 영역을 확장해 나갔다. 송금뿐 아니라 증권, 보험, 자산관리, 기타 은행서비스를 각각의 앱으로 나누지 않고 통합된 앱에서 수행하도록 함으로써 금융 모바일 플랫폼의 선두주자로 떠올랐다. 토스뿐 아니라 시중은행에서도 자사의 모바일뱅킹앱을 슈퍼앱으로서 그 기능을 집중시키기 위한 시도를 하고 있다. 일례로 KB금융은 간편뱅킹앱이었던 리브(Liiv)와 마이머니서비스를 종료하고 주력 뱅킹앱의 기능을 보강하고 있다. 이러한 시도는 고객들이 다양한 서비스를 한 가지 앱에서 쉽게 이용할 수 있도록 돕고, 서비스 이용을 위해 갖가지 앱을 설치해야 하는 불편을 덜도록 하기 위함이다.

다른 영역에서는 어떨까? 중고거래 플랫폼으로 출발한 '당근마켓'은 우리 동네라는 '로컬 전문 서비스'를 표방하고 있다. 당근마켓에서는 단순한 동네 중고거래를 넘어 일자리 소개, 부동산, 교육 등 지역의 소규모 상권을 지원하기 위한 서비스를 출시하고 있다. 또 중고거래 시 이용자들이 간편하게 결제할 수 있는 '당근페이' 서비스를 시작함으로써, 완전한 '로컬경제앱'으로 몸집을 불리고 있는 중이다. 그런가 하면 여행·숙박정보 플랫폼인 '야놀자'는 아예 여행을 넘어 '생활문화앱'으로 성장한다는 포부를 밝혔다. 일찍이 숙박정보와 인근의 상권분석을 통한 맛집과 관광지·문화시설 추천서비스 등 영역을 넓히던 중이었다. 야놀자의 이러한 시도는 그간 '숙박전문앱'으로만 여겨졌던 브랜드의 색채를 바꾸고, 그 테두리를 확장하려는 시도로 비친다.

이것저것 다 넘어도 괜찮을까?

슈퍼앱으로의 변신이 기업들 사이에 주요한 전략으로 떠오르면서, 유니콘기업들이 후발 스타트업의 서비스를 앞다퉈 인수하는 사례도 등장하고 있다. 다만 이러한 슈퍼앱 전략이 능사가 아닐 수도 있다는 시각도 있다. 이것저것 서비스만 늘린다고 해서 100% 고객만족을 실현하지 못할 수도 있다는 것이다. 신선식품 새벽배송으로 이름을 알린 '마켓컬리'는 최근 여행·여가상품으로까지 영역을 넓혔고, '우아한형제들'도 자사 앱인 '배달의 민족' 상점코너에 꽃과 뷰티상품을 입점했다. 하지만 주로 식품배송으로 몸집을 키운 이들이 내세운 이러한 전략이 얼마나 유효할 지는 미지수다. 일부 전문가들은 이러한 전략의 모호함이 성장동력을 저해할 수도 있다는 의견을 보인다. 또 한편으론 갈수록 앱이 '무거워짐'에 따라 접속장애 등 불편함을 내비치는 소비자들도 존재한다.

그러나 업계에서는 '결국 모든 길은 슈퍼앱으로 통한다'는 말까지 나오고 있다. 불황에 신규사업에 대한 경영계 안팎의 요구가 커지면서 기업들이 자사앱의 덩치를 불리는데 당분간은 집중할 것이라는 의미다. 서비스가 늘어난다는 것은 고객입장에서는 편리할지 모르지만, 결국 기업입장에서는 '할 일'이 늘어난다는 뜻이다. 고객의 편리가 증대되는 만큼 그로인해 빚어질 수 있는 고객의 불편이 없도록 하는 것도 기업의 몫일 테다. 시대

대한민국임시정부의 버팀목
차리석 지사

주권을 잃은 통한의 세월 동안 누구는 총을 들고, 누구는 폭탄을 들고, 또 어떤 누구는 책을 들고 저마다의 자리에서 자신의 역량에 맞게 맞서 싸웠다. 그리하여 총과 폭탄을 든 이는 의사나 열사로, 책을 든 이는 지사나 선구자로 후손들의 가슴에 새겨졌다. 그리고 그들 가운데에서 온갖 일을 처리했고, 모두가 떠날 때도 홀로 남아 우직하게 자리를 지켜낸 이가 있다. 대한민국임시정부의 든든한 버팀목, 차리석 지사다.

1910년 12월 27일 조선총독부는 독립군 양성자금을 모으던 안명근 등을 평양에서 체포했다. 망명 중이던 안명근이 입국해 배경진, 박만준, 한순직과 함께 각 도에 무관학교 설립을 위해 황해도의 부호들로부터 군자금을 비밀리에 모으는 것을 포착한 것이다. 신문은 연일 이를 '안명근사건'이라 명명하며 대대적으로 떠들어댔다. 조선총독부의 체포는 닷새 뒤에도 이어졌다. 그런데 서북지방의 신민회, 기독교, 부호, 지식층 등의 항일세력들이 대거 잡혀들어갔다. 그 수가 600명을 넘어섰다. 심지어 이들의 죄목은 군자금 모금이 아니었다. 총독 데라우치 마사타케 암살모의였다.

누명이었고, 날조였다. 한일병탄을 전후로 조선 식민통치에 있어 기독교 세력이 부담스러웠던 일제가

'105인 사건' 관련자들 체포장면

서북지역에 집중된 기독교 세력과 그들을 지도하는 민족 애국지사들을 일시에 제거하려 한 것이다. 그들은 안명근사건을 조사한다며 서북지방 기독교인들과 신민회원들을 잡아들였다. 그리고는 데라우치 총독이 1910년 12월 압록강철교 개통식에 참석하기 위해 서북지방을 순방하던 중 암살공격을 받은 사건이 있었다고 알린 후 이를 수사한다는 미명하에 체포한 기독교인들과 신민회원들을 고문했다. 군자금 모집이 아닌 총독암살을 위한 자금 모집으로 조작한 것이다. 또한 애초에 있지도 않은 사건을 날조해 범인을 만들어내고자 했다.

결국 총독부는 총독을 암살하려 한 적 없다는 진술에도 불구하고 검거한 600여 명 중 123명을 암살미수의 혐의자로 기소했다. 그리고 20회나 진행된 재판으로 1심에서 105인에게 유죄판결을 선고했다. '105인 사건'이었다. 일제탄압으로 도산 안창호 선생이 망명한 후 평양의 대성학교와 신민회의 평양지회를 이끌던 스물아홉 살의 한 청년은 신민회의 핵심간부라는 이유로 이때 7년형(최종심 5년)을 받았지만, 청년은 조작인 탓에 허점투성이였던 일제의 주장을 공략한 변호인단 덕에 3년 만에 출소했다. 그리고 대성학교 출신들이 조직한 비밀결사 기성볼

단의 고문으로 활동을 잇다가 3·1만세운동 후 상해에 대한민국임시정부가 수립되자 바로 망명해 끝끝내 그 한가운데를 지켰다. 차리석 지사다.

차리석 지사
(1881.7.26~1945.9.9)

차 지사의 망명생활은 임정의 기관지로서 주 3회 발행되던 '독립신문'의 기자로 출발했다. 만주독립군의 활동상, 임시정부의 힘찬 출발과 의욕적인 활동, 미주·노령 등지의 적극적인 지원 등을 취재 보도하여 각지의 독립운동 세력들을 연계하고 항일과 독립에의 열망을 북돋우는 것이 그의 역할이었다. 1921년 6월에는 편집국장이 되어 주필 박은식 등과 함께 언론활동을 통해 임정을 구심점으로 항일투쟁을 결집하기 위해 노력했다.

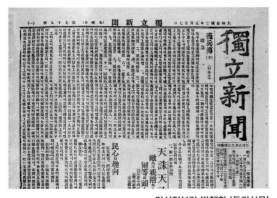

임시정부가 발행한 '독립신문'

그런데 애초 국내외 동포 지원과 만주지역 독립군 단체의 연계 등을 통한 대일항전의 구심체였던 임정은 1920년 국내 연통제 조직의 와해와 태평양회의에 기대를 건 외교노선의 실패 등을 겪으면서 지도체제가 동요했다. 그러자 임정 존립의 재검토를 요구하는 목소리가 거세어졌다. 이때 차 지사는 이동녕, 김구, 이시영 등과 교류하면서 어수선한 독립운동계에 대동단결의 필요성을 역설했다.

> **"임시정부의 내일은 곧 군주제의 청산이며, 민주화의 새 출발을 기약함에 있습니다. 대통령을 중심으로 일사분란하게 전진하고 대동단결합시다"**

송병조, 차리석, 조완구, 이시영, 김구, 조성환(뒷줄 왼쪽, 시계방향)

그가 호소한 건 파벌의 종식이었고, 대동화합과 인화단결이었다. 임정 무용론(無用論)이 대두되는 와중에도 그는 그 한가운데에서 활로를 모색했고, 임정이 일제의 의해 상해시절을 청산당하고 항주·장사·유주·기강·중경을 전전했을 때도 굳건하게 의정·행정·재정을 지휘했으며, 광복군의 대일항전쟁도 그의 손으로 준비했다. 그러나 1945년 8월 15일 광복을 맞은 지 한 달도 되지 않은 9월 9일 중경 임정청사에서 환국을 준비하던 중 과로로 쓰러져 끝내 눈을 뜨지 못했다.

정부는 1962년 건국훈장 독립장을 추서했다. 그러나 해방된 조국에서 그의 후손은 성을 바꾸고 숨어 살았다. 이승만·박정희정권 아래에서 많은 독립운동가가 빨갱이로 매도됐기 때문이었다. 친일청산이 실패한 결과였다. 그러는 동안 친일세력은 득세해 국립묘지에 안장됐고, 독립운동가와 그의 후손들은 가난과 핍박에 허덕였다. 여전히 오늘도…. 시대

삼권분립을 내세운 현대적 민주주의의 초석

1791년 5월 3일 헌법

Constitution of 3 May 1791

삼권분립·법치주의를 명시한 최초의 근대적 성문헌법

#삼권분립 #권력분립 #법치주의 #헌법수호전쟁

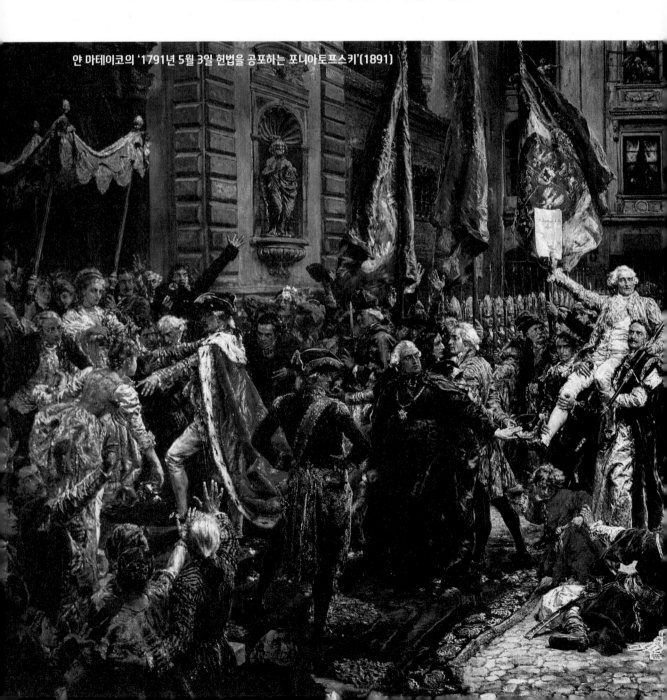

얀 마테이코의 '1791년 5월 3일 헌법을 공포하는 포니아토프스키'(1891)

과거 우리는 인류 최초의 법전을 '눈에는 눈, 이에는 이'로 수식되는 함무라비 법전이라고 배웠다. 기원전 1892년부터 1750년까지 고대 바빌로니아를 통치했던 제국의 황제 함무라비가 남긴 총 282개의 법령으로 거대한 비석의 형태로 지금까지도 존재하고 있다. 하지만 이보다 2세기나 앞선 수메르의 도시 우르를 통치했던 우르남무(Ur-Nammu)의 법전도 있고, 리핏-이슈타르의 법전도 있다.

가장 오래된 법전인 우르남무 법전(튀르키예 이스탄불)

인류의 법은 당한 만큼 갚아주는 방식의 형벌에서 시작해 국가의 형태와 주권의 소유, 그리고 권리와 의무를 명시한 오늘날의 헌법으로 발전했다. 특히 1791년 5월 3일 폴란드-리투아니아 연방의회(Sejm)에서 채택된 새로운 헌법에 대해 역사는 '유럽에서 제정된 근대적인 성문헌법이자 세계적으로는 1787년에 제정된 미국의 헌법에 이어 두 번째로 제정된 성문헌법'이라고 기록했다. 그리고 현대의 기준에서도 선진적이고 완성도가 높은 민주주의 헌법이라고 찬사를 보냈다. 이것이 '1791년 5월 3일 헌법'이다.

18세기 폴란드는 전성기의 러시아제국과 프로이센, 그리고 오스트리아의 틈바구니에서 신음하고 있었다. 국왕은 있었으나 어디까지나 명목상이었을 뿐 오스트리아 왕실의 실질적 지배를 받고 있었다. 또한 과거 전통과 상충하는 자치정부, 적은 세금에 기인한 약한 군사력, 그리고 상류층만이 누리는 정치적·사회적 자유로 혼란을 겪고 있었다.

여기에 국왕이 가진 권력보다 강한 권력을 가진 귀족 대표자들과 그들의 거부권 남용으로 회기 중에 의회가 해산당하는 일조차 빈번했다. 거부권은 폭군에 대한 안전장치이기는 했으나, 기득권을 지키려는 귀족들에 의해 폴란드를 유럽열강 속에서 무정부국가나 마찬가지인 상태로 악화시키는 요인이 되고 있었다. 이런 때에 러시아제국과 튀르키예 간 전쟁이 일어났다. 그러자 폴란드 왕실의 일원이자 열성적 개혁파였던 스타니스와프 아우구스트 포니아토프스키(Stanisław August Poniatowski, 1732~1798)가 일어났다.

폴란드의 마지막 왕, 포니아토프스키

포니아토프스키는 1763년 10월 아우구스트 3세가 사망한 뒤 1764년 9월에 폴란드–리투아니아 연방의회에 의해 선출된 폴란드의 왕이다. 즉위 이후 러시아제국의 예카테리나 2세와 거리를 두고 급진적인 개혁을 시도했지만 귀족들의 맹렬한 반대에 부딪혔고, 1770년에는 러시아제국이 폴란드–리투아니아 연방을 법적 속국의 지위로 만든 것에 반발한 귀족들이 결성한 바르동맹에 의해 일방적인 폐위선언

까지 들어야 했다. 1771년에는 바르동맹 지지세력에 의해 납치되는 치욕도 겪었다.

그러던 중 1772년 러시아제국, 프로이센왕국, 오스트리아 합스부르크 군주국이 제1차 폴란드 분할을 시행했다. 이에 정치개혁의 필요성, 새로운 법률의 제정, 교육의 중요성을 인식한 그는 폴란드–리투아니아 연방의회와 함께 유럽 최초의 교육 관련 정부 부처인 국민교육위원회를 설립, 이를 바탕으로 연방의 주권회복, 정치개혁, 경제개혁을 골자로 한 새로운 헌법을 제정해 통과시켰다. 여전히 개혁을 용납하지 못했던 대귀족들을 무력으로 진압하고 얻은 성과였다. 이것이 바로 '1791년의 5월 3일 헌법(5월헌법)'이다.

5월헌법의 가장 큰 특징은 의회(입법부), 국왕(행정), 법원(사법부)의 삼권분립(권력분립)원칙 및 법치주의원칙을 명시했다는 데 있다. 따라서 국왕에게는 입법권이 부여되지 않고 행정의 수반으로서의 역할만 맡게 되었다. 또한 실질적인 국군의 최고사령관은 국왕이 아닌 총리였다. 현대의 기준에서 보아도 극히 선진적이고 완성도가 높은 민주주의헌법이었던 것이다. 아울러 귀족들의 무분별한 거부권을 폐지함으로써 유력자들에 의해 좌우되던 무정부상

5월헌법을 통과시킨 폴란드–리투아니아 연방의회

태를 극복하고, 평등하고 민주주의에 따른 입헌군주제를 도입하고자 했다.

5월헌법의 중요한 내용은 다음과 같다.

제1조
폴란드는 기독교 국가이나 종교의 자유를 보장한다.

제2조
조국에 봉사, 세금납부의 의무가 이행될 때 전통에 따라 귀족의 권리를 보장한다.

제3조
도시민은 귀족이 아닌 도시법에 적용되며 자유인으로서 재산권과 상속권을 보장받는다.

제4조
농민은 국부의 원천으로서 헌법의 보호 아래에 있으며, 인신의 자유·계약의 자유를 보장한다.

제5조
정부 및 사회의 권력은 민족의 의지로부터 시작된다.

제6조
의회는 입법기관으로서 다수결제도에 따라 의결하며, 귀족들의 거부권을 금지한다.

제7조
국왕이 행정의 수장으로 내각을 담당하고, 귀족의 국왕선출권을 폐지한다.

제8조
사법권은 국왕이나 입법부가 행사할 수 없다.

제11조
모든 시민은 민족적 자유의 수호자로서 귀족과 권력을 놓고 대결할 수 있다.

5월헌법의 제정목적에는 폴란드의 독특한 전통인 귀족공화제의 결점을 극복하겠다는 것도 있었다. 그래서 시민과 귀족이 정치적으로 평등하다고 규정했

고, 농민들이 정부의 비호를 받도록 규정했다. 특히 폴란드-리투아니아 연방의 동부지역에서 악화되고 있던 농노제의 악습을 줄이도록 명시했다.

5월헌법 기념메달(1791)

그러나 절대왕정으로서 전성기를 구가하고 있던 주변국들, 특히 러시아제국, 프로이센, 오스트리아로서는 시민계급을 인정하고 삼권분립으로 국왕의 권력을 축소시키는 5월헌법이 반가울 리 없었다. 이들은 법이 재정되자마자 위험한 사상이라며 비판하고 나섰다. 5월헌법에 반기를 든 것은 폴란드 내 귀족들도 마찬가지였다. 농민과 도시민에 대한 귀족의 인신구속 금지는 귀족들의 입장에서는 자기재산에 대한 제한이었고, 의회거부권의 폐지는 정치권력으로서의 몰락을 의미했다. 결국 귀족들은 타고프비차에서 연맹을 맺고 러시아제국 예카테리나 2세에게 병력지원을 요청하기에 이르렀다.

결국 1792년 5월 18일 러시아제국이 9만 7,000여 명의 병력을 이끌고 폴란드 국경을 침범했다. 여기에 귀족 반란군 2만명이 합류하여 정부를 공격했다. 이른바 헌법수호전쟁이 발발한 것이다. 애초에 3만 7,000명 정도에 불과했던 폴란드 정규군이 이길 수 있는 전쟁이 아니었다. 결국 헌법은 폐지됐고, 권력은 다시 귀족들에게 돌아갔다. 또 러시아제국과 프로이센은 출병의 대가로서 폴란드 영토를 조각 내 차지해버렸다. 이때의 영토분할은 1795년에 있었던 제3차 분할로 이어지면서 폴란드는 결국 주권을 빼앗겼다. 하지만 5월헌법은 1918년에 재건될 때까지 민주주의에 의한 폴란드의 주권회복투쟁을 이끄는 아젠다로 작용했다. ▧

영화와 책으로 보는 따끈따끈한
문화가 소식

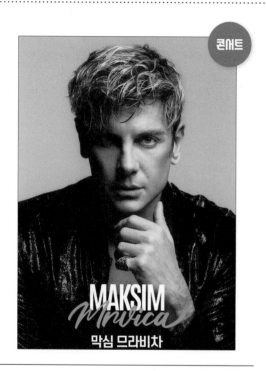

콘서트

연극

막심 므라비차 The Collection

크로아티아 출신의 피아니스트 '막심 므라비차'의 단독 내한 공연이 서울과 부산에서 5년 만에 개최된다. 므라비차는 이번 공연에서 그의 앨범에 수록된 쇼팽과 프란츠의 클래식 곡을 선보이고, 유명 영화의 메인테마를 비롯해 세계적 팝스타들의 대표곡을 재해석해 연주한다. 동시에 세계적 크로스오버 피아니스트답게 화려한 퍼포먼스를 관객에게 선물할 예정이다. 9살의 나이에 피아노에 입문하여 19살에 자그레브 국제 콩쿨 우승으로 이름을 알린 므라비차는 특유의 열정적인 연주와 퍼포먼스로 정평이 나있다. 격정으로 휘몰아치는 그의 연주를 통해 관객은 새로운 경험을 하게 될 것이다.

주요 출연진 막심 므라비차 등

장소 블루스퀘어 마스터카드홀, 벡스코 오디토리움

날짜 2023.02.22, 2023.02.25

레드

관객과 비평을 모두 열광케 한 연극 〈레드〉가 2월 19일까지 관객을 찾는다. 2010년 제64회 토니상 최다수상작이며, 2011년 우리나라 초연 후 6번째로 다시 문을 연 〈레드〉는 추상표현주의의 대표 화가 '마크 로스코'의 실제 이야기를 담고 있다. 이 작품은 로스코와 가상의 젊은 조수 '켄'의 2인극으로 진행된다. 기성세대와 신세대를 각각 대변하는 두 인물은 '씨그램 빌딩벽화'를 둘러싸고 예술에 관한 뜨거운 논쟁을 벌인다. 예술에 대한 새로운 움직임에 거부감을 느끼는 로스코와 끊임없는 변화를 추구하는 켄 간의 치열한 대립을 통해 예술을 넘어 인생의 순환을 논하는 작품이다.

주요 출연진 유동근, 정보석, 강승호, 연준석 등

장소 예술의전당 오페라하우스 자유소극장

날짜 2022.12.20~2023.02.19

외규장각 의궤, 그 고귀함의 의미

외규장각 의궤의 반환 10주년을 기념하여 열리는 전시회가 3월 19일까지 이어진다. 의궤는 조선시대 국가와 왕실의 중대한 행사가 끝난 후 그 전 과정을 기록하여 놓은 책으로, 왕이 열람한 후 강화도의 외규장각에 모아 보관됐다. 조선시대의 왕실예법을 고스란히 엿볼 수 있는 의궤에는 행사에 동원된 인물 하나하나가 놀랄 만큼 상세하게 그려져 있다. 관원들의 복식과 배치, 기명, 의장물 등을 세세하게 관찰해 기록한 결과물로서 역사사료로의 가치가 매우 높다. 의궤는 단순히 행사의 내용을 기록한 것을 넘어, 왕이 지켜야할 정도(定度)는 무엇이고, 그 실천법은 무엇인지 제시하는 통치비법서라 볼 수도 있다.

장소 국립중앙박물관 특별전시실   **날짜** 2022.11.01~2023.03.19

빅 히스토리

우주의 시작과 지구의 탄생 그리고 인류의 역사까지 집대성한 두툼한 역사서가 다시 한 번 출간됐다. 거대사 분야의 석학인 데이비드 크리스천, 신시아 브라운, 크레이그 벤저민이 기나긴 시간 연구해온 '지구사'의 모든 것을 담았다. 세 명의 저자는 우주와 지구·인류의 역사에서 국면이 크게 전환된 8가지 문턱을 세우고, 각 문턱을 넘을 때마다 세계가 어떻게 탄생하고 진화해왔는지 한눈에 조망한다. 과학과 역사학, 경제학, 사회학까지 종합적으로 아우르는 교양의 새로운 바이블로서 누구에게나 추천할 만한 도서다.

저자 데이비드 크리스천 외   **출판사** 웅진지식하우스

2023 대한민국 산업지도

경제 전문 유튜브 채널 '달란트투자'를 운영하는 이래학 저자가 2023년 전국의 투자 포인트를 짚어주는 투자 지침서를 냈다. 단순한 185개 섹터에서 거대한 27개 산업까지, 투자할 만한 유망기업을 탐색하는 투자자를 위해 2023년 산업투자 키워드를 총망라했다. 저자는 국내에 상장한 2,333개 기업들의 보고서 등을 분석해 산업별로 투자할 직관적 포인트를 짚어냈다. 도서 안의 키워드에는 과거와 현재의 시장현황과 각 산업의 성장성, 이를 통해 주목해야 할 투자 포인트를 담았다. 기업을 전체적으로 조망하는 마인드맵과 기업별 투자지표를 함께 실어 투자자가 기본적으로 이해해야 할 알짜정보를 제공한다.

저자 이래학   **출판사** 경이로움

내 인생을 바꾸는 모멘텀

박재희 교수의
마음을 다스리는 고전이야기

세 가지 모습을 가진 사람이 진정한 군자

군자삼변(君子三變) - 〈논어(論語)〉

세상에는 엄격한 사람, 따뜻한 사람, 논리적인 사람 등 다양한 사람이 존재합니다. 그러나 이들 중 어떤 사람이 가장 나은 사람인가를 묻는다면 매우 곤란해집니다. 악한 사람, 착한 사람과 같이 기준이 모호하기 때문입니다. 차라리 어떤 사람이 어떤 자리에 어울리겠는가 하는 질문이 타당할 것입니다.

望之嚴然 即之也溫
망지엄연 즉지야온
聽其言也厲
청기언야려

멀리서는 엄숙하고 가까이에서는 따뜻하며
말을 들어보면 합리적인 자

과거 공자(孔子)는 "군자에게는 세 가지 변화가 있다"고 했습니다. 엄격함, 따뜻함, 엄정함이 그것입니다. 공자가 말하는 군자의 변화란 군자가 스스로

변화해야 한다는 게 아닙니다. 변함없는 모습을 하고 있으나 보는 사람들이 각각의 상황에 따라 받는 느낌이 다르다는 것입니다. 멀리서 볼 때 엄격한 것은 내면의 수양에서부터 자연스럽게 우러나오는 품격이 드러나기 때문이고, 가까이에서 볼 때 따뜻한 것은 인간미(仁)가 드러나기 때문이며, 대화했을 때 엄정한 것은 말을 하는 데 있어서 반드시 지켜야 하는 신의가 드러나기 때문이라는 것입니다.

오늘날 우리는 강한 지도자를 추구합니다. 하지만 강함만으로는 진정한 리더가 될 수 없습니다. 진정한 리더는 꾸미지 않아도 따뜻함이 드러나는 사람입니다. 공자가 말한 세 가지 품성이 어긋남 없이 조화롭게 어우러지는 사람입니다.

**나는 한 가지 모습으로만
기억되는 사람인가?**

君	子	三	變
임금 군	놈 자	석 삼	변할 변

출전 / 《춘추좌씨전(春秋左氏傳)》〈환왕조(桓王條)〉 편

미봉(彌縫)

중국 역사에서 가장 오래 존속한 나라로 이름을 올린 주(周)나라가 중원을 내놓은 채 서쪽으로 도망치듯 수도를 옮겼을 때 중원은 크고 작은 나라들이 세력을 넓히기 위해 치고받는 전장이 됐습니다. 그 과정에서 한때 1,000여 개를 웃돌던 제후국들은 서로 먹고 먹혀 120여 국으로 줄어들게 됐습니다.

주나라 환왕(桓王)도 그런 시대를 살았습니다. 그가 제위에 오른 지 13년(BC.707)이 된 해의 일입니다. 환왕은 제후국들의 패권싸움으로 명목상의 천자국으로 전락한 주나라의 위상을 다시 세우고 싶었습니다. 그래서 고심 끝에 정(鄭)나라를 치기로 했습니다. 주나라의 직할지인 온(溫)과 성주(成周)를 침범해 농작물을 훔쳐 간 것도 모자라 과거 제사를 지내라고 주나라가 정나라에 하사한 팽읍(祊邑) 땅을 제멋대로 노(魯)나라 땅과 맞바꿔버렸기 때문입니다. 천자인 환왕을 노골적으로 무시한 것이죠.

환왕은 정나라를 공격하기에 앞서 정나라 제후 장공의 위세를 꺾고자 주 왕실 신하라는 정치적 실권을 박탈했습니다. 물론 장공은 제 잘못은 생각하지 않고 지위를 빼앗긴 데 분노했습니다. 그래서 천자의 지휘 아래에 있는 제후로서 임금을 배알해야 하는 조현(朝見)도, 조정에 바쳐야 하는 조공도 모두 중단해버렸습니다. 문제는 이게 바로 환왕이 노리는 바였다는 걸 장공이 몰랐다는 것이었습니다. 조현 중단을 빌미로 징벌군을 일으키고 제후들에게도 참전을 명령했으니까요.

결국 괵·채·위·진나라의 군사들이 주나라로 모여들었습니다. 환왕은 직접 총사령관이 되어 정벌에 나섰습니다. 천자가 직접 자기 군사를 거느리고 전장에 나서는 건 240여 년 이어진 춘추시대를 통틀어도 전무후무한 일이었습니다. 마침내 환왕의 군대가 정나라 땅에 도착했습니다. 그리고 수갈이라는 곳에서 장공의 군사와 마주했습니다.

그즈음 정나라 장공은 공자인 원(元)을 만나고 있었습니다. 원이 말했습니다.

"지금 천자가 이끄는 징벌군의 좌측, 즉 좌군은 진나라가 맡고 있습니다. 그런데 진나라는 본디 내란으로 국내정세가

불안한 탓에 사기가 높지 않습니다. 억지로 전장에 끌려온 셈이니까요.

그러니 전하께서는 진나라 군사부터 공격하십시오. 그러면 진나라 군사들이 곧바로 줄행랑을 칠 것입니다. 이는 곧 천자의 좌군이 무너진다는 의미여서 환왕이 지휘하는 중앙군도 혼란에 빠질 것입니다. 결국 채나라의 우군도 맞서지 못하고 퇴각할 것입니다.

이때 우리는 물고기들이 떼를 짓는 것처럼 촘촘한 원형의 진을 치고, 전차부대를 앞세우는 한편 그 전차와 전차 사이의 틈을 보병으로 실로 꿰매듯 촘촘히 채우는 오승미봉(伍承彌縫) 전법을 펼쳐 중군을 쳐야 합니다. 그리하면 반드시 승리할 수 있을 것입니다."

원의 진언은 적중했습니다. 결국 주의 연합군은 대패했고, 환왕은 어깨에 화살을 맞고 물러났습니다.

과거의 미봉은 모자라는 부분을 보완하는 빈틈없는 전투 포석을 의미했습니다. 그러나 오늘날에는 옷 따위의 터진 곳을 실로 임시로 깁듯이 실수나 잘못된 것을 대충 가리고 적당히 넘어간다는 의미로 쓰입니다. 미봉책이라는 것은 아랫돌을 빼 윗돌에 괴는 임시변통의 꾀를 말합니다. 세상을 살다 보면 다양한 문제에 직면하고, 그 문제를 해결하기 위한 해법을 요구받습니다. 이때 어떤 이는 완전한 해법을, 어떤 이는 일시적인 해법을 내놓습니다. 물론 완전한 해법을 내놓기 위한 임시방편이라면 일시적인 해법이 아주 그른 것만도 아닙니다. 한 번뿐이라 모든 일을 처음 겪는 인생에서 미봉도 훌륭한 전략이 될 것입니다. 습관적으로 순간만을 넘기려는 게 아니라면 말입니다.

彌	縫
더할 미	꿰맬 봉

완전 재미있는
낱말퀴즈

가로

❶ 달력과 실제 계절 간 차이를 조절하기 위해 넣은 달
❷ 권세와 이익
❸ 일정한 종류의 상품만을 파는 소매점
❺ 겉으로 드러나지 않고 속에 숨어 있는 힘
❻ 고대 로마에서 평민으로 구성된 의회
❽ 잘못을 꾸짖거나 나무라며 못마땅하게 여김

세로

❶ 사람으로서 마땅히 행하거나 지켜야 할 도리
❷ 1689년에 제정된 영국의 법률
❹ 글을 쓰고 이해하는 능력
❻ 가치를 평가하여 매긴 점수
❼ 상대에게 적당한 양보 조건을 제시해 설복하려는 정책
❾ 여든한 살을 이르는 말

참여방법
보기를 보고 가로세로로 낱말퀴즈를 풀어보세요. 낱말퀴즈의 빈칸을 모두 채운 사진과 함께 <이슈&시사상식> 2월호에 대한 감상평을 이메일(issue@sdedu.co.kr)로 보내주세요. 선물이 팡팡 쏟아집니다!
❖ 아래 당첨선물 중 받고 싶으신 도서와 이름, 주소, 전화번호를 함께 남겨주세요.

<이슈&시사상식> 1월호 정답

¹생	활	환	²경		³원	고
동			⁴복	숭	아	
		⁸양	궁			
		가				
		⁷감	수	⁶성		
	⁵연	정		⁹명	패	
	패			서		

참여해주신 모든 분들께 감사드립니다.
당첨되신 분께는 개별적으로 연락드립니다.

당첨선물
정답을 맞힌 독자분들 중 가장 인상적인 감상평을 남기신 분께는 <발칙하고 유쾌한 별별 지식백과>, <소워니놀이터의 띠부띠부 직업놀이>, <지금 내게 필요한 멜로디>, <미국에서 기죽지 않는 쓸만한 영어 : 일상생활 필수 생존회화> 등 푸짐한 선물을 드립니다!
❖ 참여하실 때는 반드시 희망 도서를 하나 골라 기입해주세요.

시사상식 어디서 찾지?

 이 * 정(인천시 부평구)

얼마 전 치른 자격증 시험에서 상식문제를 보기 좋게 틀리고 말았다. 평소 뉴스를 보고 있고, 독서도 해왔기 때문에 나름 자신이 있었던 문제를 틀렸다는 사실을 인정하고 싶지 않았다. 그러다 〈이슈&시사상식〉을 알게 됐는데, 공모전, 자격시험 일정 등이 담긴 취업 달력부터 최신이슈와 상식들, 대기업·공기업 필기시험에 나온 기출문제, 한국사 문제까지 폭넓은 지식을 다루고 있었다. 예전에 감명 깊게 들었던 박재희 교수님의 고전이야기도 볼 수 있어서 반갑기도 했다. 읽다 보면 부족한 부분을 채워주는 느낌이 들어 다음 호를 기대하게 만드는 책인 것 같다.

여러 분야의 상식을 한 번에

 김 * 진(서울시 마포구)

하루에도 수십개씩 쏟아지는 수많은 기사들 가운데 나에게 필요한 뉴스만 골라 읽기란 여간 어려운 일이 아니다. 매일은 아니더라도 알아야 하는 사회현안이나 상식을 꾸준히 공부할 수 있는 방법이 무엇이 있을까 고민하던 찰나에 〈이슈&시사상식〉을 알게 됐다. 시중에 출간되고 있는 상식 관련 월간지들 가운데 개인적으론 이 책이 가장 다양한 분야의 상식을 쌓을 수 있을 것 같아서 선택했는데, 시사나 일반상식뿐만 아니라 인문·교양이나 생활지식, IT 동향 등에 대해 간단히 살펴볼 수 있는 코너도 수록되어 있어서 좋았다. 주변 사람들에게도 추천해주고 싶은 책!

한정된 정보에 갈증을 느낄 때

 정 * 영(서울시 송파구)

포털사이트에 노출되는 기사들을 읽다 보면 사람들의 관심도가 높거나 사회적으로 이슈가 되는 기사들에만 초점이 맞춰져 있는 것 같다는 느낌이 든다. 여러 분야의 기사를 읽기 위해서는 직접 검색하거나 분야별 기사를 찾아봐야 하는데, 이런 수고를 덜어주는 책이 〈이슈&시사상식〉이다. 이 책은 꼭 알아야 하는 기사들을 엄선해 수록하고 있으며, 최근 화제가 된 기사와 관련된 용어 및 문제들도 수록되어 있어서 식견을 넓히는 데 도움이 된다. 특히 찬반토론 코너는 특정 주제에 대한 양쪽의 견해를 함께 다뤄주고 있어서 다양한 방면에서 유용하게 활용할 수 있다.

경쟁력을 키우기 위해

 김 * 연(수원시 팔달구)

얼마 전 급등한 물가와 취업난 등으로 취직을 준비하는 청년들의 고통이 커졌다는 기사를 본 기억이 있다. 이는 곧 얼어붙은 취업시장에서 경쟁률이 더 커질 수밖에 없다는 의미이고, 그 속에서 취업이라는 목적을 달성하려면 남들과는 차별화된 나만의 '무언가'가 더 절실해졌다는 뜻이다. 경쟁력을 키우기 위해 더 많은 정보를 습득해 그것을 활용하는 능력을 개발해야겠다는 생각이 들어서 시사전문 월간지 〈이슈&시사상식〉을 구독하게 됐다. 여러 분야의 정보가 이해하기 쉽게 정리되어 있고, 잘 알려지지 않았던 기사들도 비중 있게 다루고 있어서 좋은 것 같다.

독자 여러분 함께해요!

〈이슈&시사상식〉은 독자 여러분의 리뷰를 기다리고 있습니다. 분야·주제 모두 묻지도 따지지도 않습니다. 보내주신 리뷰 중 채택된 리뷰는 〈이슈&시사상식〉 3월호에 수록됩니다.

참여방법 ▶ 이메일 issue@sdedu.co.kr
당첨선물 ▶ 정답을 맞힌 독자분들 중 가장 인상적인 감상평을 남기신 분께는 〈발칙하고 유쾌한 별별 지식백과〉, 〈소워니놀이터의 띠부띠부 직업놀이〉, 〈지금 내게 필요한 멜로디〉, 〈미국에서 기죽지 않는 쓸만한 영어 : 일상생활 필수 생존회화〉 등 푸짐한 선물을 드립니다!
❖ 참여하실 때는 반드시 희망 도서를 하나 골라 기입해주세요.

나눔시대

함께 배우고 성장하는 배움터! (주)시대고시기획 시대교육(주) 입니다.
앞으로도 희망을 나누는 기업으로서 더 큰 나눔을 실천하겠습니다.
나눔은 행복입니다.

재외동포재단, 경인교육대학교
한국어능력시험 관련 교재 기증

장병 1인 1자격,
학점 취득 지원

전국 야학 지원
청소년, 어린이 장학금 지원

숨은 독자를 찾아라!

〈이슈&시사상식〉을 함께 나누세요.

대학 후배들이 하루의 대부분을 보내고 있을
동아리 사무실에 〈이슈&시사상식〉을 선물하고
싶다는 선배의 사연

마을 도서관에 시사월간지가 비치된다면 그동
안 아이들과 주부들이 주로 찾던 도서관을 온
가족이 함께 이용하게 될 것으로 기대한다는
희망까지…

〈이슈&시사상식〉, 전국 도서관
및 희망자 나눔 기증

양서가 주는 감동은 나눌수록 더욱 커집니다. 저희 〈이슈&시사상식〉도 힘을 보태겠습니다.
기증 신청 및 추천 사연을 보내주세요. 사연 심사 후 희망 기증처로 선정된 곳에 1년간 〈이슈&시사상식〉을 무료로 보내드립니다.

* 보내주실 곳 : 이메일(issue@sdedu.co.kr)
* 희망 기증처 최종 선정은 2023 나눔시대 선정위원이 맡게 됩니다. 선정 여부는 개별적으로 알려드립니다.

SD에듀
(주)시대고시기획

각종 자격증, 공무원, 취업, 학습, IT, 상식부터 외국어까지!

이 시대의 모든 **"합격"**을 책임지는

SD에듀!

"100만명 이상 수험생의 선택!"

독자의 선택으로 검증된 SD에듀의 명품 도서를 소개합니다.

"취득" 보장! 각종 '자격증' 취득 대비 도서

각 분야의 전문가들과 집필! 각종 기능사/기사/산업기사 및 국가자격/기술자격, 경제/금융/회계 분야 자격증 등 각종 자격증 '취득'을 보장하는 도서!

직업상담사 2급

사회조사분석사 2급

스포츠지도사 2급

사회복지사 1급

영양사

소방안전관리자 1급

화학분석기능사

전기기능사

드론 무인비행장치

운전면허

유통관리사 2급

텔레마케팅관리사

"합격" 보장! 각종 '시험' 합격 대비 도서

각 분야의 1등 강사진과 집필! 공무원 시험부터 NCS 및 각종 기업체 취업 시험, 중졸/고졸 검정고시와 같은 학습
관련 시험 및 매경테스트, 그리고 IT 관련 시험 및 TOPIK, G-TELP, ITT 등의 어학 시험 등 각종 시험에서의 '합격'
을 보장하는 도서!

9급 공무원

경찰공무원

군무원

PSAT

지텔프(G-TELP)

NCS 기출문제

SOC 공기업

대기업 · 공기업 고졸채용

ROTC 학사장교

육군 부사관

한국사능력검정시험

영재성 검사

일본어 한자

토픽(TOPIK)

영어회화

엑셀